Oliver Driesen

Welt im Fluss

Hamburgs Hafen, die HHLA und die Globalisierung

| Hoffmann und Campe |

1816–1845

Vor dem großen Sprung

Viele Jahre lang hat sich der Hafen der aufstrebenden Stadt Hamburg kaum verändert. Erst durch technologische und gesellschaftliche Revolutionen in Mitteleuropa und Südamerika entsteht der Handlungsdruck, ihn zukunftsfähig auszubauen. **Seite 6**

1845–1914

Aufstieg zum Welthafen

Drei vorausschauende Entscheidungen bringen Hamburgs Hafen auf den Weg in die Moderne: der Ausbau als offener Tidehafen, ein mitwachsendes Hinterlandverkehrsnetz und eine tiefwassernahe Lagerraum-Logistik. **Seite 22**

1965–1989

Der Siegeszug einer Kiste

Zwei Entwicklungen machen den Hamburger Hafen zum modernen Dienstleistungs-Zentrum: Der Container und die Automatisierung revolutionieren die Arbeitswelt in der Hafenwirtschaft und der Logistikbranche. **Seite 128**

1989–2010

Die Welt wächst zusammen

Das Ende der Ost-West-Teilung und der Fall des Eisernen Vorhangs geben dem Hafen sein lange vermisstes Hinterland zurück. Der weltweite Freihandels-Trend verhilft Hamburg – wie hundert Jahre zuvor – zu neuer Blüte. **Seite 160**

1914 – 1945
Kriege, Krisen & Katastrophen
Die Hafenmodernisierung der Zwischenkriegszeit ist richtungweisend. Doch dann kommt das nationalsozialistische Unrechtsregime – und mit ihm der Krieg. Stadt und Hafen zahlen einen hohen Preis für die Irrwege der NS-Zeit. **Seite 66**

1945 – 1965
Wiederaufbau & Wirtschaftswunder
Die erstaunliche Erholung des Hafens ist gut vorbereitet. Eine kluge Diplomatie mildert die Folgen, als der Eiserne Vorhang Hamburg von seinem Hinterland abschneidet. So kann der Hafen dennoch sein Profil stärken. **Seite 98**

Über 2010 hinaus
Herausforderungen und Visionen
Die Globalisierung bleibt auch in Zukunft die treibende Kraft für die Entwicklung des Hamburger Hafens. Er muss diesen Wandel vorausschauend gestalten: als innovativer Jobmotor – und zunehmend „grüner" Welthafen. **Seite 216**

Historische Wegmarken des Hafens
Im Strom der Zeit
Von Kaiser Barbarossas Freibrief im Jahr 1189 bis heute: 821 Jahre Hafengeschichte im Schnelldurchgang – und in Bildern, die an Glanzleistungen, Tiefpunkte und Sternstunden erinnern. Eine Zeitreise zum Aufklappen und „Nachfahren". **Seite 248**

1820 Ansturm Noch verursachen nur Segelschiffe aller Größen drangvolle Enge auf der Elbe vor Hamburg. Doch Dampfschiffe werden ihnen bald immer erfolgreicher die Ladung streitig machen

2008 Aufbau In rasantem Tempo entstehen die Büro- und Wohnhäuser der neuen Hafen-City, wo noch vor wenigen Jahren Hafenanlagen und Kraftwerke standen. Hamburg wächst in die Elbe hinein

1816 – 1845
Vor dem großen Sprung

Viele Jahre lang hat sich der Hafen der aufstrebenden Stadt Hamburg kaum verändert. Erst durch technologische und gesellschaftliche Revolutionen in Mitteleuropa und Südamerika entsteht der Handlungsdruck, ihn zukunftsfähig auszubauen.

Am frühen Morgen des 17. Juni 1816 ahnt Hamburg noch nicht, dass an diesem Montag die Zukunft vorbeischauen wird. Im Nieselregen erwacht die Stadt zu einer neuen Arbeitswoche, begrüßt von der vertrauten Mixtur aus Geräuschen und Gerüchen. Die Nässe verstärkt noch das Quietschen und Klappern der Pferdefuhrwerke auf dem Kopfsteinpflaster, die Rufe der Händler auf den Märkten, das Möwengeschrei vom Fluss her, die derben Scherze und Gesänge der Reepschläger unter freiem Himmel jenseits der Stadttore. Gnädig hingegen dämpft der reinigende Regen das Aromen-Gemisch von Teer und Fisch, Exkrementen und Tabak, Ruß und Gewürzen, Abwässern und Suppenküchen. Die Stadt beherbergt in ihren Mauern inzwischen fast 120000 Einwohner, und ihre Zahl wächst und wächst, denn immer mehr Menschen aus dem armseligen Umland ebenso wie aus weit entfernten Metropolen suchen ihr Glück innerhalb der imposanten Wallanlagen und sternförmigen Bastionen.

Diese Befestigungen und eine kluge Neutralitätspolitik haben Hamburg schon im Dreißigjährigen Krieg die Zerstörung erspart und ganz gegen den Trend eine lokale, lang anhaltende Handelskonjunktur in Gang gesetzt. In den goldenen Zeiten des Barock zu Beginn des 18. Jahrhunderts kreuzte Hamburgs Handelsflotte auf Elbe, Nord- und Ostsee, war bis zur Biscaya und ins nördliche Eismeer unterwegs. Seither hat Hamburg mit seinen prachtvollen Plätzen und Bürgerhäusern den Ruf, hier könne man sein Glück machen. Und so kommen sie her, die Menschen, wollen Chancen und Abenteuer, Freiheit und Sicherheit zugleich.

Um 1813: das Millerntor kurz vor dem täglichen Toresschluss bei Einbruch der Dunkelheit. Wer danach noch nach Hamburg hinein will, muss „Sperrgeld“ zahlen

Die Hansestadt in vorindustrieller Zeit, Anfang des 19. Jahrhunderts: „Prospekt der Kaiserlich Französischen Stadt Hamburg", zeitgenössisches Aquarell von Johann Marcus David

Einer unter denen, die Hamburg angelockt hat, ist der junge Heinrich Heine, der hier gerade den Kaufmannsberuf lernt. Doch die Zeiten sind rau – nicht nur für poetische Seelen. Bis vor zwei Jahren haben die französischen Truppen in der Stadt gehaust, haben Bürger vertrieben, Hunger und Gewalt über Hamburg gebracht. Wer, aus der Innenstadt zum Strom hinabwandernd, das „Baumhaus" hinter sich lässt, wo seit über hundert Jahren ein im Wasser querliegender Balken nachts die Einfahrt zum Binnenhafen zwischen Baumwall und Kehrwieder sichern soll, wendet sich nach Westen und erreicht bald den von Bettlern und Invaliden gesäumten Niederhafen. Es ist der Haupthafen einer Handelsstadt, die sich gerade erst von den Schrecken und Entbehrungen der Napoleonischen Besatzung zu erholen beginnt. Der Wiener Kongress hat 1815 die wiedergewonnene Souveränität Hamburgs garantiert, das nun Teil des Deutschen Bundes ist und sich schon bald stolz „Freye und Hansestadt" nennen wird – das längst zerfallene Händlerbündnis auf Nord- und Ostsee beschwörend, das die Stadt im Mittelalter zu Reichtum gebracht hatte.

Es gibt deutliche Signale, dass dieses Glück zurückkehren will: Auf der Elbe liegen in mehreren Reihen die großen Segelschiffe an den Pfählen des Niederhafens vertäut, wo ihre Ladung umgeschlagen wird. Ein kleiner Wald von Masten und Rahen ragt schaukelnd in den grauen Himmel über dem Strom. Drei der höchsten Mastbäume gehören der *Catharina*, dem stolzen Amerika-Segler, der im Jahr der Französischen Revolution am Kehrwieder vom Stapel gelaufen ist und die Flagge Hamburgs auf dem Atlantik zeigt. Ihrem Beispiel folgend, sollen es im Lauf dieses Jahres 1816 allein schon wieder mehr als 2200 Seeschiffe werden, die von der Nordsee kommend fast 130 Kilometer die Elbe hinauf nach Hamburg segeln.

Die Hafenanlagen sind veraltet

Hier angekommen, liegen die Schiffe an Duckdalben im Strom vertäut. Ihre Ladung – meist in Fässern und Säcken verpackt – wird von Schauerleuten auf kleine, wendige Schuten und Ewer umgeladen. Kaimauern zur landseitigen Entladung gibt es noch nicht, nur mancherorts Holzstege. Mit Peikhaken ausgerüstete Ewerführer bringen die Güter die brackigen Fleete hinauf zu den Speichern, die zur Wasserseite direkt an die Wohn- und Kontorhäuser der reichen Händlerdynastien angebaut sind. Die Kontoristen und feinen Herren verbuchen dort neuerdings wieder so begehrte Waren wie Tabak, Reis und Indigo – importiert auf direktem Weg von den Häfen der amerikanischen Ostküste. Das hatte sich schon etabliert, nachdem die ehemaligen britischen Kolonien 1783 ihre Unabhängigkeit von der Krone erkämpft hatten. Fortan nämlich konnte die furchterregende Seestreitmacht von King George III Hamburgs Kaufleuten den Direkthandel mit den „Besitzungen" nicht mehr verweigern, und die sandten ihre Schiffe aus – bis Frankreich mit Blockaden, Embargos und schließlicher Besatzung seinerseits die Geschäfte unterband. Für mehr als 150 Hamburger Handelshäuser war es der Ruin.

Nun soll der Seehandel wieder aufblühen, noch schöner als zuvor. Aber ist das hier wirklich möglich? Natürlich hat man den Hafen hier und da ausgebessert

„Wat dat nu all weer sull?“

Skeptische Hanseaten zum ersten Dampfschiff-Liniendienst

und erweitert, wenn die Kriege und Konflikte gerade einmal ruhten. Doch im Grunde ist er auf das, was man in ferner Zukunft einmal „Globalisierung“ nennen wird, überhaupt nicht vorbereitet. Nicht einmal auf das, was an genau diesem Junitag die Leute am Elbufer zusammenströmen lässt: ein gerade einmal 20 Meter langes Boot mit merkwürdigen seitlichen Radkästen, in denen Schaufeln in dröhnender Rotation das Wasser peitschen – und mit einem gräulich qualmenden Schornstein! Das gehört diesem verrückten Schotten, raunen die Eingeweihten unter den Gaffern. Der will einen Liniendienst nach Cuxhaven einrichten, Peter Kincaid heißt der und *Lady of the Lake* sein komisches „Steamboat“. Das braucht angeblich sieben Stunden bis zur Elbmündung! Wat dat nu all weer sull? Das wird niemals funktionieren! Und die skeptischen Hanseaten sollen recht behalten: Schon ein Jahr später wird Kincaid aufgeben müssen, mangels Fahrgästen und Ladung.

Aber dieser Rückschritt wird die vertraute Routine des Hafens, die kaum verändert seit 200 Jahren herrscht, nicht wieder herstellen.

Denn während wir uns in der größten norddeutschen Stadt zu Beginn des 19. Jahrhunderts umschauen, geschehen in Tausenden Kilometern Entfernung Dinge, die sehr bald schon den Wandel wie eine Flutwelle über den Atlantik schicken werden: Die portugiesischen und spanischen Kolonien Mittel- und Südamerikas tun es den siegreichen Rebellen des Nordens nach und befreien sich von der Anmaßung fremder Herren – auch vom Joch des Kolonialhandel-Monopols. Die Nachrichten brauchen lange übers Meer, aber Hamburg hat feine Sensoren: Die Seewege sind frei wie nie zu-

Das erste „Steamboat“ in Hamburg: Die *Lady of the Lake* erregt 1816 einiges Aufsehen – und Misstrauen – im Hafen

Die *Savannah* überquert 1819 als erster Segler mit Unterstützung einer Dampfmaschine den Atlantik

Von brasilianischen Plantagen stammt um 1830 fast die Hälfte der Hamburger Zucker- und nahezu ein Drittel seiner Kaffee-Einfuhren

Kaffee-, Weinbrand- oder Tabakgenuss ist für die Hamburger viel billiger als für andere Deutsche.

vor! Und so sorgt Brasilien allein schon um 1830 für nahezu die Hälfte der Hamburger Zucker- und fast ein Drittel seiner Kaffee-Einfuhren. Auch mit Nordamerika verdichtet sich das Beziehungsgeflecht. Ab 1836 gibt es die ersten Segelschiff-Linien für „Menschenfrachtgut“: Auswanderer, die in der Hoffnung auf ein besseres Leben die Häfen der amerikanischen Ostküste ansteuern.

Ein Standbild für den „Libertador“

Hamburg ist ja nicht nur Stadt, sondern souveräner Staat. Also kann seine Regierung, der Rat, auch Konsular- und Handelsverträge mit fremden Mächten anknüpfen, und das tut er fast wie am Fließband: mit den neuen Staaten von Argentinien über Ecuador bis Mexiko. Bald holen Schiffe von dort Baumwolle, Tabak, Kautschuk, Kakao und Kaffee, während sie umgekehrt Maschinen, Textilien, Papier oder Werkzeuge aus Hamburg mitnehmen. Befreier und Volksheld vieler dieser Staaten ist ein gewisser Simón José Antonio de la Santísima Trinidad Bolívar Palacios y Blanco. Man kennt ihn besser als „El Libertador“ oder unter seinem Kurznamen: Simón Bolívar. Diesem Mann wird marktwirtschaftlicher Hamburger Kaufmannsgeist – und nicht etwa sozialistisches Revolutionspathos – später ein bis heute aufrechtes Standbild bauen: im nach Bolívar benannten Park im noblen Stadtteil Harvestehude.

Trotzdem: Noch ist Hamburgs Handelswelt relativ überschaubar. Nur ein Zehntel seines Handelsvolumens wird – trotz exotischer Reiseziele wie China oder Ostindien – um 1840 mit Übersee abgewickelt. Noch dominieren im Seehandel wie seit Hansezeiten Nord- und Ostsee als „natürliches“ Revier der hamburgischen Las-

Ab 1836 gibt es die ersten Linienschiffe für „Menschenfrachtgut": Auswanderer, die in der Hoffnung auf ein besseres Leben die Häfen der amerikanischen Ostküste ansteuern

tensegler. Schon bald indes beginnen sich die Schiffe im Niederhafen und den anderen Hafenteilen zu stauen; um die raren Liegeplätze gibt es bittere Auseinandersetzungen mit den Hafenmeistern. Denn inzwischen hat man sich in Verträgen auf Zollfreiheit im preußischen Binnenland und geringere Abgaben auf der Elbe verständigt; das zündet ein weiteres Feuerwerk des Handels zu Schiff. Hamburg empfindet Zölle ohnehin als unnormal. Die Stadt ist ja seit dem Mittelalter stolz auf ihren berühmten „Freibrief": Kaiser Barbarossa persönlich hatte besiegelt, dass die Hamburger Handelsflotte Menschen und Waren vom Meer bis in die Stadt und umgekehrt ohne Zoll und Abgaben verfrachten darf. Ob die verlorengegangene Urkunde, die sich wie bestellt nach den Wirren der Kreuzzüge wiederfand und das Datum des 7. Mai 1189 trägt, auch tatsächlich echt und verbürgt ist? Das gilt am Ort als eine Frage, die man getrost Gelehrten überlassen kann – solange die Zollfreiheit nur als nach wie vor gültig betrachtet wird. Jedenfalls umgibt Hamburg Mitte des 19. Jahrhunderts eine großzügige Zollgrenze. Alles innerhalb davon ist dem Zugriff der Büttel des bereits zusammenwachsenden deutschen Zollgebiets entzogen. Die Importware, die Hamburgs reiche „Pfeffersäcke" in den Speichern ihrer Kontorhäuser an den Fleeten lagern, wird nur zollpflichtig, wenn sie die Stadtgrenzen wieder verlässt. Kaffee-, Weinbrand- oder Tabakgenuss ist so für die Hamburger viel billiger als für andere Deutsche. Ein wunderbares Privileg, das leider nicht mehr sehr lange währen wird.

Es deutet ja im ersten Drittel des 19. Jahrhunderts alles auf Veränderung. Ab und zu, dann immer öfter, kommen wieder qualmende Schlote auf der Elbe in Sicht: die Nachfolger der *Lady of the Lake*. Erste Reedereien setzen nun regelmäßig Dampfer ein. 1831 werden schon 77 Dampfschiff-Einfahrten registriert. Selbst die größten Traditionalisten unter den immer weniger erstaunten Passanten am Ufer geben inzwischen zu: Dampfer können etwas Unwiderstehliches – sie fahren auch bei ungünstigen Winden und gegen die Strömung der Tide. Doch in den Niederhafen dürfen die kohleverbrennenden Ungetüme nicht, aus Sicherheitsgründen. Segeltuch und Tauwerk fangen schnell Feuer. Das würde rasend von Schiff zu Schiff, von Laderaum zu Laderaum springen. Es muss bald etwas passieren im Hafen. Die Enge wird unerträglich.

Nicht nur hinter dem unendlichen Atlantik, auch im Flickenteppich deutscher Staaten gibt es Entwicklungen, die für noch mehr Gedränge auf der Elbe und im Hamburger Niederhafen sorgen. Während es geschieht, hat noch niemand einen Begriff dafür, doch später wird man dies „Industrialisierung" nennen. Der Norden Deutschlands ist relativ spät dran. In England ist es schon um 1760 losgegangen, Hamburgs Schiffe bringen von dort seit 1815 Dampfmaschinen, Eisen und in Tuchfabriken hergestellte Baumwollstoffe mit. In Sachsen, dem Rheinland oder Elsass-Lothringen war die erste Industrie kurz nach 1800 aufgeblüht – dort waren Eisenerz- oder Kohlevorkommen die treibenden Kräfte gewesen. Eisenhütten, Kohlebergwerke, Maschinen- und Textilfabriken überziehen nun immer mehr Regionen südlich der Elbe. Der Fortschritt rast entlang länger und länger werdender Trassen: der Eisenbahngleise. Man braucht zum Bau und Betrieb all dieser An-

Reeder Robert M. Sloman (1783–1867)

Altona Mitte des 19. Jahrhunderts: typische Vorstadtbebauung

lagen ganze Armeen von Arbeitern und Tagelöhnern. Die stehen auch deshalb zur Verfügung, weil die traditionelle Landwirtschaft sich wandelt: zahlreiche neue Landmaschinen, viele davon dampfgetrieben, ertragreichere Dünge- und Produktionsstrategien, der Siegeszug der Kartoffel – all das sorgt im Verein mit verbesserter Hygiene und Medizin für ein rasantes Wachstum der Landbevölkerung, die inzwischen durch politische Reformen nicht mehr wie Leibeigene gehalten wird. Ein riesiges „Land-Proletariat" ist entstanden: Wer in der Landwirtschaft keine Lebensgrundlage mehr findet, sucht sein Heil entweder in den florierenden neuen Industriestädten oder gleich in der Auswanderung nach Übersee.

Grausame Gerüche

Irgendwann nachdem Mecklenburg als letztes deutsches Land 1820 die Leibeigenschaft der Bauern vollständig abgeschafft hat, ist die Industrialisierung auch auf den Norden übergesprungen. Denn nun, wenige Jahrzehnte später, recken sich in Hamburg schrecklich stinkende Schlote in den Himmel – bevorzugt gleich am Elbufer. Grausam ist etwa der Geruch der Guano-Aufbereitung. Guano ist ein natürlicher Stickstoff-Dünger, der aus den Exkrementen von Seevögeln wie Pinguinen oder Kormoranen gewonnen wird und wegen seiner hohen Ertragskraft unter großen Mühen mit Überseeschiffen von den Küsten Südamerikas importiert wird. So füllen sich Hamburgs Hafen und die Geldbeutel seiner Kaufleute auch noch durch puren Mist. Und obwohl in der Kaufmannsstadt der Handel auch weiterhin stets die Industrie dominieren wird, entwickeln sich Mitte des 19. Jahrhunderts beide stürmisch. Der Eintrag „Hamburg" im Brockhaus Bilder-Conversations-Lexikon von 1838 beschreibt diesen Gleichtakt eindrucksvoll: „Nach Hull, London, Amsterdam, Havre gehen regelmäßig Dampfboote ab. Von Fabriken blühen besonders die Tabacksfabriken, die Zuckersiedereien, die Wachsbleichen, Segeltuchmanufacturen und Blechwaarenfabriken. (...) Es ist in Absicht, von H. aus Eisenbahnen nach den wichtigen Handelsplätzen im Innern von Norddeutschland zu führen."

Doch in Hamburg geht zunächst einmal das Dampfschiff an den Start. Die im Lexikon zitierten Verbindungen nach Hull werden kurz nach Erscheinen des Bandes von einem Pionier der Hamburger Dampfschifffahrt zum Massengeschäft ausgebaut: Robert M. Sloman gründet 1840 die erste Dampfschiffreederei am Ort; als „Hanseatische Dampfschifffahrtsgesellschaft" nimmt sie im Jahr darauf den Liniendienst zwischen Hamburg und Hull auf. Ganz diplomatisch, Slomans deutsch-englische Wurzeln betonend, heißen die beiden eingesetzten Raddampfer *Hamburg* und *Manchester*.

Für die nahezu unerschöpfliche Flexibilität der Dampfmaschinen hat sich um 1840 noch ein weiteres Einsatzgebiet etabliert: die Baggerei. Ohne ständiges Ausbaggern der Fahrrinnen droht jeder Hafen zu verschlicken. Dem traditionellen Konkurrenten Stade auf dem südlichen Elbufer ist es schon so ergangen; die gebräuchliche Baggertechnik hat die Sandmassen, die der Strom mit sich führt, nicht bewältigen können. In Hamburg dagegen faucht und rattert seit 1834 der erste Dampfbagger – ein Meilenstein für die Hafenentwicklung. Eine der wichtigsten Aufgaben ist es später, die

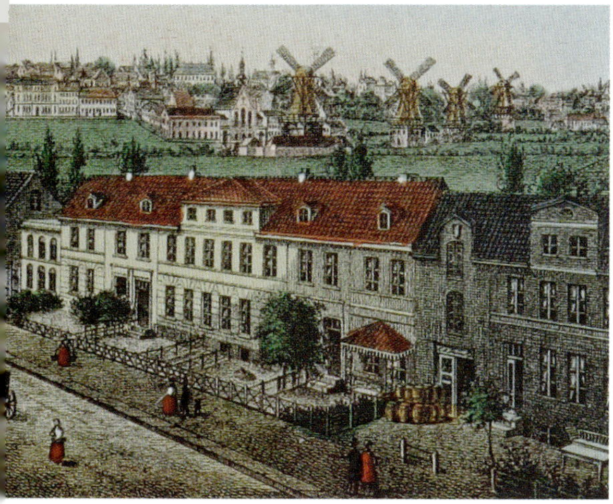

Im Hintergrund die Silhouette der Großstadt Hamburg

Industrialisierung: Das Gaswerk auf dem Grasbrook geht 1845 in Betrieb

berüchtigte Blankeneser Barre zu beseitigen. Das ist eine quer im Fluss liegende Sandbank, vor allem für die neuen Dampfer mit ihrem größeren Tiefgang oft unüberwindlich. Und für Hamburg ein enormer Verlustbringer! Denn die von der Nordsee kommenden Schiffe müssen vor der Sandbank geleichtert werden, und die Leichter bringen die Waren nur bis zum nächstgelegenen Hafen. Das aber ist Altona, damals noch eigenständige Stadt, ältester Freihafen Nordeuropas – und als gar nicht unbedeutender Umschlagplatz Hamburgs Wettbewerber in unmittelbarer Nachbarschaft. Erst als die Blankeneser Barre um die Jahrhundertmitte mit Dampfkraft weggeschafft ist, schnappt Altona den Hamburgern die fette Beute nicht mehr weg.

Neuland vom dänischen König

Für die Zukunft hat Hamburg außerdem einen entscheidenden strategischen Vorteil: Während Altona kaum Ausbaumöglichkeiten für Anleger und Stapelflächen besitzt, haben die Hamburger schon fast ein Jahrhundert zuvor wieder einmal Weitblick bewiesen: Im Gottorper Vergleich von 1768 haben sie vom dänischen König die großen, sandigen Elbinseln abgekauft. Diese größten Flussinseln Europas teilen den Hauptstrom der Elbe in die an Hamburg vorbeifließende Norderelbe und die an Harburg entlanglaufende Süderelbe. Harburg, Mitte des 19. Jahrhunderts Grenzstadt des Königreichs Hannover, ist mit seinem Hafen zwar auch ein potenzieller Standort-Konkurrent, aber es liegt eben am völlig „falschen" Flussarm südlich der Elbinseln – da, wo die Hamburger Kaufmannsdynastien gerade nicht ihre Speicher und Häuser haben. Deshalb hat der Harburger Hafen keine Chance, Hamburg beim Stückgut-Aufkommen den Rang abzulaufen, und wird sich bald nach preußischem Muster zu einem Industriehafen entwickeln.

Hamburg aber hat Platz für seine eigene Expansionspläne. „Die Verfügbarkeit von Flächen", sagt der frühere Hamburger Hafenbaudirektor und Staatsrat Heinz Giszas, „war die Schlüsselvoraussetzung dafür, dass sich der Hamburger Hafen uneingeschränkt und in einem Zug entwickeln konnte."

Die Redewendung „in einem Zug" lässt sich auch doppeldeutig verstehen. Hamburg, die Eisenbahn und der Hafen, das ist eine Liebe auf den zweiten Blick. Sieben Jahre nach der legendären ersten deutschen Dampfeisenbahnverbindung zwischen Nürnberg und Fürth nimmt am 16. Mai 1842 erst einmal Norddeutschlands erste Eisenbahnlinie den Normalbetrieb auf: von Hamburg ins Nachbarstädtchen Bergedorf, das von der Hansestadt aus gesehen in Richtung des Fernziels Berlin liegt. Vier Jahre später sind schon Reisen bis in die Hauptstadt Preußens möglich – unter der Regie der Berlin-Hamburger Eisenbahngesellschaft AG. Aber 1842 ist auch westlich von Hamburg das Jahr des „Urknalls auf Schienen": Am 16. Juni wird die Altona-Kieler Eisenbahn-Gesellschaft gegründet, die noch eine königlich-dänische Konzession benötigt und bis 1844 schon den Anschluss nach Kiel herstellen wird. Von da an wird die zerklüftete politische Landkarte der Region immer mehr Naht- und Übergangsstellen erhalten, wird es fast jedes Jahr neue Meilensteine geben. Bald wird die Querverbindung von Altona zum Hamburger Bahnhof Klosterthor fertig sein, die Trasse nach Blankenese, nach Kaltenkir-

In steter Dämmerung

Die berüchtigten „Gängeviertel" waren hafennahe Arbeiterquartiere mit katastrophalen Wohnbedingungen. Ein Teil wurde ab 1882 dem Neubau der Speicherstadt geopfert.

Der ständige Zustrom von Menschen nach Hamburg in der Industrialisierung ab Mitte des 19. Jahrhunderts schuf katastrophale Wohnverhältnisse in teils schon baufälligen Wohnquartieren. Die Enge prägte ihren Namen: Gängeviertel. Sie lagen in der Altstadt, der Neustadt und auf dem Großen Grasbrook – jener Insel in der Elbe, wo 1401 der Seeräuber Klaus Störtebeker hingerichtet worden sein soll. Zwischen die Zeilen aus schiefen Fachwerkhäusern fiel kaum Licht, passte oft kein Wagen und kein Karren. Es gab nur düstere Gänge, in denen zwei erwachsene Männer manchmal kaum aneinander vorbeikonnten. Im Haus Schlüters Hof, Specksgang 24, wurde 1833 der Komponist Johannes Brahms als Sohn eines armen Gelegenheitsmusikers geboren. „Es liegt in einer der krümmsten, engsten und dunkelsten Gassen des anrüchigen Gängeviertels, das Gesindel aller Art in seinen lichtscheuen Spelunken beherbergte", schrieb der Brahms-Biograph Max Kalbeck. Weil diese Gebiete nicht durch Wasserleitungen versorgt wurden, waren die Bewohner von durchkommenden Wasserträgern abhängig. Oder sie schöpften gleich mit Eimern aus dem nächsten Fleet – was zu häufigen Cholera-Ausbrüchen führte. Auch Geschlechtskrankheiten waren alltäglich, denn die Prostitution grassierte. Nicht zufällig hieß einer der schmalen Durchgänge „Ehebrechergasse".

„Verzweiflung und Stumpfsinn"

1847 notierte der Hamburger Theologe und Armenhelfer Johann Hinrich Wichern, Begründer des Rauhen Hauses in Horn, über einen Besuch in den Gängevierteln: „Die scheußlichste Pestluft aus den Gossen erfüllt zuzeiten die enge Straße, in welcher die Bewohner einander in die Fenster sehen. (...) Wieder links ab war eine noch engere von Wohnungen gebildete Linie; der Atem wurde von der Stickluft, die sich an dieser Stelle entwickelt hatte, gehemmt; hier wohnte rechts die gesuchte Familie in einer förmlichen Höhle; im untern Teile der elenden Baracke war fast im Finstern ein zusammengelaufenes Paar einquartiert, eine Art Hühnertreppe führte nach oben, wo wieder zwei bis drei voneinander unabhängige Partien ihr Obdach hatten; alles strotzte von Schmutz aller Art an Wänden, Fenstern, Fußböden; 5 Kinder und 3 Weiber und ein kaum herangewachsener Bube mit seiner Dirne aßen und tranken hier durcheinander. Frechheit, Verzweiflung und völliger Stumpfsinn warfen dunkle Schatten auf die Gesichtszüge der Versammelten, um das Bild des leiblichen und sittlichen Elends, das hier hauste, zu vollenden."

Diese Quartiere waren ein Stachel im Fleisch der reichen Kaufmannsstadt Hamburg und Ziel von Abriss- und Sanierungsplänen. In der Altstadt wurde schon nach dem Großen Brand von 1842 mit großflächigem Neubau begonnen. 1882 kam die nächste Chance, tabula rasa zu machen: Hamburgs Kaufleute brauchten wegen des bevorstehenden Zollanschlusses Hamburgs neue Speicher im zukünftigen Freihafen. Der Grasbrook wurde zum Standort ihrer Wahl. So wurde vom Senat als Erstes das um die Sackgasse Kehrwieder gruppierte Armenviertel, das seit zwei Jahrhunderten stand, zum Abriss freigegeben. Bis zu 20 000 Menschen mussten in neu errichtete Vorort-Wohnquartiere umsiedeln. Doch so schäbig die Behausungen auch waren: Viele Bewohner hingen an diesen Wohnungen – wegen des gewachsenen Zusammenhalts und wegen der noch bezahlbaren Lage unmittelbar bei den Arbeitsstätten im Hafen.

In einzelnen Härtefällen unterstützte die Stadt die ärmsten der Zwangs-Umsiedler mit Ausgleichszahlungen. Die Senatskanzlei richtete 1884 ein Büro ein, in dem sich „Unterstützungsbedürftige" melden konnten, die zumeist bereits den Räumungsbefehl für ihre Wohnung erhalten hatten. Die Anträge wurden von Referenten geprüft. In einer Mitteilung des Senats an die Bürgerschaft heißt es: „Aufgrund der Berichte der Referenten, welche sich durch Besuche in den Wohnungen der Bittsteller, durch Vernehmung der letzteren, sowie durch anderweitige Erkundigungen und Einziehung von Auskünften einen möglichst genauen Einblick in die Verhältnisse der einzelnen Petenten zu verschaffen suchten, traf die Commission sodann ihre Entscheidung." In über 320 Fällen erhielten Bittsteller einmalige Zuschüsse von bis zu 300 Mark oder zinslose Darlehen bis zu 3000 Mark.

Der größte Teil der Gängeviertel wurde nach und nach abgerissen oder im Zweiten Weltkrieg zerstört. Im Feuer der Bomben verglühte auch das Geburtshaus von Johannes Brahms – wo die Musik ein wenig Licht ins Dunkel der Gängeviertel gebracht hatte.

Nach der Räumung, vor dem Abbruch: Kinder einer Großfamilie im Gängeviertel am Dammtorwall, 1908

Drei Tage brennt die Innenstadt. Am Ende sind 51 Menschen tot und Zehntausende obdachlos.

„Füer in de Diekstraat!" – Was in den Speichern der Deichstraße begonnen hat, weitet sich im Mai 1842 zum „Großen Brand von Hamburg" aus

Ein seltenes zeitgenössisches Foto-Dokument zeigt die Folgen des Großen Brandes an der Binnenalster

chen, weiter nach Bad Bramstedt und Neumünster. Die Linien wuchern und teilen sich, bilden neue Ableger, Querverbindungen, greifen weit ins Umland aus.

Für Güter ebenso wie für Menschen wird es normal, sich per Dampfross fortzubewegen. Und was vor der Mitte des Jahrhunderts als ein Flickenteppich neuer Privatbahnen mit nicht zusammenpassenden Tarifen und Fahrplänen begonnen hat, wird – nachdem sich immer mehr Ineffizienzen und Finanzierungsprobleme des Privatbetriebs zeigen – Stück für Stück vom großen Preußen und seinem Staatsbahnbetrieb geschluckt werden, als Keimzelle der späteren Deutschen Reichsbahn. Sie wird für Hamburg bald als Partner eine große Rolle spielen. Um 1840 gibt es noch keinen Bahnanschluss des Hamburger Hafens, aber der Gedanke steht seit dem Gutachten eines englischen Ingenieurs 1837 im Raum. Es müssen nur erst noch ein paar Voraussetzungen zusammenkommen. Denn obwohl man für die Dampfer inzwischen den Jonashafen angelegt hat, ist ein Großteil der Gewässerlinien und Anlandungsflächen an der Elbe beinahe noch „naturbelassen", kaum begradigt, ohne systematische Befestigung, ohne flexible Krananlagen oder parallel zu Gleisen verlaufende Lagerschuppen. Ganz unzureichend also für tonnenschwere Eisenbahnwaggons, die eine Schiffsladung aufnehmen könnten.

Die erste Eisenbahn muss Flüchtlinge bergen

Bevor all dies möglich wird, ist aber 1842 noch aus einem anderen Grund ein Schicksalsjahr für Hamburg. Man hat ja nach den französischen Soldaten schon einige Plagen überstanden: Sturmfluten, Choleraepidemien. Aber so etwas ist noch nie da gewesen, verheerend, apokalyptisch: „Füer in de Diekstraat!", schallt es mitten in der Nacht des 5. Mai aus aufgerissenen Fenstern. Von den Speichern der Deichstraße verbreitet sich das Feuer rasend schnell von Fachwerkhaus zu Fachwerkhaus. In den Gängevierteln (siehe S. 18) mit ihrer extrem dichten Bebauung findet der Brand reichlich Nahrung. Er verschont auch das Rathaus an der Trostbrücke nicht, dessen Aktenbestände allerdings großenteils noch rechtzeitig evakuiert werden können – erst ein halbes Jahrhundert später wird es in Hamburg ein neues Rathaus geben. Drei Tage brennt die Innenstadt. Am Ende sind 51 Menschen tot und Zehntausende obdachlos, etwa ein Fünftel des Gebäudebestandes der Stadt und ein Viertel ihres Gebiets ist verwüstet. Rund hundert Speicher, drei Kirchen und die Hamburger Bank teilen ihr Schicksal. Am mondänen Jungfernstieg an der Binnenalster steht kaum noch ein rußgeschwärzter Stein auf dem anderen.

Die Ausbaupläne für den Hafen werden vom Großen Brand, wie er überall nur noch heißt, kurzfristig empfindlich zurückgeworfen, weil nun erst einmal der Umbau der Innenstadt und der Wohnungsneubau im Mittelpunkt stehen. Auch die schon erwähnte erste Hamburger Eisenbahnlinie nach Bergedorf ist von den dramatischen Ereignissen betroffen: Ihre Eröffnung, ausgerechnet für den 7. Mai vorgesehen, findet ganz anders statt als geplant. Anstelle von Ehrengästen befördern die ersten Züge Flüchtlinge aus der brennenden Stadt. Doch so schrecklich dieser Start auch ist: Die Gleise liegen, die Anschlüsse werden vollendet, die Entwicklungspläne für die Bahn wie für den Hafen warten auf Realisierung. Die Idee von der Zukunft lässt sich nicht verbrennen.

1895 Melancholie Jahrhundertelang prägten Fachwerkhäuser den Holländischen Brook – nun muss das ganze malerische Quartier bald der Erweiterung der Speicherstadt weichen

2009 Inspiration Die Speicherstadt war rund ein Jahrhundert lang nur dem Warenverkehr vorbehalten. Inzwischen hat sie sich auch den Kreativen und Kulturschaffenden geöffnet – als Quelle der Inspiration

1845–1914

Aufstieg zum Welthafen

Drei vorausschauende Entscheidungen bringen Hamburgs Hafen auf den Weg in die Moderne: der Ausbau als offener Tidehafen, ein mitwachsendes Hinterlandverkehrsnetz und ein technisch wegweisendes Logistikzentrum unmittelbar an den Hafenbecken.

Die Rauchwolken des Großen Brandes verziehen sich und lassen ruinierte Existenzen zurück. Eine davon ist ein 38-jähriger Familienvater, Einwanderer aus Dänemark, den das Feuer über Nacht mittellos gemacht hat. Es wird zehn Jahre dauern, bis er einen dauerhaft tragfähigen Broterwerb finden und in einem winzigen Büro am Baumwall eine Agentur namens „Morris & Co." gründen wird, um Schiffspassagen über England nach Amerika zu vermitteln. Von seinem Geschäftsfeld – vor allem aber von einem seiner Söhne – wird man noch hören. Vorerst liegt in der geschundenen Stadt nur ein gewaltiger Aufbauwille in der Luft, und das trotz wachsender wirtschaftlicher Unwägbarkeiten. Die Welt, die sich trübe in Hamburgs Hafenwasser spiegelt, ist viel komplexer geworden als noch zu Beginn des Jahrhunderts. Auch wenn die verkohlten Trümmer der Innenstadt noch jahrelang mahnen, dass die Naturgewalten menschliche Pläne jederzeit durchkreuzen können: Von nun an wird auch im Hafenbau immer mehr Dynamik einkehren.

Dafür sorgen wechselnde Schubkräfte: Manchmal ist es das zunehmende Handelsvolumen mit Gütern aller Art, ausgelöst durch günstige Konjunkturen oder politische Hilfestellung. Manchmal ist es eine Welle „menschlichen Frachtguts", nämlich Auswanderer, hochgespült oft durch das Gegenteil einer guten Konjunktur: Hunger, Armut, Verfolgung, schlechte Zeiten. Auch dann, so zynisch es klingt, expandiert der Hafen – und braucht ganz neue „Umschlag-Anlagen". Manchmal ist es ein Technologie-Sprung wie der gerade erst beginnende Siegeszug des Dampfschiffs, der Reedereien und Werften zu Investitionen in modernere, grö-

Das „Baumhaus“ im Hamburger Hafen, vom Kehrwieder aus gesehen. Die Einfahrt zum Binnenhafen wird nachts mit einem im Wasser treibenden Baumstamm gesichert. Gemälde von Valentin Ruths, 1850

Die *Deutschland*, erster Linien-Segler der Hapag

Soziale Pioniertat und zugleich hochprofitable Investition der Hapag: die Auswandererhalle

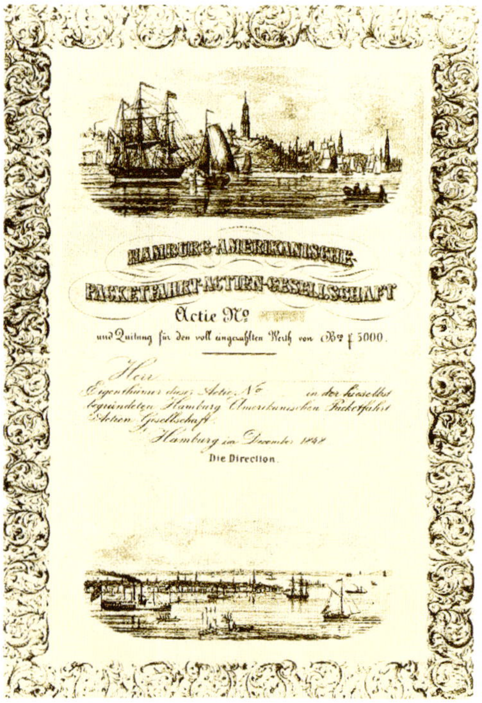

Hapag-Aktie: 1847 nur Hamburgern vorbehalten

ßere Anlagen treibt. Und bisweilen sind es mehrere dieser Faktoren zugleich. Ein plakatives Beispiel dafür ist der Beitrag der größten und erfolgreichsten Reederei, die Hamburg hervorbringt und deren Motto lauten wird: „Mein Feld die Welt."

Die Hamburg-Amerikanische Packetfahrt-Actiengesellschaft (Hapag) wird am 27. Mai 1847 von Hamburger Kaufleuten und Reedern um Adolph Godeffroy, Ferdinand Laeisz und H. J. Merck gegründet. Sie wollen wertvolle Ladung und Post, seetauglich verkapselt als „Packete", nach New York transportieren. Vor allem aber wollen sie nicht länger akzeptieren, dass die inzwischen über 100000 Menschen, die aus Deutschland jährlich in Richtung Nordamerika auswandern, über Le Havre, Antwerpen oder besonders gern Bremen ihr Glück versuchen – kaum einer aber über Hamburg. Lang hatten sich Hamburgs Kaufleute an den Armen und Kranken nicht „die Finger schmutzig machen" wollen. Aber die Elenden sind nun einmal unübersehbar ein Massengeschäft geworden, je schwieriger die Zeiten wurden. So siegt am Ende das Profitstreben über die Verachtung für die trüben Tümpel, in denen der Rivale Bremen so erfolgreich fischt. Die Aktien der Hapag werden ausdrücklich nur an Hamburger Bürger ausgegeben.

Weil sie dem Dampfschiff noch nicht ganz trauen und Segelschiffe zudem billiger sind, richten die Reeder unter dem Vorsitz von Godeffroy zunächst im Oktober 1848 einen Segler-Liniendienst ein. Die Deutschland, mit Platz für 200 Auswanderer und Frachtgut, segelt indes unter einem schlechten Stern und sinkt nach zehn Jahren im Nordatlantik. Aber zu dieser Zeit sind schon die mit Dampf betriebenen Schwesterschiffe *Hammo-*

…f der Veddel, erbaut ab 1900

Ab 1857 unterhält die Hapag Anlegeplätze am Jonashafen. Am Kai liegt der Dampfer *Silesia*

nia und *Borussia* in Dienst gestellt, äußerlich immer noch Segler, aber mit einem zentralen Schornstein auf Deck. Bald danach wird die Hapag eine reine Dampferlinie sein, und ihre Schiffe, stählerne Superlative an Geschwindigkeit und Größe, werden auch in Hamburg auf Kiel gelegt werden. Das Geschäft mit der Armut, das Geschäft mit dem Boom; Werften, die Giganten bauen; Hafenumschlagsanlagen für „Packete" und für Menschen – all das kommt in der Hapag beispielhaft gebündelt auf Hamburg zu. Albert Ballin, so heißt der Sohn des vom Feuer mittellos gemachten Einwanderers aus Dänemark, wird seinen Anteil daran haben.

Die erste globale Krise erreicht Hamburg

Doch bevor die Hafen-Modernisierer nun endlich ihre Pläne umsetzen können, muss 1857 noch die erste Weltwirtschaftskrise modernen Zuschnitts überstanden werden, die von Amerika ausgeht und bald auch Hamburg überrollt. Zunächst in New York und Ohio platzen in diesem Sommer und Herbst verschiedene Spekulationsblasen, Aktienkurse implodieren, Kreditfinanzierungen brechen zusammen. Leider ist der Telegraph schon erfunden, und so verbreiten sich Meldungen, Gerüchte, Unsicherheit und Panik mit nie da gewesenem Tempo durch die ganzen USA und etwas später um die halbe Welt. Banken gehen in Konkurs, Hunderttausende werden arbeitslos, und eine schwere, viele Monate andauernde Rezession ist die Folge. In Europa trifft die Krise als Erste Großbritannien und Irland, zudem Schweden. Zu all diesen bislang betroffenen Staaten hat die Seehandelsstadt Hamburg seit Jahrzehnten intensive Wirtschaftsbeziehungen, und so infiziert sich auch die Hansestadt mit dem ersten Weltwirtschaftsvirus. An Schweden haben Hamburger Bankhäuser bedeutende Kredite vergeben, doch die Skandinavier spekulierten damit unter anderem im Schiffbau. Und nun platzen auch diese Blasen. Waren für mehrere hundert Millionen Mark lagern auf Rechnung der Hamburger Kaufleute in deren Kontoren – mit ungewissem Schicksal. Außerdem sind die Weizenexporte der USA zusammengebrochen, denn seit dem Ende des Krimkriegs überschwemmt wieder billiger russischer Weizen den Markt. Tausende Tonnen projektierter Überseeladung haben sich in Luft aufgelöst.

Am 23. November müssen die ersten beiden Hamburger Handelshäuser schließen, kurz darauf auch so namhafte Firmen wie der Kolonialwarenhändler Conrad Warneke und Lorent & Co., die mit Schweden und Norwegen Handel trieben. Zehn der zwölf Skandinavien-Handelshäuser in Hamburg sind da schon bankrott. In der Not beschließt der Senat einen Stabilisierungsfonds von 15 Millionen Mark, der zu zwei Dritteln mit geliehenem Silber aus dem Ausland finanziert werden soll. Doch niemand scheint Hamburg noch Kredit geben zu wollen. Am 8. Dezember droht nahezu allen Hamburger Banken der Konkurs, die Handelsschiffe werden nicht mehr entladen – aus Angst, kein Geld mehr zu bekommen. Da erreicht doch noch ein Zug voller Silber als Darlehen aus Wien die Hansestadt. Am 12. Dezember 1857 ist der Schatz entladen und das Darlehen an die führenden Bankiers der Stadt verteilt. Die Panik legt sich – zu spät für 145 Unternehmen, die auf der Strecke geblieben sind. Doch allmählich kann die Konjunktur wieder anziehen und Mittel für den Hafenausbau freimachen.

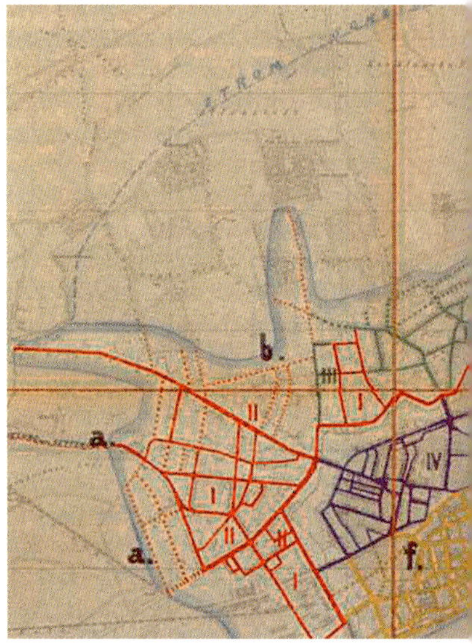

Eines ist von Anfang an klar: Der Hafenausbau wird teuer werden – viel teurer, als man es in Hamburg bislang gewohnt war. Künstliche Hafenbecken für landseitigen Umschlag bedeuten Erdarbeiten, Verkehrsanschlüsse, Ingenieursleistungen, Uferbefestigungen – und womöglich ein System aufwendiger Schleusen, um den Tidenhub auszugleichen und damit ein ruhigeres Be- und Entladen der Schiffe am Elbufer zu ermöglichen. So ist es jedenfalls gerade der Stand der Technik und des Zeitgeistes in Europas führenden Häfen in London und den Niederlanden, die ähnlich wie die Elbe bei Hamburg dem Einfluss von Ebbe und Flut ausgesetzt sind. Dafür stehen auch einige der maßgeblichen Hafenbauer der Zeit, die der Rat schon 1840 bis 1845 als Gutachter und Berater bestellt hat: der Wasserbauingenieur James Walker aus England etwa und der gebürtige Brite William Lindley, der seit einigen Jahren in Hamburg lebt. Lindleys Name hat Gewicht in der Stadt, weil er als Planer unter anderem schon am Wiederaufbau der Hamburger Innenstadt nach dem Großen Brand mitgewirkt hat. Der Hamburgische Wasserbaudirektor Heinrich Hübbe lässt sich von den beiden Briten und ähnlichen Überlegungen des vergangenen Jahrzehnts leiten, als er 1845 gemeinsam mit Lindley und Walker einen Plan für die Zukunft des Hamburger Hafens als Dockhafen vorstellt.

Ein Dockhafen schottet sich durch ein komplexes System von Schleusen gegen den offenen Strom ab. Das Vorbild dafür, London, kommt damals ohne diese Docks nicht aus, denn der Tidenhub auf der Themse beträgt rund sechs Meter zwischen Ebbe und Flut – wer soll da zügig entladen, wenn das Schiff während des Umschlagvorgangs mehrmals sechs Meter an der Kaimauer auf- oder niederfährt? In Hamburg sind es damals aber nur etwas mehr als zwei Meter Tidenhub. Schon deswegen regen sich erste Zweifel an diesen Maßnahmen, und eine Diskussion entbrennt in der Stadt, die jahrelang andauert. Die Befürworter des Dockhafens führen an, dass hinter dem Schutzschild der Schleusenkammern der Wasserspiegel wie ein Dorfteich daliegt und weder Schwanken noch Schlingern die Umschlagarbeiten stört. „Und nicht zuletzt war die Überlegung", ergänzt aus heutiger Sicht der frühere Hafenbaudirektor Heinz Giszas, „dass man hinter Schleusentoren halbwegs sicher vor einer Sturmflut war." Die verheerenden Überschwemmungen aus dem Jahr 1825 sind damals noch in guter Erinnerung.

Der Rat rückt vom Dockhafen ab

Dennoch artikulieren die Gegner des Konzepts von Anfang an vehement ihre Ablehnung – und sie haben gute Argumente: Es dauert lange, bis ein Schiff durch eine Schleuse gefahren ist, weil die Wasserstandsunterschiede nur sehr allmählich ausgeglichen werden können. Das würde lange Staus vor und hinter diesen Elbsperrwerken bewirken, wenn der Segler- und Dampferverkehr, wie erwartet, weiter stark steigt. Oder wenn die Schleusentechnik ihren Dienst versagt. Und außerdem: Welche Dimensionen soll denn solch ein Schleusenbecken haben? Das hängt von der Größe, der Breite und dem Tiefgang zukünftiger Schiffe ab, deren Abmessungen offensichtlich immer weiter zunehmen. Hat man dann irgendwann zu klein gebaut, kann man aber eine Schleuse nicht einfach bei laufendem Betrieb erweitern. Es sei denn, man hat noch ein paralleles Be-

Dockhafen-Planer William Lindley (1808–1900); Ehrenurkunde für Lindleys Leistungen mit Unterschriften angesehener Hamburger; von Lindley entworfenes Kanalsystem für die Stadt Hamburg

cken in Reserve, aber das ist finanziell völlig unrealistisch. Überhaupt: Schleusenbau ist teuer!

Der Rat rückt vom Dockhafenplan ab – zum späteren Glück für die Stadt und ihren Wachstumsmotor: „Im Nachhinein hätten die Hamburger mit dem Dockhafen gnadenlos verloren", sagt Hafenexperte Giszas heute. So wie der Londoner Dockhafen, wie sich im weiteren Verlauf der Geschichte erweisen wird. In Hamburg geht sie Mitte des 19. Jahrhunderts ohne gigantische und kostentreibende Schleusenkammern weiter. Nur einmal, über ein Jahrhundert später, steht Giszas als junger Baureferendar im Hamburger Amt für Strom- und Hafenbau vor der Aufgabe, zu prüfen, ob eine große Seeschleuse in Verlängerung des Köhlfleets machbar wäre, um in deren Schutz Neuland für weiteres Hafengelände zu gewinnen. Zusammen mit seinem Kollegen Ulrich Hensen kommt er zu dem plakativen Rechenergebnis, „dass mit einer solchen Schleuse der erste Quadratmeter gewonnenes Hafenentwicklungsgebiet 300 Millionen Mark kosten würde". Im Amt gibt es „nur ein kurzes Aufwallen", dann verschwindet die Studie für immer in der Ablage.

Eine einzige historische Seeschleuse aus der Gründerzeit gibt es indes bis in unsere Zeit im Hamburger Hafen. Das königlich hannoversche Städtchen Harburg nämlich erschließt Mitte des 19. Jahrhunderts sein damaliges Hafengebiet an der Süderelbe mittels der „Harburger Seehafenschleuse".

Doch zurück zur anhaltenden Hafenbaudebatte in Hamburg. Wenn kein Dockhafen, was dann? Die Commerzdeputation, die Vertretung der Hamburger Kaufleute mit naturgemäß starkem Interesse am Hafenausbau, ergreift die Initiative und hört eine Reihe weiterer

Letzte verbliebene Schleuse der Gründerzeit im Hamburger Hafen: die Harburger Seehafenschleuse

„Die Frucht erfreut ein künftiges Geschlecht“

Johannes Dalmann (1823–1875) verschaffte dem Hamburger Hafen als Wasserbaudirektor Zukunftsgrundlagen, von denen die Stadt bis heute profitiert. Wer war der „stille Star“ der Hafenplanung, dessen Name noch heute an vielen Orten präsent ist?

Der große Gegenspieler: Heinrich Hübbe (1803–1871) verlor sein Amt als Hafenbaudirektor an Dalmann

Als Nachfolger wurde er zum legendären Hafenplaner: Johannes Dalmann setzte auf das bessere Konzept

Die Hamburg Port Authority, das frühere Amt für Strom- und Hafenbau, residiert in einem historischen Backsteinbau der Speicherstadt am Neuen Wandrahm. Während sich die Behörde im Jahr 2005 eine modernisierte, an betriebswirtschaftliches Unternehmertum angelehnte Organisation gegeben hat, wird hausintern die lange Tradition geehrt – in Form einer ebenso langen Ahnengalerie der Wasserbaudirektoren. Zwei benachbarte Porträts dieser mächtigen Herren der gesamten Hafenplanung zeigen Heinrich Hübbe (im Amt von 1836 bis 1856) und seinen Nachfolger Johannes Dalmann (1856 bis 1875). Beide recht finster blickend. Die düsteren Mienen, die wohl einfach die Würde der verantwortungsvollen Position ausstrahlen sollen, lassen sich in der Rückschau auch anders interpretieren: Dalmann beerbte Hübbe erst deshalb im Amt, weil der mit seinem Plan für einen Dockhafen nach Londoner Vorbild grandios gescheitert war. Hätte Hübbe seinen Plan durchgesetzt, wäre dem von Schleusen abgeriegelten und begrenzten Hafen wohl schnell der Raum zum Wachstum ausgegangen. So aber konnte Dalmann, 1823 in Lübeck geboren und seit 1845 im Hamburgischen Staatsdienst, zum Star der Planerszene und zum Vater des modernen, tideoffenen Hamburger Hafens werden.

Er wurde es auch deshalb, weil er mit allen Wassern trickreicher Kommunikation gewaschen war. Nachdem der Dockhafenplan Lindleys und Hübbes abgelehnt war, erschien in den „Hamburger Nachrichten" im Juli 1856 ein längerer, anonymer Artikel mit der Überschrift: „Was soll denn jetzt in unserer Hafenangelegenheit geschehen?" Alle Insider ahnten, dass der Verfasser Dalmann war. In dem Beitrag unterstützte er Forderungen nach „Einrichtungen zum direkten Verladen der Güter". Für einen raschen Umschlag müssten die Schiffe schnell und ungehindert in die Hafenbecken einlaufen können. Der Historiker Dieter Maass, der die ersten Ausbauphasen des Hamburger Hafens genau untersucht hat, vermutet, woher Dalmann viele seiner Ideen hatte: „Zu den Ausführungen hatte den Beamten offensichtlich eine Studienreise inspiriert, die er 1856 zu verschiedenen französischen Häfen gemacht hatte." Dort sammelte Dalmann Eindrücke von Dampfschiff- und Eisenbahnanlagen, Kaimauer-Fundamenten und Schleusenbautechnik. Obwohl der Artikel keine unmittelbare Reaktion bewirkte, flossen viele der hier erstmals geäußerten Überlegungen in den nächsten Jahren in die konkreten Baumaßnahmen ein. So erhielt Hamburgs Hafen ausbaufähige Gleisanschlüsse. Auch die Stromregulierungen zwischen Norder- und Süderelbe an der Bunthäuser Spitze der Elbinseln gehen auf Dalmann zurück. Ebenso die Gründung einer staatlichen – und nicht privaten – Kaiverwaltung.

Vielfach verewigt

„Ich bewundere diesen Mann bis heute mit seiner Vehemenz, seiner Begeisterung und seinem Fleiß", sagt Heinz Giszas, der in der Ahnenreihe der Hafenbaudirektoren ein ganzes Stück weiter rechts folgt, über seinen Vor-vor-vor-Vorgänger. Als Dalmann 1875, erst 51-jährig, in Alexanderbad starb, wusste die Stadt, was sie an ihm verloren hatte. Das Nordufer des Grasbrookhafens erhielt ihm zu Ehren den Namen Dalmannkai. Heute ist der Dalmannkai eine Straße im neuen Stadtteil Hafen-City. Ein geschnitztes Bildnis des großen Hafenbaudirektors gibt es auch an einer der beiden Säulen, die das allegorische Frauenbildnis der Hammonia über dem Kamin im Phoenixsaal des Hamburger Rathauses umrahmen. Dalmanns Grab befindet sich auf dem Ohlsdorfer Friedhof. In die Gedenktafel steht eingraviert: „Wohl ihm, er starb, eh Alter ihn geschwächt. Die Frucht erfreut ein künftiges Geschlecht."

Eine der vielen Ehrungen des visionären Hafenplaners Johannes Dalmann, die bis in unsere Zeit überdauert haben: vergoldetes Relief an einer der beiden Säulen, welche die Hammonia über dem Kamin im Phoenixsaal des Hamburger Rathauses umrahmen

„Die fast uneingeschränkte Flexibilität des offenen Tidehafens setzte sich gegen die Restriktionen und Anfangskosten des Dockhafens durch.“ Heinz Giszas, ehemaliger Hafenbaudirektor

Experten an. 1858 legt sie ein neues Konzept vor, das wie schon der Entwurf von 1845 das Gebiet des Großen Grasbrooks ins Auge fasst. Autor: der neue Wasserbaudirektor Johannes Dalmann (siehe Seite 32), seit zwei Jahren Nachfolger im Amt des mit dem Dockhafenplan gescheiterten Heinrich Hübbe. Dalmann kommt ohne Docks und Schleusen aus. Sein Entwurf für Hamburgs Zukunft ist der des offenen Tidehafens.

Das Rennen ist entschieden

Ein solcher Hafen nimmt das Wechselspiel von Ebbe und Flut und damit wechselnde Wasserstände in Kauf. Dafür können Schiffe jederzeit ein- und ausfahren, ungehindert von Staus an engen „Flaschenhälsen“, wie sie Schleusen darstellen. Auch der Eisgang, der auf der Elbe im Winter viel stärker ist als auf der Londoner Themse, ist ein Argument gegen Schleusen und für Offenheit: Abgeschottete Hafenbecken frieren viel eher zu als von Strömung und Gezeiten bewegtes Wasser. Immer noch aber mag sich der Rat nicht für das Konzept entscheiden, das ja weitreichende Konsequenzen für alle zukünftigen Hafenanlagen haben soll. Erst als der Preußische Geheime Oberbaurat Gotthilf Hagen, als namhafter auswärtiger Experte, in einem Gutachten die Ideen Dalmanns vom Tidehafen stützt, wird der Hagen-Dalmann'sche Hafenplan 1860 von der Schifffahrts- und Hafendeputation als Generalplan genehmigt. Das Rennen zwischen Dock- und Tidehafen ist entschieden. „Die fast uneingeschränkte Flexibilität des offenen Tidehafens“, so Hafenbauer Giszas, „setzte sich gegen die Restriktionen und Anfangskosten des Dockhafens durch.“ Mitte Februar 1862 endlich einigen sich der Senat – wie die ehemals Rat genannte Regierung Hamburgs seit einer Verfassungsreform von 1860 heißt – und die Bürgerschaft: Von der Abendroth'schen Dampfmühle an der Kehrwiederspitze bis zum Brooktor soll ein Kai angelegt werden, der den Hafenumschlag revolutionieren wird (siehe Seite 36). Die Arbeiten beginnen noch im selben Jahr.

Schauplatz der Ausbauarbeiten zum neuen Sandtorhafen ist der Stadtgraben südlich der Innenstadt, ein übriggebliebener Teil des mittlerweile geschleiften Befestigungswerks aus dem Dreißigjährigen Krieg. Dessen nördliches Ufer wird nun zum ersten Bauabschnitt. Die Stadt Hamburg hat sich längst über ihre mittelalterlichen Grenzen hinaus entwickelt. Sie zählt jetzt schon über 250000 Einwohner, gut das Doppelte des Jahres 1816, als die *Lady of the Lake* als erstes Dampfboot hier Station machte. Für die Planer drängt die Zeit: Im Hafen kommt Jahr für Jahr mehr Tonnage an. Werden 1861 noch 872000 Tonnen angelandet, sind es zwei Jahre später schon 952000 Tonnen, also fast ein Zehntel mehr. Und obwohl der Mastenwald im Niederhafen eine andere Sprache zu sprechen scheint, kommt ein immer größerer Anteil der Ladung auf Dampfern, die größer sind und mehr Tiefgang haben als die Vollschiffe, Barken und Briggs unter Segeln.

Um schnell und preiswert betriebsbereit zu werden, erhält der Sandtorkai statt einer damals noch nicht erprobten steinernen Kaimauer zunächst nur hölzerne Vorsetze, das sind mit Eisenstangen verstärkte Pfahlpalisaden, die mit Dampframmen niedergebracht werden. Was die zweckmäßigsten Aufbauten auf dem Kai angeht, muss Wasserbaudirektor Dalmann viele Grundsatzentscheidungen vorbereiten. Sollen auf der

Ein Wald aus Masten und Rahen gegen Ende des Segelschiffzeitalters: der Niederhafen im Jahr 1875

schmalen Kaizunge nur Schuppen für das Sortieren der Ware gebaut werden? Oder auch gleich noch Speicher für die dauerhafte Lagerung? Wünschenswert sei Letzteres zwar, findet Dalmann, aber dann reiche der schmale Platz nicht aus, um Schuppen zu errichten, die eine ganze Schiffsladung aufnehmen können. Also nur Schuppen in langer Reihe. Bewegliche oder fest fixierte Kräne am Rand des Kais? Bislang hat es in den Hafenanlagen der Stadt nur wenige, fest installierte Kräne gegeben, um ungewöhnlich massives Schwergut umzusetzen. Nun aber geht es um den alltäglichen Stückgutumschlag, und da sind Tempo und Mobilität gefragt. Empfehlung: Kräne, die auf Schienen parallel zur Kaikante verschiebbar sind. Eine weitere Innovation.

Kaianlagen werden Sache des Staates

All das winkt der Senat im Februar 1864 durch – und er beschließt auch, dass der Bau von Kaianlagen Sache des Staates Hamburg sei, also ausdrücklich nicht die der Privatwirtschaft. Die Bürgerschaft hat von Anfang an einen starken Einfluss des Staates bei den Hafenkais gefordert, allerdings auch bei deren Betrieb. Das aber lässt der Senat offen. Denn die umtriebige und finanzstarke Berlin-Hamburger Eisenbahn-Gesellschaft steht schon lange in den Startlöchern, einen großen Zukunftsmarkt im Verladegeschäft witternd. Dagegen aber wehren sich die Hamburger Kaufleute nicht nur als Bürgerschaftsmitglieder, sondern nun auch mit ihrer Commerzdeputation. Diese hat zwar ursprünglich 1856 selbst den landseitigen Bau und Betrieb der neuen Hafenanlagen durch eine private Aktiengesellschaft vorgeschlagen, macht nun aber eine scharfe Kehrtwen-

Eine stolze Zunft: Quartiersmann, 1865. Quartiersleute zählen damals zur Hafen-Elite, weil sie schreiben und rechnen können

Neue Ordnung am Kai

Auf dem Sandtorkai wurde 1866 die Hamburger Kai-Einteilung geprägt: Mit Schuppen, Schienen und Kränen revolutionierte sie im Dreiklang den Frachtgutumschlag. Ein zusätzlicher Helfer: Elektrizität

Hamburgs erstes künstliches Hafenbecken, der Sandtorkai, wartete 1866 mit drei Premieren für die Hansestadt auf. Neu war nicht nur die hölzerne Uferbefestigung, die das Anlegen der damals größten Dampfschiffe unmittelbar am Beckenrand erlaubte. Revolutionär waren vor allem auch die Aufbauten: Einstöckige, langgezogene Schuppen, in denen die Güter vor- und nachsortiert werden konnten; Eisenbahngleise, die parallel zu Schuppen und Kaikante verliefen und so erstmals das Binnenlandtransportmittel Güterzug mit dem Seetransportmittel Schiff zusammenführten; schließlich bewegliche Kräne, mit denen Ware landseitig vom und zum Seeschiff gehievt werden konnte. Gleichzeitig blieb weiterhin das Ladegeschirr des Schiffs vonnöten, denn zusätzlich zum Landumschlag wurde ein Teil der Ladung wie bisher auf Schuten umgesetzt, um Zeit zu sparen. Aber auch ein Straßenanschluss für Fuhrwerke war vorgesehen, sodass auf den Kais fortan alle damaligen Verkehrsträger nach dem Vorbild der Sandtor-Anlage vertreten waren.

Noch vor Ende des 19. Jahrhunderts half elektrischer Strom im Hafenumschlag und bei der Lagerei: Der erste brauchbare Elektrokran am Kai machte 1896 den bis dahin verwendeten Brown'schen Dampfkränen Konkurrenz, die auf Schienen verfahrbar waren und mit ihrer großen Hebekraft den Umschlag revolutioniert hatten. Schrittweise wurden die Dampfkräne durch elektrische Modelle ersetzt. Schon seit 1888 gab es in der neuen Speicherstadt elektrisches Licht; das war neben dem absoluten Rauchverbot in den Speichern eine Bedingung der Feuerversicherer gewesen. Die Fleete wurden von Kohle-Lichtbogenlampen überspannt. Für die Stromversorgung der Speicherstadt sorgte gleich neben dem Haupt-Kesselhaus ein eigenes Lichtmaschinenhaus mit zentraler Schalttafel für die Beleuchtung.

Erst vom Containerterminal abgelöst

Das Hamburger Kaizungen-System war so flexibel, dass es ab 1898 auch den Umschlag empfindlicher Früchte erlaubte. Die Fruchtschuppen A und B waren gegen Wärmeverlust mit Torfmull isoliert und mit einer Heizung ausgestattet. Der Fruchtschuppen C von 1911 hatte sogar zwei Etagen. Südfrüchte allerdings wurden zunächst weiterhin auf Schuten entladen, wo man sie an frischer Luft mit Pferdemist gegen Kälte schützte. Um 1925 existierten elf heizbare Fruchtschuppen und ab 1934 der erste spezielle Bananenschuppen. So wurde der Hamburger Hafen langfristig weltweit führend im Fruchthandel.

Ort der Innovationen: Am Sandtorkai (Aufnahme um 1910) kommen erstmals Brown'sche Dampfkräne zum Einsatz (links). Schienen zwischen Schuppen und Kai erlauben einen Umschlag direkt vom Schiff zum Güterzug

Erst nach dem Zweiten Weltkrieg musste man die erfolgreiche Kaizungen-Einteilung mit Schuppen, Schienen und Kränen anpassen: an die inzwischen dominierenden Verkehrs- und Flurfördermittel Lkw und Gabelstapler. Bei der „neuen Hamburger Kai-Einteilung" wurde die kaiseitige Schuppenrampe für Stapler und Elektrokarren verbreitert und die Eisenbahnabfertigung auf der Wasserseite konzentriert, getrennt vom Lkw, der die Landseite nutzte. Doch nun mussten die Waren zwischen Schiff und Lkw noch quer durch den dazwischen liegenden Schuppen manövriert werden, und die neuartigen Gabelstapler hatten hierbei anfangs nicht immer genug Platz zum Manövrieren. Eine Lösung wurde schließlich darin gefunden, Höhenunterschiede einzuebnen, die Kais zu verbreitern und die Eisenbahngleise einzubetonieren, sodass dieselbe Trasse auch von den Lastwagen befahren werden konnte – ebenso unmittelbar am Schiff wie die Güterbahn.

Erst die Ankunft des Containers Ende der sechziger Jahre verwandelte den Stückgut-Umschlag in eine Massenstückgutlogistik, bei der die Blechkisten selbst den mobilen „Schuppen" für die eigentliche Ware spielten. Nun wurden „Terminals" mit Hunderten von Metern tiefen Stauflächen gebraucht, insgesamt ganz andere Flächendimensionen. Bewegliche Kranbrücken, schnelle Förderfahrzeuge und unmittelbar angrenzende Eisenbahnschienen indes blieben bis in unsere Tage unverzichtbar.

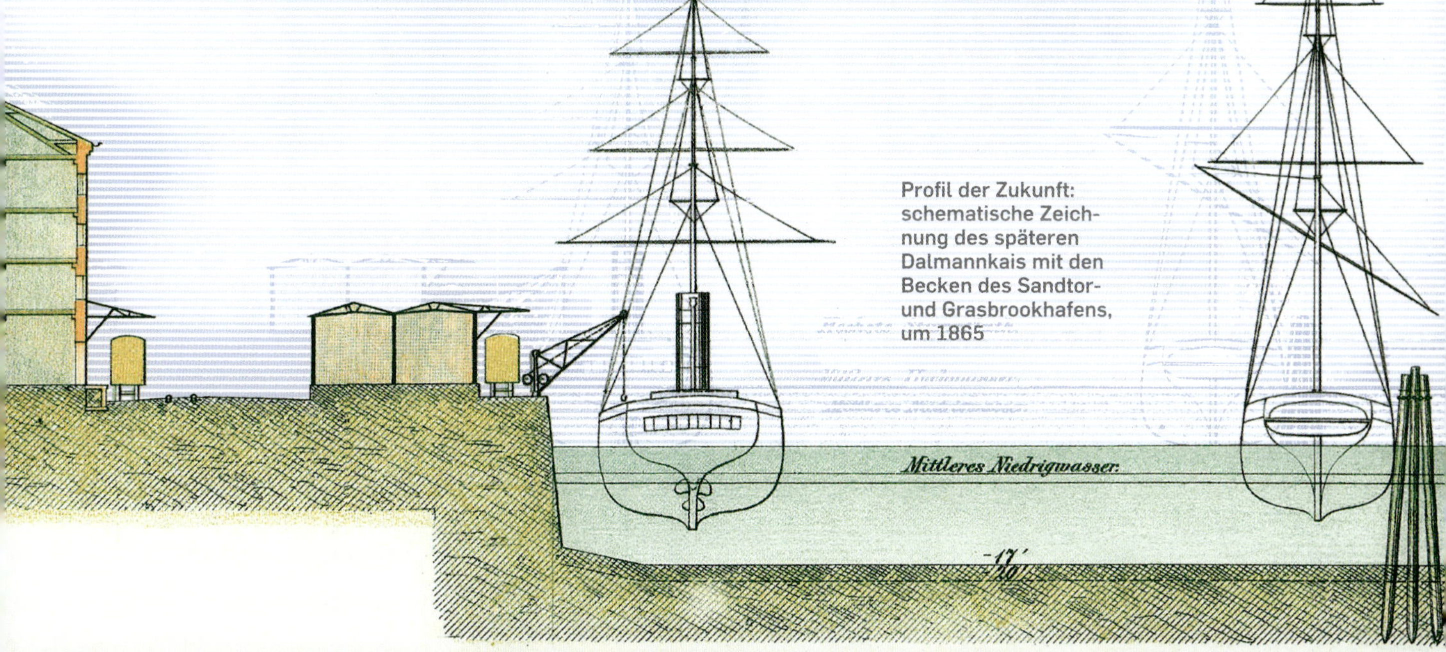

Profil der Zukunft: schematische Zeichnung des späteren Dalmannkais mit den Becken des Sandtor- und Grasbrookhafens, um 1865

„Vom Jahre 1866 an, bis zu dem die Hafenanlagen Hamburgs nur aus Pfahlwerk bestanden, an denen das Lösch- und Ladegeschäft ohne Anwendung von maschinellen Vorkehrungen (...) erfolgte, entwickelten sich (...) die großen, modernen Hafenanlagen."

„Deutsche Levante-Zeitung" vom 1. August 1913

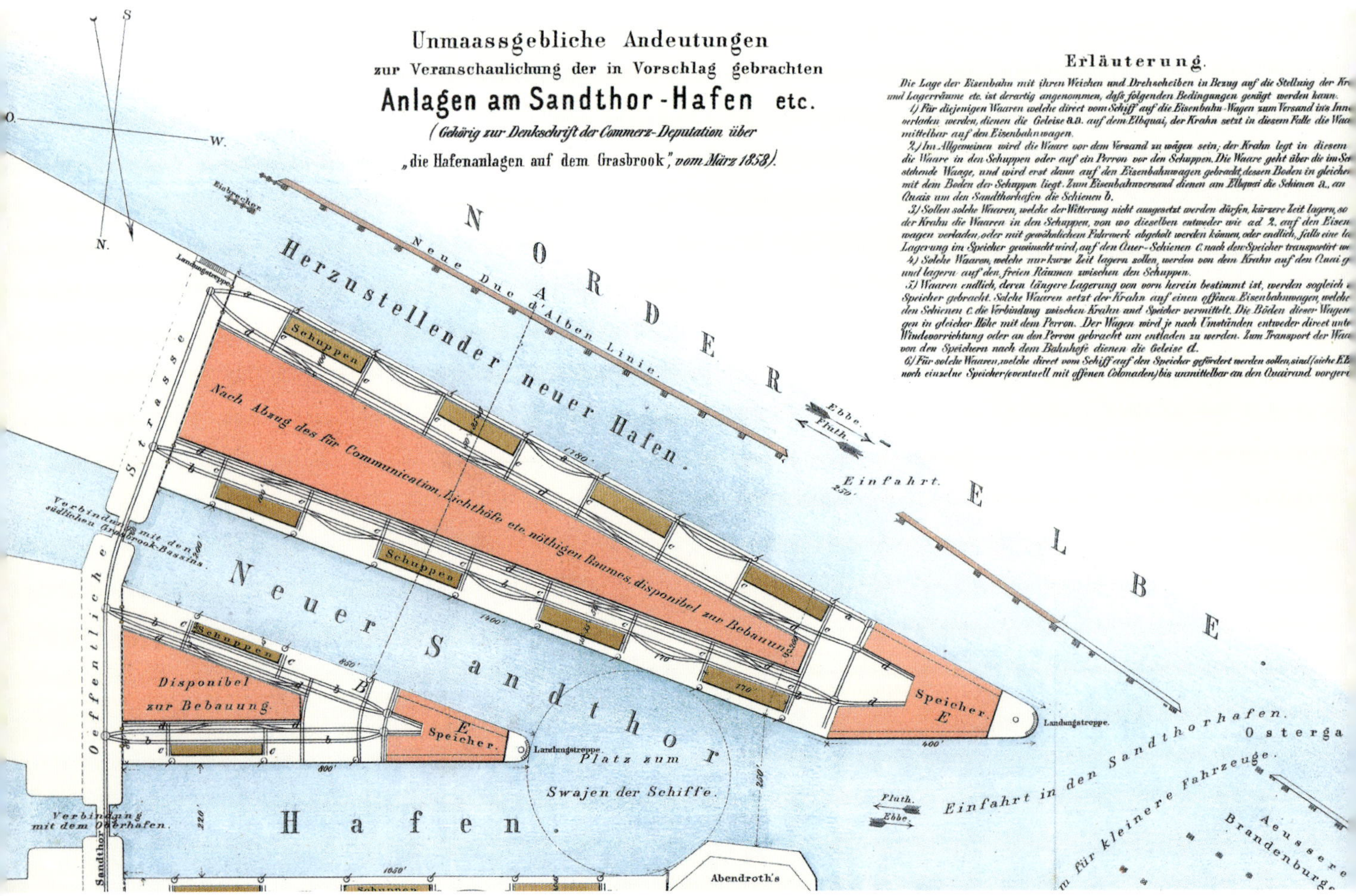

Opfer einer intensiven Debatte um den Zukunftsstandort: nicht realisierter Plan für die Hafenanlagen auf dem Grasbrook von 1858, vorgelegt von der Commerzdeputation. Die „disponiblen Flächen" sollen von privaten Handelshäusern genutzt werden

Die Standardausführung eines Brown'schen Dampfkrans mit Einzelheizung. Fotografie, aufgenommen am Sandtorkai um 1880

de. Denn die Kaufleute sehen die Interessen der Reeder und Schiffseigner gefährdet, wenn plötzlich Eisenbahner beim Kaiumschlag das Sagen haben. Die Deputation kämpft deshalb ebenfalls für einen rein öffentlichen Kaiumschlagsbetrieb – erfolgreich darauf vertrauend, dass die Kaufmannschaft auch in der neuerdings zuständigen Staats-Behörde namens Deputation für Handel und Schifffahrt sieben der fünfzehn Mitglieder stellt. Sie setzt ihren Willen schließlich durch.

Die 1866 aufgebaute staatliche Kaiverwaltung braucht eine Einnahmequelle: die Kaigebühr. Sie soll Personal-, Betriebs- und Reparaturkosten decken. Welche konkrete Höhe aber kostendeckend und dabei immer noch markttauglich ist, damit haben weder die Hafenplaner noch die an der Entwicklung beteiligten Kaufleute zu dieser Zeit Erfahrung – und werden deshalb pünktlich zur Eröffnung des Sandtorkais in ein peinliches Fettnäpfchen treten. Vorerst aber gehen die Bauarbeiten munter voran. Sieben einstöckige, gemauerte, zur Wasserseite offene Schuppen entstehen wie an einer Perlenschnur aufgereiht, insgesamt ein Ensemble von fast 770 Meter Länge. Unmittelbar am Beckenrand wird auf der hölzernen Vorsetze ein Gleis für die Kräne verlegt. Nicht weniger als 16 Dampfkräne der englischen Firma Brown, Wilson & Co., drei dampfbetriebene Schwerlastkräne sowie acht Handkräne finden darauf Platz. Parallel zum Krangleis verläuft die Straße für die Fuhrwerke, in die das Eisenbahngleis eingelassen ist. Dann der Schuppen, landseitig dahinter weitere Eisenbahngleise zum Rangieren. Viele Spuren, die zusammen genommen den Hafen in die Erfolgsspur bringen sollen.

Der 11. August 1866 ist ein Sonnabend, doch am Sandtorkai stehen viele Männer im schwarzen Sonntagsstaat. Eine große Menge von Reedern, Senats- und Bürgerschaftsmitgliedern, Kaufleuten und Commerzdeputierten kommt zusammen, um die Eröffnung zu zelebrieren. Natürlich wird die „Hammonia“ geschmettert, jene 1828 von Georg Nikolaus Bärmann gedichtete Hamburg-Hymne, die mit ihrem Schmalz und Pathos schnell populär geworden ist. Im damals noch gebräuchlichen Urtext wird nicht versäumt, das Glück der Kaufmannschaft zu beschwören: „Das Meer fleusst um die Erd' herum, drum Floreat Commercium!“ – was so viel heißt wie: Es blühe der Handel! Die Formel scheint gleich nach dem Wochenende Wirkung zu zeigen. Am folgenden Montag legen die ersten beiden Dampfer am Sandtorkai an. Und als gäben ihre Namen dem Hafen sein zukünftig wachsendes Operationsgebiet vor, heißen sie *Germania* und *Planet*.

So markieren die ersten Schiffsmeldungen des 13. August 1866 den Beginn einer neuen Epoche im Hamburger Hafen. Auf diesen Zeitpunkt datiert die „Deutsche Levante-Zeitung“ vom 1. August 1913, also ein halbes Jahrhundert nach der Pioniertat der Sandtorkai-Eröffnung, den Beginn einer bis dahin stürmischen Erfolgsgeschichte: „Vom Jahre 1866 an, bis zu dem die Hafenanlagen Hamburgs nur aus Pfahlwerk bestanden, an denen das Lösch- und Ladegeschäft ohne Anwendung von maschinellen Vorkehrungen (...) erfolgte, entwickelten sich (...) die großen, modernen Hafenanlagen.“ Alle Chronisten, bis heute, sind dem Blatt in dieser Einschätzung gefolgt.

Sie liegen auch nicht falsch. Ausgeblendet wird dabei nur die kleine Peinlichkeit, dass der Sandtorkai zuächst ganz und gar nicht ausgelastet ist. In den Mo-

Mehr als ein Mikrokosmos

Als **Reinhard Höfer** bei der Hamburger Hafenbahn anfing, war die Grundstruktur der Hafenbecken und Kaianlagen noch fast dieselbe wie Ende des 19. Jahrhunderts. Dann aber begannen mehrere Revolutionen auf einmal. Und zum Hafen-Rangierbetrieb kam allmählich ein Logistiknetzwerk mit europäischen Dimensionen.

Er ist Bahner durch und durch. Reinhard Höfer trifft man zum Interview standesgemäß in der DB-Lounge des Hamburger Hauptbahnhofs, den er pünktlich mit dem Regionalzug aus Lübeck erreicht. Einen Führerschein hat der hellwache 75-Jährige nicht. Stattdessen gewöhnte er sich schon 1965 das damals für ihn kostenlose Bahnfahren an, als er für einige Jahre als Projektleiter bei der Deutschen Bundesbahn tätig war. Am Handgelenk trägt der Diplomingenieur eine Eisenbahneruhr mit dem Logo des Hamburger Verkehrsverbundes – der war 1965 das erste integrierte Nahverkehrssystem der Welt, ein Vorbild für alle folgenden Verbünde. Und ein Vorbild ist in vieler Hinsicht auch die Hamburger Hafenbahn, wo Höfer seine restlichen 31 Berufsjahre bis zur Pensionierung 1998 verbrachte.

Wenn der gebürtige Eisenacher erzählt, wird schnell klar, wie komplex der Bahn-Mikrokosmos ist, der die Seeschiffe mit dem Hinterland des Hamburger Hafens vernetzt. Mikro? Eher makro: Das heutige Eisenbahn-Hinterland des Hafens muss man sich bis nach Kasachstan und in die Ukraine reichend vorstellen, denn so weit rollen die Containerzüge von Polzug, einer Beteiligungsgesellschaft der Hamburger Hafen und Logistik AG (HHLA). Nach Westen fahren die Kisten-Kolonnen bis zur Rheinschiene, wo sie im Wettbewerb mit den Häfen von Rotterdam und Antwerpen stehen. Nach Süden hinunter reicht das Revier letztlich bis zur italienischen Stiefelspitze, wo der Containerterminal des Hafens von Gioia Tauro an der kalabrischen Küste angebunden wird – und damit das Mittelmeer. Die Kerngebiete des Hamburger Bahn-„Hinterlandes" indes sind Deutschland, Österreich, Ungarn, Polen, Tschechien und die Slowakei. Allein zwischen Hamburg und Prag pendeln heute täglich mehrere Containerzugpaare. Die Hafenbahn ist im Transport-Netzwerk für die „letzte Meile" bis zum Schiff zuständig. Neben der Deutschen Bahn AG sind in der Hafenlogistik inzwischen auch Dutzende anderer Bahngesellschaften unterwegs. Denn seit 2005 müssen im Hafen, so will es die EU, Wettbewerber auch auf der Schiene „diskriminierungsfrei" Zugang zum lukrativen Frachtgeschäft erhalten.

Der damalige Hafenbahnchef Reinhard Höfer Anfang der achtziger Jahre vor einem Plan des Schienennetzes

Langer Weg zur Logistik

Das war noch anders, als Reinhard Höfer 1967 zur Freien und Hansestadt Hamburg wechselte, die ein Jahr nach dem 100-jährigen Jubiläum ihrer Hafenbahn einen Projektleiter zur Modernisierung des Hafenbahnhofs Hamburg-Süd suchte. Damals, kurz vor dem Siegeszug des Containers, hatten die Hafenbecken nach jahrzehntelangem Nachkriegs-Wiederaufbau größtenteils noch ihr altes Gesicht, wie es schon vor 1900 geprägt worden war: lange, fingerförmige Kais, an denen die Ladung der Seeschiffe mit Kränen auf Binnenschiffe, Hafenbahn oder Lkw umgeladen wurde. Doch es begann schon der Übergang vom direkten zum indirekten Umschlag: „Statt schmaler Schuppen wurden nun große Hallen gebaut", erläutert Höfer, „sie erlaubten das Sortieren der gelöschten Ware, wenn das Schiff schon längst wieder weg war. Weil die Liegezeiten

Umschlag im Jahr 1906: Auf dem Auguste-Victoria-Kai stehen Waggons der Hafenbahn mit Schüttgütern zum Abtransport bereit

sich dadurch verkürzten, brauchte man weniger Liegeplätze, aber pro Liegeplatz mehr Fläche als vorher. So wurden Hafenbecken zugeschüttet, um große zusammenhängende Flächen zu schaffen."

Der Hafen entwickelte sich zum vorgeschobenen Einfuhr-Lager der binnenländischen Industrie. Erze etwa wurden nun vorgehalten, bis auf Bestellung eines Stahlwerks Hafenbahn-Züge mit der jeweils passenden Mischung verschiedener Erzsorten losrollten und pünktlich zum Stahlkochen direkt unter den Hochofen fuhren. Die Lagerhaltung wurde neben dem Umschlag als zweites Standbein im Hafen aufgebaut. Aber was man Logistik nennt, kam erst noch: „Heute werden Rohstoffe und Vorprodukte nicht nur im Hafen gelagert, sondern auch gleich schon produktionsgerecht zusammengestellt, um in Hafennähe weiterverarbeitet zu werden." So werden etwa für die Autozulieferindustrie ganze Baugruppen wie zum Beispiel Autotüren konfektioniert. „Das erzeugt eine Menge Verkehr, aber es macht den Hafen zu einem hochinteressanten Ort", findet Hafenbahn-Veteran Höfer.

Der gebürtige Eisenacher, der die Hafenbahn von 1977 bis 1998 leitete, hat natürlich auch die Anfangszeit der Containerwirtschaft miterlebt. Er musste zum Beispiel mit der HHLA zusammen festlegen, wie der Bahnbetrieb am Burchardkai organisiert werden sollte, Hamburgs erstem Containerterminal. Die Wahl fiel auf leistungsfähige Portalkräne: „Der Zug ließ sich dadurch so beladen, dass er etwa die Strecke Hamburg–München nonstop fahren konnte und nicht unterwegs rangieren musste."

Nach der Pensionierung nutzte Höfer, der bis heute einen Lehrauftrag an der Fachhochschule Lübeck hat, sein langjähriges Know-how als Berater bei der Umstrukturierung chinesischer Häfen. Seine Schützlinge dort haben ihre Lektion offenbar gelernt: „Unter den Leuten, die da bei mir auf der Schulbank saßen, war auch der heutige chinesische Verkehrsminister."

Die 1872 fertiggestellte Eisenbahnbrücke über die Elbe (Aufnahme um 1900)

naten August und September 1866 laufen jeweils nur elf von knapp 150 Dampfern im Hamburger Hafen den Sandtorkai an; der Rest löscht seine Ladung wie gewohnt an Duckdalben auf dem Strom. Denn es läuft eine stille Boykott-Absprache unter den Reedern, denen die Kaigebühr zu hoch ist. Erst als der Senat sie um ein Viertel senkt und auch noch die Güter, die auf dem Kai lagern, auf eigene Rechnung gegen Feuer versichert, lenken die Boykotteure ein und nehmen den Sandtorkai an. Die Zeche zahlen die Spediteure, denen die Stadt zum Ausgleich eine neue Gebühr für das An- und Abliefern der Waren per Fuhrwerk abknöpft.

Die Eisenbahn überquert die Elbe

Noch etwas hat zusammen mit dem Sandtorkai Premiere: Die Anlage erhält ein doppelspuriges, rund 700 Meter langes Verbindungsgleis zum sogenannten Berliner Bahnhof am Deichtor – und damit zur Bahnstrecke nach Berlin. Die Berlin-Hamburger Eisenbahngesellschaft pachtet dafür die Strecke vom Senat für 10400 Preußische Taler zunächst auf drei Jahre und übernimmt den Betrieb. Für das Be- und Entladen beim Schiff ist die staatliche Kaiverwaltung zuständig und erhält dafür eine Gebühr von den Eisenbahnern. Es ist die Geburtsstunde der Hamburger Hafenbahn, auf deren Gleisnetz 144 Jahre später täglich rund 220 Züge mit über 4300 Waggons rollen werden, wobei sie ihre oft verderbliche Ladung taktgenau mit den deutschen und europäischen Eisenbahnnetzwerken synchronisieren.

Die erste „Synchronisation" muss schon bald nach Beginn des Eisenbahnbetriebs im Hafen vorgenommen werden. Bereits seit 1860 arbeitet der Senat daran, Hamburg an möglichst viele europäische Städte per Eisenbahn anzubinden, doch noch zur Eröffnung des Sandtorhafens liegen alle diese Städte und Linien nördlich der Elbe. Harburg, südlich davon, hat hingegen schon Anschluss bis ans zunehmend industrielle Ruhrgebiet. Es liegt nahe, die Verkehrslücke zwischen beiden Elbstädten zu überbrücken. Wo aber könnte eine Eisenbahnbrücke über die Elbe verlaufen, wo der zugehörige Bahnhof gebaut werden? Seit rund zehn Jahren gibt es dazu Verhandlungen mit dem Königreich Hannover und seinem Rechtsnachfolger Preußen, der sich das Königreich 1866 einverleibt hat und jetzt bis zum Südufer der Elbe reicht. Es kommt wie so oft: Am Ende folgen alle Partner der fachlich fundierten Meinung des Hamburger Wasserbaudirektors Johannes Dalmann. Die Brücke wird am Entenwerder die Norderelbe kreuzen, der erste Umschlagbahnhof im Hafen auf dem östlichen Großen Grasbrook entstehen. Und das ist gut so, denn wäre man alten Plänen des Ingenieurs William Lindley – des Dockhafen-Verfechters aus England – gefolgt, dann wäre die Brücke weiter westlich bei Steinwerder entstanden. Sie bildet aber mit ihrer relativ niedrigen Durchfahrtshöhe bis in unsere Zeit die Hafengrenze für große Seeschiffe. Das gesamte Gebiet Richtung Osten bis Entenwerder, vor allem die attraktiven linkselbischen Flächen, wäre dem Seehafen damit als Entwicklungsfläche versperrt geblieben.

Der Brückenschlag nach Süden kostet Hamburg indes viel Geld: 28,5 Millionen Mark, mit Anleihen finanziert. Denn das mächtige Preußen hat sich schlicht geweigert, die Vorhaben zu bezahlen, da es doch eine

Der Hannoversche Bahnhof, auch Venloer Bahnhof genannt

Ehemaliger Berliner Bahnhof in Hamburg-Altstadt, ca. 1870

finanzstarke Privatbahn gebe, die dies übernehmen könne. Gemeint ist die Köln-Mindener Eisenbahngesellschaft als Betreiber der Rhein-Ruhrgebietsstrecke. Doch die will den Hamburger Baugrund kostenlos zugesprochen bekommen – und auch ansonsten nichts bezahlen. Man könne es ja auch einfach lassen, sagen die Verhandler der Gesellschaft kühl. Sie wissen schließlich, dass der Senat die Südverbindung unbedingt braucht, um etwa mit der leistungsstarken Hinterland-Anbindung des Eisenbahnhafens Antwerpen konkurrieren zu können. Selbst die Tarifgestaltung wird allein Sache der Köln-Mindener. Das Einzige, was Hamburg letztlich durchsetzen kann: Die Bahngesellschaft übernimmt die Bauausführung von Bahnhof, Gleisen und Brücke.

Die Bauarbeiten beginnen 1870, im Dezember 1872 wird die Elbbrücke eröffnet. Der neue Eisenbahnknoten mit seinen Rangiergleisen und Verladestellen erhält den Namen Hannoverscher Bahnhof. Auch weitere Hafenbecken entstehen im Zusammenhang mit den Bahn-Bauten: westlich vom Bahnhof der Magdeburger Hafen, südlich der Brooktorhafen als Liege- und Umschlagplatz für Oberländer und Hafenfahrzeuge. Inzwischen entwickelt sich auf Rechnung der Stadt Hamburg ein Verteiler-Gleisnetz, das den Transport zwischen Kai- und Umschlagsanlagen und den Hamburger Bahnhöfen der einzelnen Eisenbahngesellschaften übernimmt. Im Pachtbetrieb erledigen das, anfänglich noch relativ reibungslos, die Berlin-Hamburger und Köln-Mindener Gesellschaften. Doch es zeichnet sich damit schon jene Zweiteilung ab, die sich bis in unsere Zeit fortsetzen wird: Während die staatliche Seite den Bau und den Erhalt der Hafenbahn-Infrastruktur übernimmt, sind Eisenbahngesellschaften für den rollenden Betrieb zuständig.

Nun hat Hamburg nach den Verbindungen in Ost-, West- und Nord-Richtung als Letztes den Eisenbahnanschluss nach Süden geschafft. Auch zu Wasser geht es immer besser voran: Die Schiffbarkeit der Norderelbe – des für Hamburg maßgeblichen Arms – hat sich durch geschickte Stromkorrekturen an der Bunthäuser Spitze und durch effizientere Baggerei mittels Dampf bis in die Unterelbe hinein deutlich verbessert. Auch die Elb-Binnenschiffer, als Güterverteiler zu dieser Zeit etwa genauso wichtig wie die Eisenbahner, profitieren davon. Überall ist hier die visionäre Handschrift des Hafenbaudirektors Dalmann sichtbar, der indes 1875 verstirbt. Eines seiner vielen Verdienste ist es, Hamburgs Hafen zu Wasser wie auf der Schiene zukunftssicher ans Hinterland angebunden zu haben.

1866: die erste Million Tonnen

Nachdem die Reeder den Sandtorkai einmal als neue Umschlagsanlage akzeptiert haben, bedarf dieses erste künstliche Hafenbecken mit seinen improvisiert wirkenden hölzernen Befestigungen sehr bald einer Erweiterung. Die Millionen-Tonnen-Marke beim Güter-Import hat der Hafen bereits 1866 durchbrochen. Das gegenüberliegende Südufer des alten Stadtgrabens gerät in den Blick der Planer. Zusammen sollen die beiden Ufer den Sandtorhafen bilden, mit einer Minimalbreite von 86 Metern weit genug, um zwei gegenüberliegende Schiffe sowohl von Land als auch vom Wasser aus zu be- und entladen. Der neu konzipierte Kai wird wiederum eine Premiere präsentieren: die erste gemauerte Kai-Einfassung im Hamburger Hafen.

Für Laien mag es wie eine simple Aufgabe klingen, einem tideoffenen Kai eine Mauer zum Wasser hin zu verpassen. Doch es ist alles andere als das: Unermüdlich arbeiten Strömung, Wellen, Ebbe und Flut gegen solche Befestigungswerke an. Das Sediment im Untergrund ist trügerisch, ständig drohen Unterspülungen, Kantenabbrüche und Erdrutsche. Nach langen Fachsimpeleien einigt man sich auf eine ebenso komplizierte wie innovative Konstruktion: Die Fundierung mittels gemauerter und mit Beton verfüllter „Senkbrunnen" ist von englischen Ingenieuren in Indien entwickelt worden. Darauf gründet ein Oberbau aus Frontmauer, Gewölben und Contreforts, das sind verstärkende Stützen. Von all dieser komplexen Technologie ist über der Wasserlinie nur die schlichte Verblendung aus Ziegelsteinen zu sehen, verfugt mit Portland-Zement.

Verglichen mit seinem Gegenüber bekommt der neue Kai, auf der schmalen Landzunge zwischen dem Sandtor- und dem parallel entstehenden Grasbrookhafen gelegen, größere Schuppen verpasst. Aus England werden 23 auf Schienen bewegliche Brown'sche Dampfkräne geordert, hinzu kommt hier ein fest installierter Schwerlastkran. Als der neue Kai 1872 eingeweiht wird, hat sich Deutschland verändert. Im Vorjahr ist es nach gewonnenem Deutsch-Französischem Krieg zum Kaiserreich vereinigt worden, und das inspiriert die Hafenherren zu einem staatstragenden Namen: Kaiserkai.

Im langen Schatten Wilhelms I. geht es nun rasant weiter mit der Realisierung des Hagen-Dalmann'schen Hafenausbauplans. Immer neue Becken werden ausgebaggert, der Große Grasbrook erhält allmählich die Gestalt eines von Kaifingern, Kranreihen und Schuppen-Kolonnen durchzogenen Hafen-Labyrinths. Verkompliziert wird es noch durch das parallel entstehende Netz von Durchfahrten, Kanälen und Becken für die Hafen- und Binnenschifffahrt. Ganz im Westen des Kleinen Grasbrooks, auf dem von der Stadt abgewandten Ufer, entsteht als erstes linkselbisches Hafenbecken bis 1880 der stark feuergefährdete Petroleumhafen. Hier laufen zunächst ganz herkömmliche Segelschiffe ein, denn sie sind es zu dieser Zeit noch, die das immer wichtiger werdende Petroleum in Fässern anliefern.

Doch ein markanter Blickfänger, eine wahrhafte Kathedrale der Hafenwirtschaft, setzt all diesen flachen, geduckten Zweck-Anlagen die Pracht hanseatischer Handels-Herrlichkeit entgegen. Der Kaispeicher A, nach seinem Standort auch Kaiserspeicher genannt und 1875 eröffnet, ist die letzte planerische Initiative Johannes Dalmanns vor seinem frühen Tod. Der Bau entsteht an einem traditionsbeladenen Ort: Auf der Johns'schen Ecke am Kehrwieder hat zuvor 150 Jahre lang die Johns-Werft gelegen. Das Unternehmen, das 1848 den zweiten Großsegler *Nord-Amerika* für die aufstrebende Reederei Hapag baute, ist einer der vielen alteingesessenen Betriebe auf dem Großen Grasbrook, die im Zuge des Hafenausbaus umgesiedelt worden sind. Stattdessen steht hier nun der erste große Warenspeicher, der nicht an die Bürgerhäuser der Hamburger Kaufleute angeschlossen ist. Die Handelsherren wünschen sich neuerdings Speichermöglichkeiten nah bei den Tiefwasser-Kais; die langen Wege und hohen Gebühren für den Transport aus dem Hafen-Labyrinth in die historischen Fleet-Speicher sind zunehmend lästig. Schneller und billiger soll die Ware verteilt werden. Ein Menetekel der verrinnenden

Betriebsamkeit an allen Ufern: der Kaiserkai und der Sandtorkai am Sandtorhafen, vom Brooktor aus gesehen. Darstellung von Wilhelm Heuer aus dem Jahr 1872

Stunden ist auch der kirchenähnliche Westturm des Kaiserspeichers: An seiner Spitze saust zweimal täglich zu festgelegten Stunden ein weithin sichtbarer „Zeitball" mehrere Meter in die Tiefe, damit die Offiziere der im Hafen liegenden Schiffe ihre Chronometer justieren können. Das wird bis 1934 so gehen – doch der Kaispeicher A wird sich noch sehr viel länger als ausgesprochen wandlungsfähig erweisen.

Was wird nun aus dem Freihandel?

Hätten die Hafenplaner nur wenige Jahre in die Zukunft schauen können, sie hätten die unmittelbare Umgebung des Kaispeichers A vermutlich nicht wiedererkannt. Denn wieder einmal gibt politischer Wandel der Handelsstadt Hamburg Impulse, die das Stadtbild verändern werden. Schon 1867 ist die stolze „Freye und Hansestadt" – nicht ganz ohne Druck – dem Norddeutschen Bund beigetreten. In diesem ersten deutschen Bundesstaat mit föderaler Verfassung gibt Preußen als absolutes Schwergewicht den Ton an. Hamburg hat mit dem Beitritt seine außenpolitische Souveränität aufgeben müssen. Nach Jahrhunderten fahren seine Schiffe nicht mehr unter der rot-weißen Stadtflagge, sondern unter der schwarz-weiß-roten des Bundes. Das hinzugekommene Schwarz stammt aus dem preußischen Schwarzweiß. Was aber wird nun mit Hamburgs Freihandel, dem alten Privileg? In der Verfassung des neuen Staates heißt es in Artikel 30: „Der Bund bildet ein Zoll- und Handelsgebiet, umgeben von gemeinschaftlicher Zollgrenze." Das Hintertürchen folgt in Artikel 31: Hamburg behält zunächst weiterhin seinen Status als Zollausland. Darum hat die

Kaispeicher A mit dem Zeitball-Turm um 1900. Auf dem Sockel seines Nachfolgers ruht heute die Elbphilharmonie

„Der Bund bildet ein Zoll- und Handelsgebiet, umgeben von gemeinschaftlicher Zollgrenze."

Verfassung des neuen Stadtstaates Hamburg, Artikel 30

Gigantische Dimensionen – auch bei der Luftverschmutzung: Produktionsstätte der „New York-Hamburger Gummi-Waaren Compagnie" in Barmbek, erbaut ab 1871. Heute befindet sich im noch existierenden Fabrikensemble am Wiesendamm das Museum der Arbeit

Stadt im Bundesrat hart gerungen. Als aus dem Norddeutschen Bund 1871 das Deutsche Reich wird, bleibt dieses Verfassungs-Privileg zunächst weiter erhalten, denn Freihandel liegt ganz auf der politischen Linie des Reiches. Doch ab etwa 1878 sieht Reichskanzler Otto von Bismarck zunehmend Gründe, Schutzzölle auf Importe einzuführen: Die jungen deutschen Industrien stehen im internationalen Wettbewerb und drohen, von Billig-Einfuhren aus dem Ausland mattgesetzt zu werden. Ähnliches gilt für die Agrarwirtschaft. So stehen Eisen- und Getreidezölle im Mittelpunkt der Reformpolitik, die Bismarck jetzt persönlich in die Hand genommen hat. Höhere Finanzzölle scheinen zudem ein probates Mittel, die Haushaltskasse des Reiches zu füllen. Und überhaupt: Triumphal hat Bismarck mit der Reichsgründung die deutsche Kleinstaaterei beendet, und da soll es noch winzige Exklaven auf der Landkarte geben, die für sich Sonderrechte geltend machen? Mehr und mehr bedrängt der „Eiserne Kanzler" das unbotmäße Hamburg, sich seinem Zollanschluss nicht länger zu verweigern.

Dabei läuft doch fast alles rund im Zollparadies Hamburg. Im Gleichtakt mit dem rasanten Anstieg des Hamburger Hafenumschlags entfaltet sich auch der Eisenbahnverkehr ins Hinterland: Allein bis 1880 steigt die Transportmenge – von den bescheidenen Anfängen am Sandtorkai an gerechnet – auf das rund 25-Fache. Von drei Tonnen Ladung, die per Seeschiff im Hamburger Hafen eintreffen, wird in den achtziger Jahren statistisch bereits eine per Bahn ins Hinterland befördert, eine weitere per Binnenschiff. Der Rest wird zwischengelagert und stadtnah veredelt, per Pferdefuhrwerk weggeschafft oder auf anderen Seeschiffen im Transit weiter um die Welt befördert. Diese Logistik hat sich schnell eingespielt.

Ärgerlich sind nur die zunehmenden Streitigkeiten über die Pachtgebühren und Revieraufteilungen der Hafenbahn. Nachdem die Keilereien zwischen den privaten Bahnunternehmen ausufern, übernimmt Hamburg die Hafenbahn in eigener Regie – eine entscheidende Weichenstellung. Der Betrieb wird ab 1879 allein der Berlin-Hamburger Eisenbahngesellschaft übertragen, und als diese wiederum von der Königlich Preußischen Eisenbahn übernommen und somit verstaatlicht wird, kommt es zu einem historischen Vertrag: Alle jetzigen und zukünftigen Gleise im Hafen werden von Hamburg verantwortet; die Staatsbahn dagegen ist für den Fahrbetrieb zuständig. Das wird bis ins 21. Jahrhundert das Muster sein: Die Königlich Preußische und ihre Rechtsnachfolgerinnen – von der Deutschen Reichsbahn über die Bundesbahn bis zur Deutsche Bahn AG – werden gegen Bezahlung den Rangier- und Fahrbetrieb links und rechts der Elbe im Hafen übernehmen, während Hamburg das ständig wachsende Gleis- und Bahnhöfenetz baut, wartet und modernisiert.

Das alles ist im Jahr 1881 noch Zukunftsmusik (siehe S. 40). Stadtgespräch ist etwas anderes: Bismarck hat sich durchgesetzt! Die Bürgerschaft hat am 25. Mai dem Zollanschluss zugestimmt. Für die Pragmatiker am Steuer der Stadt, allen voran der geschickte und auf Ausgleich bedachte Senator Johannes Versmann, gibt es durchaus auch andere Interessen abzuwägen als den Freihandel auf stolzen Seeschiffen. Der Binnengroßhandel, das Handwerk und vor allem die immer mächtiger

Aufeinanderprallen zweier Welten: Kaufleute (mit Zylindern) und Seeleute diskutieren im Hafen, 1872

werdende Industrie – an der auch Hamburger Kaufleute inzwischen Investoren und Teilhaber sind – leiden nämlich unter der trennenden alten Zollgrenze rund um Hamburgs Stadtgebiet. Ganze Produktionszweige haben ihren Sitz extra nach außerhalb der Zollfreigebietsgrenze verlegen müssen. Die „New York-Hamburger Gummi-Waaren Compagnie" etwa (in unserer Zeit beherbergt ihr Sitz das Museum der Arbeit), 1870 in Barmbek gegründet und Hersteller von Kämmen aus Naturkautschuk, suchte ihren Standort unmittelbar hinter der magischen Linie am Osterbekkanal. „Auf Fertigprodukte aus dem Zollfreigebiet Hamburg wurden vom Reich höhere Zölle erhoben als auf Rohmaterial", erklärt Henning Rademacher, Leiter des heutigen Speicherstadtmuseums. „Hätte man den per Schiff importierten Kautschuk also in der Innenstadt zu Kämmen veredelt und dann ins Zollgebiet des Reiches überführt, wäre es teurer gekommen." Und der Papierkrieg mit dem Zoll wäre viel aufwendiger gewesen.

„Hätte man den per Schiff importierten Kautschuk in der Innenstadt zu Kämmen veredelt und dann ins Zollgebiet des Reiches überführt, wäre es teurer gekommen."

Henning Rademacher, Leiter des Speicherstadtmuseums

Der Freihafen verändert Hamburg

Solche Details bewegen Hamburgs Verhandlungsführer 1881 dazu, einen klugen Kompromiss mit der Reichsregierung zu schließen: Hamburg als Freihandelsstadt wird es nicht mehr geben, aber immerhin entsteht zum Ausgleich ein neues, wenn auch kleineres „Zollausland": der Freihafen, der das bestehende Hafengebiet und mit Blick auf die Zukunft auch unerschlossene Marschlande auf den Elbinseln einschließt – das bedeutet Entwicklungsflächen für den Freihandel auf Jahrzehnte hinaus. Der Zollanschluss ändert schlagartig Perspektiven und Reviere in der Stadt. Viele Unternehmen siedeln von jenseits der alten Zollgrenze in den neuen Freihafen um. Nur innerhalb des Freihafengebiets dürfen nun Waren zollfrei gelagert und verarbeitet werden. Nicht mehr hingegen in den traditionellen Kontorhäusern der Innenstadt – und das zwingt die Hamburger Kaufleute regelrecht zu ihrem Glück: Sie brauchen doch ohnehin neue, zusätzliche Speicherkapazitäten, nah am Seeschiff und zukunftstauglich. Und nun also auch unbedingt innerhalb des Freihafenbezirks, um die Zölle zu sparen. Damit ist der Anlass da, die Tradition der alten Speicher an den Fleeten endgültig aufzugeben und im wahrsten Sinne Neuland zu betreten. Dafür müssen sie dem alten Fürsten Bismarck eigentlich bis in unsere Tage dankbar sein, wie sich zeigen wird.

Wo ist der ideale Platz für einen einheitlichen, gigantischen Speicherhauskomplex? Die Logik der Logistik scheint zu fordern: nur auf dem Großen Grasbrook, in unmittelbarer Wasser- wie Citylage. Perfekt eignet sich vor allem die lang vor der Innenstadt hingestreckte Kehrwieder-Wandrahm-Insel. Bis auf ein massives Hindernis: Die Quartiere sind dicht bebaut und bewohnt. Bis zu 20000 Menschen leben hier. Das Wandrahmviertel prägen malerische, teilweise großbürgerliche Häuser holländischer und jüdischer Einwanderer bis hin zu vornehmen Bürger-Palais und Villen im Renaissancestil. Im Gängeviertel am Kehrwieder hingegen leben die Bewohner gedrängt und oft in größter Armut (siehe Seite 18). Sie alle werden den sogenannten Zollanschluss-Bauten weichen müssen. Innerhalb weniger Jahre, schon ab 1883, schafft die Stadt hier Tatsachen – in einem Tempo und einer Unerbittlichkeit, die für unsere Zeit geradezu furchteinflößend erscheinen:

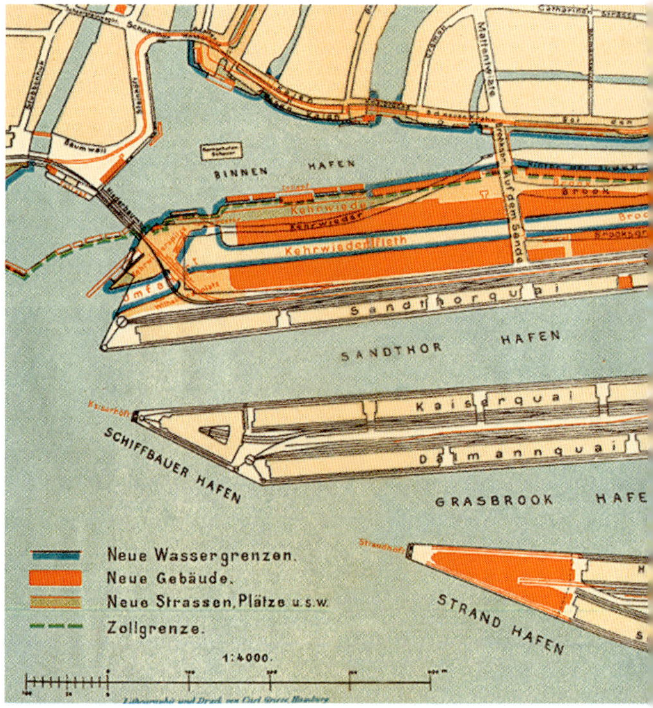

Kaufmannshäuser aus dem 17. und 18. Jahrhundert am Holländische

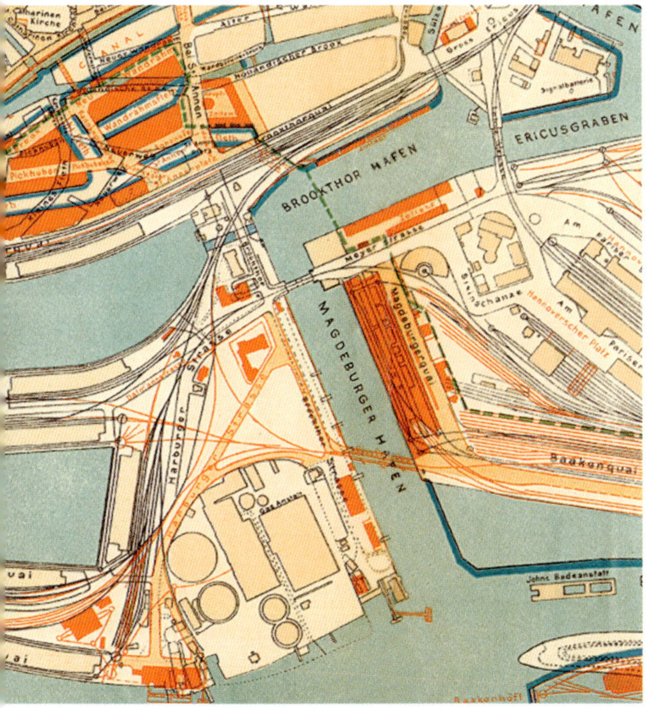

Neuordnung von Kehrwiederviertel und Wandrahminsel: Plan der Speicherstadt und des Freihafens von 1883

rook müssen kurz vor 1900 der Erweiterung der Speicherstadt weichen

Ganze Stadtviertel werden innerhalb von 24 Monaten dem Erdboden gleichgemacht, rund 1000 Gebäude insgesamt. Denn man hat für Abriss und Neubau nur gut fünfeinhalb Jahre Zeit. Bis zum vorgesehenen Vollzug des Zollanschlusses im Herbst 1888 muss der Hauptteil der später noch erweiterten Speicherstadt fertig sein. Die allermeisten Grundbesitzer nehmen die Kaufangebote für ihre Grundstücke an.

Hätte es Alternativen gegeben? Tatsächlich wird Anfang der achtziger Jahre des 19. Jahrhunderts kurz und heftig diskutiert, ob die Zollanschluss-Bauten nicht vielleicht besser auf dem Südufer der Elbe entstehen könnten. Der Hamburger Theatermacher und Lichtkünstler Michael Batz (siehe Seite 182), bekannt unter anderem für seinen „Hamburger Jedermann“, hat diese Debatte 2008 in seiner „Speicherstadt-Revue“ verarbeitet. „Man hätte die Wohnquartiere Wandrahm, Kehrwieder, Brookinsel erhalten können“, gibt Batz zu bedenken. „Was wäre das für ein kultureller Reichtum gewesen: dieses Barockviertel, dieses amphibische Wohn-Ambiente. Heute würden die Stadtmarketing-Leute jubeln. Es wäre ein anderes Hamburg gewesen.“

Wie auch immer: Die auf Effizienz bedachte Rationalität der Kaufmannsstadt lässt damals wie heute wenig Raum für Romantik. Batz beschreibt den Ausgang der Diskussion: „Der Bau auf dem Südufer der Elbe scheiterte dann an den typischen hanseatischen Faktoren: ‚Hatten wir noch nie!‘ – ‚Kostet zu viel!‘ – ‚Wir wollen die Speicher wie gewohnt dicht bei uns am Wohnsitz.‘ Und überhaupt, die Anbindung der anderen Elbseite: ‚Einen Tunnel können wir uns nicht vorstellen, unter einer Brücke passen die Schiffe nicht durch!‘ – Nein,

„Von Anfang an ein Ziehen an einem Strang“

Bau und Betrieb riesiger Speicheranlagen im neu zu schaffenden Freihafen waren ein historisch beispielloses Vorhaben. Der Sozial- und Wirtschaftshistoriker **Prof. Dr. Franklin Kopitzsch** von der Universität Hamburg analysiert die Geburtsstunde der Hamburger Hafen und Logistik AG (damals Hamburger Freihafen-Lagerhaus-Gesellschaft) vor 125 Jahren.

Vor der Gründung der HFLG gab es für den Speicherbetrieb im Hamburger Hafen zwei Denkansätze: Bau und Betrieb von Lagerhäusern durch Privatunternehmer, wie bei den Fleetspeichern im Wandrahmviertel, oder durch den Staat, wie beim Kaispeicher A am seeschifftiefen Wasser. Warum konnte sich der Senat zu keinem dieser beiden Modelle durchringen?
Wie die Untersuchungen von Frank M. Hinz und Dieter Maass gezeigt haben, hätte ein Verkauf der Flächen an Private der Stadt große Einnahmen gebracht – aber danach kaum noch Möglichkeiten, auf den Lagereibetrieb Einfluss zu nehmen. Ein Pachtvertrag mit der Festschreibung konkreter Einflussrechte der Stadt hätte hingegen deutlich geringere Einnahmen zur Folge gehabt. Und wenn die Stadt Hamburg alles selbst in die Hand genommen hätte, also Bau und Betrieb der Schuppen, dann hätte sie das alleinige Sagen gehabt, aber auch sehr hohe Investitions- und Folgekosten. Es musste also ein „gemischtes“ Modell zwischen staatlicher und privater Seite gefunden werden.
Dazu gehörte auch die Finanzierung. Das Modell der Norddeutschen Bank sah die Gründung einer selbständigen Aktiengesellschaft vor. Was machte dieses Modell interessant?
Diese AG sollte 75 Prozent der Fläche erhalten, die im abgerissenen Kehrwieder- und Wandrahmviertel für Speicherbauten nutzbar gemacht wurde. Die Finanzierung der Speicherbauten und der Geschäftsbetrieb sollte allein Sache der AG sein. Das Modell überzeugte den zuständigen Ausschuss der Bürgerschaft, denn die Stadt musste ohnehin schon rund 70 Millionen Mark für die Umsetzung des Freihafen-Generalplans aufbringen. Die Bank hat dann auch erst einmal ein Aktienkapital von neun Millionen Mark aufgebracht. Außerdem fürchteten die Ausschussmitglieder, der Staat sei kein guter Unternehmer. Eine privat geführte Gesellschaft könne so etwas flexibler angehen.
Ging es bei der Gründung der HFLG nur um die zu bauende Speicherstadt?
Nein, es ging um den Speicherbetrieb im gesamten Freihafengelände. Als Gesellschaftszweck wurde 1885 wörtlich festgeschrieben: „Herstellung und Verwertung von Speichern, Lagerhäusern, Comptoiren (Kontoren) und sonstigen dem Handel und der Fabrikation dienenden Baulichkeiten im städtischen Freihafengebiete.“
Wie ließ sich die Partnerschaft zwischen Staat und Privatgesellschaft in dieser Pionierphase des Freihafenbetriebs an?

Die Speicherstadt im Jahr 1905. Öffentliche Hand und Privatwirtschaft hatten sich zu ihrer Realisierung zusammengetan. Vorn links der Sandtorkai mit Eisenbahnanschluss

Es gab von Anfang an ein Ziehen an einem Strang. Die städtische Baudeputation – also die Aufsichtsbehörde – und die HFLG planten gemeinsam die Bebauung der Speichergelände, die HFLG übernahm dann die Detailplanung für die einzelnen Speicher, die wiederum die Verwaltung genehmigte. Wenn die Aktionärsversammlung der HFLG wichtige Beschlüsse fassen wollte, etwa eine Kapitalerhöhung oder eine Statutenänderung, dann musste der Senat zustimmen. Vor allem aber profitierte die Stadt von Anfang an von den Gewinnen der privaten Gesellschaft. Dabei sah es zuerst nach einem enormen Verlustgeschäft für die Stadt aus.

Wieso das?

Weil die HFLG das gesamte Speicherstadtgelände pachtfrei erhielt, und zwar fertig erschlossen, mit allen Verkehrsanbindungen. Und der Ankauf dieser Flächen von den ehemaligen Grundeigentümern hatte die Stadt zwischen 20 und 30 Millionen Mark gekostet! Man behalf sich mit dem Trick, dass der Boden einfach als Teil des Gesellschaftskapitals bewertet wurde, und zwar mit 15 Millionen Mark. Für diese städtische Vorleistung wurde Hamburg im Gegenzug an allen Gewinnen der HFLG beteiligt, die nach Auszahlung einer Dividende von 3,5 Prozent an die Aktionäre und nach anderen Abschreibungen übrigblieben. Der kleine Haken: Die Stadt durfte diesen Gewinnanteil nicht einfach in den Haushalt einstellen, sondern musste dafür Aktien der HFLG erwerben. So war gewährleistet, dass die Gesellschaft früher oder später voll und ganz der Stadt gehören würde. Übrigens hat Hamburg schon gleich nach dem Zollanschluss vom Erfolg der HFLG finanziell profitiert.

Kann man das eine frühe Form der Public Private Partnership nennen, wie sie in unseren Tagen als Modell eines Zusammengehens zwischen Staat und Privatwirtschaft bei Großprojekten üblich geworden ist?

Im Grunde ja. Die privatwirtschaftliche Seite finanzierte vor, durfte dafür den Betrieb eigenverantwortlich übernehmen, und der Staat profitierte von den Ergebnissen, die zugleich seiner Aufsicht unterlagen. Der einzige Unterschied war die absehbare Überführung in staatliches Eigentum …

… der ja dann beim Börsengang der inzwischen HHLA genannten Gesellschaft 2007 teilweise wieder rückgängig gemacht worden ist.

Ja, erst nach über 120 Jahren gab es hier eine Kehrtwende und damit eine stadt- und wirtschaftsgeschichtliche Zäsur.

Folge des Zollanschlusses: stürmisches Wachstum vor der Jahrhundertwende. Speicherstadt und Freihafen im Jahr 1892 auf einem zeitgenössische

Senator, Erster Bürgermeister und Verhandlungsführer Hamburgs in der Freihafenfrage: Johannes Versmann (1820–1899)

‹ich. Der Hafen greift bereits auf die großen Elbinseln über

dieser Wurf war einfach zu radikal." Ein Trost: Auch die tatsächlich gebaute Speicherstadt löst in unserer Zeit schon wieder romantische Gefühle aus.

Damals indes ist die Speicherstadt nichts weniger als das modernste und größte zusammenhängende Hafenlogistikzentrum seiner Zeit – mit Eisenbahnanschlüssen, Anbindung an die Straße auf der einen und den Fleet auf der anderen Seite, mit hydraulischen Kränen, mit Aufzügen und Seilwinden, einem eigenen Kraftwerk und einer eigenen Stromversorgung. Die auf Tausenden von Pfählen errichteten roten Backsteingebäude fallen mit Gesimsen, Erkern und Giebelchen sogar recht prunkvoll aus. Denn die Planer und Baumeister um den Oberingenieur der Baudeputation, Franz Andreas Meyer, sind nachhaltig von der „Hannoverschen Architekturschule" und der sakralen norddeutschen Backsteingotik fasziniert; die Kaufleute wiederum wollen dem Reichskanzler ihren ungebrochenen Stolz beweisen. Vom Backstein-Bauboom profitiert auch die Provinz. Die Ziegel für die Bauten etwa kommen aus dem Oldenburgischen und dem Kehdinger Land. Dort entsteht kurzerhand eine ländliche Ziegelindustrie, durch die einfache Marschbauern plötzlich reich werden: Man hat eine fette Lehmwiese vor dem Hof, die wird „abgeziegelt", die Ziegel werden gebrannt und nach Hamburg geliefert, und plötzlich regnen 20000 Mark über ein Bauernhaus nieder. Der winzige Ort Hemmoor nahe Cuxhaven weist damals 27 Hotels und Gastwirtschaften auf.

So viel Segen will gegenfinanziert sein. Für die Einrichtung des Freihafenbezirks und die Errichtung der Zollanschlussbauten haben die Stadtväter unter der Regie von Versmann bei der Reichsregierung einen

Jahrhundert-Anstrengung: Der Bau der neuen Hamburger Speicherstadt hat begonnen. Über die bereits ausgehobenen Fleete spannen sich neu errichtete Brücken. Am Zollkanal, der Freihafen-Grenze, entstehen die Kaimauern

Zuschuss von 40 Millionen Mark herausgeholt. Doch das reicht nicht annähernd aus, um auch nur den Lagerhauskomplex zu errichten. Allein schon die Grundstückskäufe im Gebiet Kehrwieder- und Wandrahmviertel sollen laut Generalkostenanschlag 30 Millionen Mark verschlingen. Senat und Bürgerschaft stellen 1883 für die Anschlussbauten insgesamt 106 Millionen Mark bereit, 36,5 Millionen für Hafen- und Kaianlagen sowie den Zollkanal, der die Nordgrenze des Freihafens gegenüber der Innenstadt markieren wird. Es ist das bis dahin größte Projekt zur Erweiterung des Hafens in Hamburgs Geschichte.

Da ist es umso wichtiger, wem der Grund und Boden im Freihafengebiet gehören soll. Auf keinen Fall Privatleuten, sagt die Bürgerschaft, denn dann ist dieses für Hamburgs Zukunft so wichtige Gebiet der Bodenspekulation ausgesetzt; nicht einmal verpachtet werden soll es Privaten, um nicht doch wieder jahrzehntelange Besitzansprüche Einzelner auszulösen. Besser stellt man das ganze Speicherstadtgebiet – das Eigentum des Staates bleibt – pachtfrei einer Lagerhausgesellschaft zur Verfügung, die darauf die für den Handel wichtigen Bauten errichtet und vermietet. Eine gute Idee scheint es angesichts der angespannten Haushaltslage, dass ein finanzstarkes Geldinstitut wie die Norddeutsche Bank sich an solch einer Gesellschaft beteiligt, und so wird nach monatelangen Verhandlungen am 7. März 1885 gemeinsam mit dem Geldhaus eine Aktiengesellschaft gegründet: die Hamburger Freihafen-Lagerhaus-Gesellschaft (HFLG).

In der HFLG, obwohl Kapitalgesellschaft, behält die Stadt Hamburg großen Einfluss (siehe Seite 50). Das ist ein Zugeständnis der Norddeutschen Bank, die 44 Jahre später in der Deutschen Bank aufgehen wird. Der Gesellschaftervertrag der HFLG sieht vor, dass die Baupläne und Kostenvoranschläge vom Senat genehmigt werden müssen. Und die Baudeputation führt bei der Umsetzung die Aufsicht. Abgesehen von diesen Kontrollmechanismen aber wird es der neuen Gesellschaft deutlich in die Wiege gelegt, sich an privatwirtschaftlichen Kriterien wie Unternehmergeist, Markterfordernissen und Flexibilität zu orientieren. Nicht von ungefähr zeichnen Hamburger Kaufleute, die sich attraktive Renditen versprechen, einen beträchtlichen Teil der Aktien. Doch soll die HFLG nicht nur den privaten Investoren Geld einbringen, sondern auch der Stadt Hamburg, und zwar in Form einer Gewinnabführung. Mit diesen Gewinnen muss die Stadt allerdings Aktien der neuen Gesellschaft ankaufen, sodass diese schließlich 1928 vollständig in ihren Besitz übergehen wird.

Das Südufer der Elbe rückt in den Blick

Eine weitere Behörde soll damit keineswegs geschaffen werden, dazu ist der Kaufmanns- und Pioniergeist in dieser von der Entwicklung erzwungenen Gründer-Gesellschaft viel zu stark. Das Grundkonstrukt der HFLG – eine Privatbank finanziert, eine Aktiengesellschaft agiert, Kaufleute investieren, die Stadt bringt die Grundstücke ein, beaufsichtigt und profitiert – kann in der Rückschau als frühes Vorbild für ein Zusammengehen von Staat und Privatwirtschaft betrachtet werden, wie es in unserer Zeit mit englischen Vokabeln wie „Public Private Partnership" und „Win-Win-Situation" beschrieben wird. Auf späteren Entwicklungsstufen des Unter-

„Zur Ehre Gottes, zum Besten des Reichs, zu Hamburgs Wohl“: Der junge Kaiser Wilhelm II. weiht am 29. Oktober 1888 auf der Brooksbrücke den ersten Bauabschnitt der Hamburger Speicherstadt ein

nehmens wird diese unternehmerische Ausrichtung bei gemeindienlicher Funktion für den Umschlag im Hamburger Hafen erneut eine Rolle spielen. Die HFLG ist geschaffen, damit alle profitieren.

Bis 1888 hat die HFLG die Errichtung von 14 Lagerhäusern ausgeschrieben. Die Blöcke werden mit Buchstaben gekennzeichnet. Im Osten der neuen Speicherzeile etwa werden in den Blocks E und F vorwiegend Bier und Wein gelagert; Tabak zieht in die Blöcke G und M ein. Die Südseite der Häuserzeile diente vor allem der Kaffeelagerei. Bald füllt sich die Speicherstadt mit den aromatischsten Gerüchen, die dort ein Jahrhundert lang dominieren werden. Nicht immer nur betörend: In den Kellern lagern auch Därme für die Wurstproduktion.

Die HFLG schaltet indes bereits auf Expansion. Frank M. Hinz, Verfasser der grundlegenden Arbeit „Planung und Finanzierung der Speicherstadt in Hamburg“, nennt in unserer Zeit rückblickend als Ursache: „Schon als die Bauarbeiten noch in vollem Gange waren, zeichnete sich ein weiterer Bedarf an Lagerfläche ab.“ Im Frühsommer 1888, Monate vor der Fertigstellung der Zollanschlussbauten, beantragt die HFLG beim Senat auf Druck mehrerer Handelsfirmen, zusätzlich auch auf dem Südufer der Elbe im Freihafen Lagerhäuser bauen und betreiben zu dürfen. Die Genehmigung erfolgt prompt. Einige dieser einfachen Speicherschuppen für Massengüter wie Salpeter oder Zucker, etwa das Lagerhaus G im Saalehafen für brasilianischen Kaffee, werden wie ihr prunkvolles Pendant auf dem Grasbrook bis ins 21. Jahrhundert überdauern.

Am Tag X, dem 29. Oktober 1888, auf den nun fünfeinhalb Jahre lang hingearbeitet worden ist, stehen in der Speicherstadt Bauten mit rund 30 000 Quadratmeter Grundfläche bereit. Zum Vollzug des Zollanschlusses und zur Eröffnung der Zollanschlussbauten zieht ein neuer Kaiser in die Stadt ein: Wilhelm II., erst knapp 30 Jahre alt. Auf der Brooksbrücke über den Zollkanal, gesäumt von den allegorischen Statuen der Hammonia und der Germania, legt er mit symbolischen Hammerschlägen und den Worten „Zur Ehre Gottes, zum Besten des Reichs, zu Hamburgs Wohl“ den Schlussstein der Zollanschlussbauten Hamburgs. In diesem Moment wird nichts weniger als die wirtschaftliche Einheit Deutschlands vollendet. Am 3. November gibt es eine zweite Feier, diesmal mit 600 Vertretern deutscher Handelskammern und Wirtschaftsverbände. In einem Festlied kommt die ganze Ambivalenz der Gefühlslage angesichts des Endes der gesamtstädtischen Zollfreiheit und des Neuanfangs im Freihafen zum Ausdruck:

> *„Neu wird sich das Geschäft entfalten,*
> *der Handel sich entwickeln frei,*
> *doch mancher wünscht den Preis, den alten,*
> *für Caffee, Cognac sich herbei.“*

Noch etwas anderes geht kurz nach diesem Neubeginn zu Ende: die langanhaltende, seit dem „Gründerkrach“ genannten Börsen-Crash von 1873 lastende Wirtschaftskrise in Mitteleuropa und im Deutschen Reich. Nicht dass Hamburgs Hafen die Flaute besonders stark gespürt hätte – im Unterschied zur Binnenwirtschaft hat er ja das Privileg, unmittelbar von Märkten in anderen Weltgegenden zu profitieren; die Hafenerweiterungen seit 1866 sind auf rege Nachfrage gestoßen. Doch jetzt

Noch hundert Jahre bis zur Mondbahn

Guten Tag, Herr Doktor! Sehr erfreut, Frau Konsul! Ein Bummel über den Jungfernstieg des Jahres 1900: Das Bürgertum träumt von technischer Machbarkeit und Deutschlands neuer Herrlichkeit. Im Rausch des Welt- und Kolonialhandels gedeihen Visionen von einer – wie sich zeigen wird – ähnlichen Boom-Phase in der Geschichte Hamburgs: vom Jahr 2000.

O ja, in dieser Stadt und in diesem Jahr lässt es sich leben. Vor allem als Kaufmann, Reeder, Senatorengattin oder Bürgerschaftsabgeordneter. Hamburg im September 1900: Eine „City" gewöhnt sich an das 20. Jahrhundert. Keine Diskussion, ob es wirklich am 1. Januar begonnen hat oder doch erst 1901 anfängt – Wilhelm II. persönlich hat es eingeläutet, und wer wollte dem Kaiser widersprechen? Wer jetzt in Hamburg mit seinen 700 000 Einwohnern die Stadt oder die Ströme der Kolonialwaren lenkt, der lebt in den neuen Wohnvierteln rechts und links der Alster. Seine Kaffeespeicher hat der Hanseat nicht mehr in den engen Fleeten des alten Hamburg, sondern in der Speicherstadt im Freihafen. Dieses neogotische Lagerhaus-Ensemble von Planerfürst F. A. Meyer ist ebenso repräsentativ wie das erst drei Jahre alte Rathaus im historistischen Stil, dessen spätere Turmuhr noch fehlt. Oder wie der Ohlsdorfer Friedhof, der gerade eben auf der Pariser Weltausstellung einen Grand Prix gewonnen hat.

Bummeln wir mit den feinen Leuten an der Binnenalster entlang über die spätsommerliche, von Linden gesäumte Jungfernstieg-Promenade: Guten Tag, Herr Doktor! – Frau Konsul, was macht das Personal? – Hier flaniert die Oberschicht seit 1838 ohne Stolpersteine, der Jungfernstieg ist Deutschlands erste asphaltierte Straße gewesen. Seit dem verheerenden Feuer von 1842 hat sich die Szenerie stark verändert auf Hamburgs „Broadway", den gleichfalls F. A. Meyer soeben fürs neue Jahrhundert umgestaltet hat. Die Straßenbahn fährt jetzt über den Jungfernstieg, auch erste Automobile tuckern an seltenen Tagen vorbei und erzeugen beinahe Ohnmachtsanfälle: ein Bergmann Tonneau, ein Peugeot Typ 26. Und der Daimler Phoenix, mit acht PS geadezu ein Rennwagen, der 40 Stundenkilometer schafft. Alle phänomenal und rauschend modern. Nur den Alsterpavillon, als Café ein Treffpunkt der Prominenz, den gibt es seit 1799 fast am selben Ort. Jetzt, im Jahr 1900, ist seit Kurzem der vierte Neubau fertig.

Der Handel blüht, die Industrie ebenso, die Kultur auch. Dieser Tage hat nur wenige Meter entfernt in der Kirchenallee das durch Aktien finanzierte Deutsche Schauspielhaus eröffnet, mit Goethes „Iphigenie auf Tauris". Gründungsdirektor Alfred von Berger hat einen der wichtigsten Hamburger Schauspieler vom Thalia abwerben können: Robert Nhil, 42 Jahre alt. Schon im Januar wird Nhil in der Titelrolle von Schillers „Wallenstein" einen weiteren Triumph feiern.

Wieder nur ein paar Straßen weiter fördert der Chef der Hamburger Kunsthalle, Alfred Lichtwark, durch eifrige Ankäufe und ebenso rührige Öffentlichkeitsarbeit die zeitgenössischen Impressionisten: Lovis Corinth etwa, auch Hamburger Maler wie

Der von F. A. Meyer umgebaute Jungfernstieg kurz nach der Jahrhundertwende. Für die Alsterdampfer gab es nun eine 175 Meter lange Anlegestelle

Gotthardt Kuehl oder Wilhelm Trübner. Lichtwark ist aber auch bekannt für seine spitze Zunge, wenn es um die gewaltigen Repräsentationsbauten des modernen Hamburg geht: Von der „Freien und Abbruchstadt Hamburg" hat er gesprochen, als den Speicherstadtbauten ganze Wohnviertel weichen mussten. Nun nennt er F. A. Meyers unterirdisch angelegte Bedürfnisanstalten am Jungfernstieg „versunkene Kathedralen".

Doch Spott bremst den Schwung der Planer nicht. Ein Architekturwettbewerb für den neu zu errichtenden Hauptbahnhof ist entbrannt, der als Zentralknoten endlich Schluss machen soll mit dem Klein-Klein der unverbundenen Bahnlinien in der Stadt. Und auch wenn es noch keine Kaufhäuser, keine Mönckebergstraße und keine U-Bahn gibt, fährt doch schon zumindest seit sechs Jahren die Straßenbahn elektrisch, und ein paar Hundert Hamburger haben bereits einen Telefonanschluss.

Der stadtnahe Welthafen – vom Jungfernstieg aus kann man die Signalhörner der Ozeanriesen auf der Elbe hören – ist in diesem Jahr Schauplatz einer großen Schiffstaufe: Die *Potsdam* läuft bei Blohm & Voss vom Stapel. Mit 174 Meter Länge und Drillings-Dampfmaschinen kann der stolze Dampfer mehr als 2100 Passagiere befördern, 15 Knoten schnell von Rotterdam nach New York. Denn er wird unter niederländischer Flagge für die Holland-Amerika-Linie laufen.

Es gärt im Bauch der Stadt

Seefahrt, das ist in dieser Zeit allerdings vor allem Ausdruck der neuen Kolonialmacht Deutschlands: Deutsch-Südwest, Togoland, Kamerun, Deutsch-Ostafrika, Deutsch-Neuguinea – das sind Besitzansprüche, an die man sich schnell gewöhnt hat und die der Seehandel nach Kräften nutzt. Nicht von ungefähr eröffnet in diesem Jahr das Hamburger Institut für Schiffs- und Tropenkrankheiten. Zur Handelsmacht soll auch die entsprechende Seestreitmacht kommen: Der ehrgeizige Flotten-Aufbauplan des Konteradmirals und Staatssekretärs Alfred von Tirpitz hat vor drei Jahren viel Zustimmung von Hamburger Reedern und Kaufleuten geerntet. Nur Albert Ballin, der Hapag-Chef, ist nach einem Zerwürfnis mit Tirpitz aus diesem Chor ausgeschert.

Ballin ist ein exponiertes Beispiel für Hamburger Juden, die es in der Stadt zu Einfluss und Rang gebracht haben: als Industrielle, Bankiers, Kaufleute, Politiker und Kulturschaffende. Bis zum Ersten

Das Proletariat bleibt draußen: Kaufhaus Ad. Axien, „das Spezialhaus für gute Wäsche", eröffnet 1872 Nähe Gänsemarkt

Weltkrieg wird die Zahl jüdischer Bürger auf 20 000 steigen, zu der Zeit rund 1,9 Prozent der Einwohner. Vordergründig ist das Klima tolerant und Hamburg ein Zentrum der religiösen Aufklärung. Doch es gibt auch alarmierende antisemitische Tendenzen. Bei der Wahl von 1897 hat die Deutschsoziale Reformpartei drei Abgeordnete in die Bürgerschaft entsenden können. Sie hat auf ihrem Hamburger Parteitag ganz offen mit Vertreibung oder Vernichtung der Juden gedroht.

Der soziale Druck im Kessel ist vor allem auch dem Hamburger Großbürgertum anzulasten, das die Armutsprobleme in breiten Schichten der Stadt allzu lange geflissentlich ignoriert hat. Es gärt schon lange im ungesunden Bauch der Stadt, ganz wörtlich ebenso wie im übertragenen Sinne. Erst die große Cholera-Epidemie von 1892 hat das Massenelend und die Rechtlosigkeit in den Arbeiterquartieren offengelegt – und zuletzt der elfwöchige Streik der Hafenarbeiter 1896/97, vor fast vier Jahren. Gegen die katastrophalen und unfallträchtigen Arbeitsbedingungen sind 16 000 von ihnen in einen Ausstand getreten, der zunächst mit einer vernichtenden Niederlage der Streikenden geendet hat. Doch die Spätfolgen zeigen sich nun, im Jahr 1900: Der Gewerkschaftsgeist der Hafenarbeiter ist gewachsen, ihr Reformdruck auch. In wenigen Monaten wird Otto Stolten als erster Sozialdemokrat in die Bürgerschaft einziehen. Schon 1899 hat der proletarische Konsum-, Bau- und Sparverein „Produktion" eine Verkaufsstelle am Großneumarkt eröffnet.

Das ist zwar nicht weit vom Jungfernstieg, aber doch Welten entfernt. Die Reichen und Schönen müssen kaum fürchten, dass sich hier beim Spaziergang Proletarier unter sie mischen. Unter den Alster-Linden kann man sich weitgehend unbehelligt den Träumen von Größe und Erhabenheit des Deutschland von morgen hingeben. So, wie sie das Ernst Drucker Theater am Spielbudenplatz mit seiner „großen localen Volksposse in 8 Bildern" ins Bild gesetzt hat. Der Titel: „Hamburg im Jahre 2000". Auf dem Theaterplakat telefoniert ein Mann mit einem drahtlosen Fernsprecher, Fluggleiter schwingen sich in die Luft. Von einem neuen „Central-Bahnhof" aus startet alle fünf Minuten eine Schwebebahn nach Konstantinopel, eine Mondbahn fährt jede Viertelstunde.

Schöne neue Welt! Warten wir noch 100 Jahre ab und kehren dann zum Jungfernstieg zurück.

Die andere Seite der Medaille: Der große Hamburger Hafenarbeiterstreik vom Winter 1896/97 endet mit einer Niederlage

Gezeichnet von harter Arbeit: „schwarze" Schauerleute auf einem Kohlendampfer im Hafen, 1899. Kohlen schleppen müssen sie von vier Uhr morgens bis frühestens sieben Uhr abends – oder bis das Schiff entladen ist

steigen die Umschlagsmengen noch deutlicher, als auch die Binnennachfrage wieder anzieht – und der Hafen ist durch zahlreiche im Rahmen des Zollanschlusses geplante neue Becken und Kaianlagen gut vorbereitet. Eine dieser Kaistrecken samt Schuppen ist 1888 vom Senat erstmals an eine Reederei verpachtet worden: an die Hapag, die wegen des Zollanschlusses ihre Anlagen am Jonas räumen musste.

An der Schwelle zum neuen Jahrhundert beginnt ein Wirtschaftsboom, wie ihn Hamburg so noch nie erlebt hat. Die Stadt, die 1892 in ihren verbliebenen alten Gängevierteln noch eine Cholera-Epidemie mit fast 9000 Toten hinter sich bringen musste, strotzt binnen kurzem vor wirtschaftlicher Gesundheit, Kraft und Modernisierung. Etwa 700 000 Menschen leben inzwischen in der Stadt, das Siebenfache der Zahl ein Jahrhundert zuvor. Rund 25 000 von ihnen sind im Hafen beschäftigt, die Hälfte davon als Schauerleute, die das Be- und Entladen der Schiffe besorgen. Sie schleppen Kohle in Körben oder hieven Säcke mit Winden in Laderaum-Luken, fast alles mit Muskelkraft. Getreidearbeiter hingegen können beim Löschen der aus Russland kommenden Getreideschiffe schon auf die ersten pneumatischen Saugheber zurückgreifen. Die fast 6500 Kaiarbeiter der staatlichen Kaiverwaltung und einiger privater Kaibetriebe arbeiten etwa als Kranführer oder als Hafenbahn-Abfertiger. Die Schlote an Land und auf den Schiffen qualmen um die Wette.

Das liegt an immer neuen Netzwerken des Handels, die auf den Weltmeeren und auf Binnenwasserstraßen entstehen. Der 100 Kilometer lange Kaiser-Wilhelm-Kanal (in unserer Zeit Nord-Ostsee-Kanal genannt) verbindet seit 1895 die beiden an Deutschland grenzenden Binnenmeere und erspart den Schiffen den 900 Kilometer langen Umweg um die Nordspitze Dänemarks. Und 1900 wird die Binnenschifffahrt zwischen Elbe und Ostsee entscheidend durch die Eröffnung des Elbe-Trave-Kanals vorangebracht: Er verkürzt die Strecke von 94 auf 62 Kilometer, statt 17 müssen nur noch sieben Schleusen passiert werden.

Boom der „Chinafahrt"

Nachdem Hamburgs Hafen und seine Schiffe schon zu Hansezeiten Nord- und Ostsee verknüpft haben, geht der Blick immer stärker nach Übersee: In der Nordamerikafahrt transportierten Dampfer immer mehr Petroleum nach Hamburg. In Hamburgs Beziehungen zu Südamerika steht besonders der Salpeterhandel mit Chile im Mittelpunkt, der Reeder Henry B. Sloman hat damit bereits ein Vermögen gemacht. Der deutsche Kolonialismus greift um sich, auch Hamburger Kaufleute drängen die Reichsregierung dazu, Kolonien in Afrika und der Südsee zu erwerben. Der Reeder Adolph Woermann etwa, Mitglied der Bürgerschaft und Aufsichtsratschef der Werft Blohm & Voss, setzt bei Bismarck die „Erwerbung eines Küstenstriches in West-Afrika zur Gründung einer Handelskolonie" durch – ein Teil des heutigen Kamerun wird so „deutsches Schutzgebiet". Die Woermann-Linie bezieht auch „Deutsch-Südwestafrika" in ihr Liniennetz ein, das heutige Namibia. Auch die „Chinafahrt" boomt: In die Häfen von Hongkong und Singapur bringen Hamburger Schiffe englische Kohle und nehmen auf der Rückfahrt Reis, Zucker, Hanf und Tabak mit.

Die Woermann-Linie (Werbeplakat rechts) beherrscht die deutsche Afrika-Fahrt, die Hapag vermittelt ab 1890 die Passagen

African Service

WOERMANN-LINIE
Hamburg-Amerika Linie
Hamburg-Bremer Afrika-Linie A.-G.

Regular Mail Service with Passengers and Cargo

between

Hamburg, Bremen, Rotterdam, Antwerp, Dover, Boulogne s./M., Southampton

and

Madeira, the Canary Islands

and the

West- and South-Westcoast of Africa

July-September 1910

Fleet of the Woermann-Linie

	Tons		Tons
Carl Woermann . building	8500	Lili Woermann	3400
Aline Woermann . building	4500	Linda Woermann	2000
... building	4500	Lothar Bohlen	3200
Adolph Woermann**	7400	Lucie Woermann	5100
Alexandra Woermann	4800	Martha Woermann	3400
Anna Woermann	3300	Max Brock	7300
Arnold Amsinck	7300	Paul Woermann	3200
Eduard Woermann	7400	Thekla Bohlen	3200
Eleonore Woermann	5100	Gouverneur von Puttkamer	800
Erna Woermann	7300	Marina	600
Frieda Woermann	3300	Kuka	600
Gertrud Woermann**	7500	Ado	450
Hans Woermann	5600	Epe	350
Henriette Woermann	3700	Ogun	350
Jeannette Woermann	3200	Oyo	350
Irma Woermann	3500	Ondo	300
Kurt Woermann	3300		

Fleet of the Hamburg-Amerika Linie *African Service*

Edea	3500	Savola	3800
Kamerun	5600	Swakopmund	7400
Lome	3300	Togo	4600
Otavi	6800	Windhuk**	7400
Rhenania	7600		

Fleet of the Hamburg-Bremer Afrika-Linie A.-G., Bremen

... building	8500	Ingbert	4200
... building	4500	Ingo	3700
Answald	8500	Ingraban	4900
Friderun	2200	Irmfried	4200
Gundrun	7500	Irmgard	3700
Henner	2200	Jvo	2200
Immo	2200	Walburg	4900

** Twin-screw.

Dieser Werbezettel der Woermann-Linie für den Afrikadienst stellt die Tonnage in den Mittelpunkt

Östlich des Köhlbrands hat die Stadt Hamburg im Freihafengebiet jetzt fast jede noch nutzbare Fläche mit Hafenbecken und Kaimauern ausgebaut. Und auf Kuhwerder betreiben die Ingenieure Hermann Blohm und Ernst Voss eine immer weiter wachsende Werft (siehe Seite 152). Im Jahr 1900 ist Hamburg eine der größten Handelsstädte der Welt – und viertgrößter Welthafen nach London, Liverpool und New York. Das spiegelt sich in den Prachtstraßen der City: Die Stadt ist wieder, wie zuletzt im Barock, pulsierendes Zentrum einer vom Welthandel befeuerten Lebensfreude (siehe Seite 56).

Eine Stadt für Auswanderer

Auf der Veddel, südlich des Müggenburger Zollhafens, entsteht ab diesem Jahr 1900 ein Gebäudekomplex, der viele Facetten dieses Booms – Modernisierung, Hoffnung, Abenteurertum, Expansion – wie unter einer Lupe bündelt: die Auswandererhallen. Hier treffen wir den Sohn des Einwanderers aus Dänemark wieder, der 1852 am Baumwall die kleine Agentur „Morris & Co." eröffnet hat, um Schiffspassagen nach Amerika zu vermitteln. Der Sohn, Albert Ballin, ist inzwischen zum Generaldirektor der Hapag aufgestiegen und macht sie gerade zur größten Schifffahrtsgesellschaft der Welt. Das finanziert er vor allem durch das Geschäft mit den Auswanderern. Volle 55 000 Quadratmeter umfasst das Areal, auf dem diese Durchreisenden bis zur Abfahrt der Schiffe einquartiert werden. Die Anlage ist auch eine Antwort auf die Cholera-Epidemie von 1892, denn die zuvor chaotischen und unhygienischen Unterkunftsverhältnisse in den alten, ungesicherten Auswandererbaracken am Amerika-Kai sollen beendet werden. Außerdem wer-

Zum Beispiel Kakao

Wem nützt der Weltmarkt? Der Kolonialismus ließ den Handel mit dem Schokoladen-Rohstoff aufblühen. Sklaven schufteten, Hamburg als Einfuhrhafen profitierte – und mit ihm die Konsumenten.

Wiegen und Bemustern einer gerade vom Schiff gelöschten Partie Kakao aus Westafrika, Aufnahme um 1962

Im Jahr 1700 war Amsterdam noch Hauptschauplatz des Kakaoimports nach Europa: Rund die Hälfte des Rohstoffs blieb auch in den Niederlanden. Ursprünglich wurde der Kakao in Form gepresster Tabletten transportiert. Wie daraus ein eigenständiges Verbrauchsprodukt werden könnte, beschrieb der französische Schriftsteller Denis Diderot in seiner 1772 vollendeten „Enzyklopädie": Wer „keine Zeit hat, die Tablette in einem Getränk aufzulösen, kann sie schlucken, danach etwas trinken und es dem Magen überlassen, dieses improvisierte Frühstück zu vermischen".

Die erste Ess-Schokolade wurde 1847 von der englischen Firma J. S. Fry & Sons verkauft. Das regte den Verbrauch außerordentlich an. Im Hamburger Hafen wurde bei der Einfuhr von Rohkakao 1850 erstmals die 1000-Tonnen-Marke erreicht. Der Markt für den Rohstoff Kakao wurde so lukrativ, dass der Hamburger Reeder und Kaufmann Adolph Woermann ab 1884 in Kamerun Kakaoplantagen anlegen ließ. Er hatte das westafrikanische Gebiet durch Verträge mit Stammesfürsten und der Reichsregierung eigens in ein „deutsches Schutzgebiet" umwandeln lassen – sprich: eine Kolonie. Im Jahr 1893 konnte Woermann die ersten 1560 Zentner Rohkakao in den Hamburger Freihafen verschiffen. Und er selbst begann eine Schokoladenpulverfabrikation.

Im Jahr 1900 waren es dann schon 20 000 Tonnen Rohkakao, die im Hafen angelandet wurden. Denn Kakao hatte sich in Nord- und Mitteleuropa zu einem populären Getränk entwickelt. Im 1911 gegründeten „Verein der Cacaohändler" zu Hamburg schlossen sich allein 114 Kakaoimporteure zusammen. Nun gelangten schon 80 000 Tonnen Rohkakao jährlich in den Hafen – und das Wandsbeker Unternehmen Reichardt wurde zeitweilig der größte Schokoladenfabrikant Deutschlands.

Die Kakao-Exporte in die nördliche Hemisphäre wuchsen fortan immer weiter – über viele Jahrzehnte. Größere Anbauflächen und verbesserte Methoden gipfelten schließlich im Jahr 2000 in einer Weltrekord-Ernte von rund drei Millionen Tonnen. Dieses Überangebot ließ an den Warenterminbörsen von New York und London den Kakaopreis vorübergehend auf die Hälfte absacken. In den Hauptanbaugebieten wie Westafrika deckten diese Erlöse kaum die Herstellungskosten. Hamburg indes profitierte vom Boom der braunen Bohnen: Es entwickelte sich zum zweitgrößten Kakao-Handelsplatz der Welt nach New York.

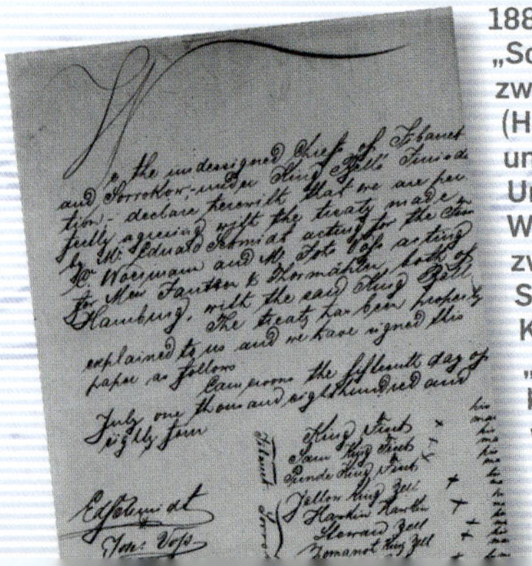

1884: Bestätigung des „Schutzvertrages" zwischen König Bell (Häuptling der Duala) und deutschen Unternehmen, darunter Woermann, durch zwölf afrikanische Stammeshäuptlinge aus Kamerun. Statt um „Schutz" geht es um knallharte Ausbeutung von Rohstoffen

Die Auswandererhallen auf der Veddel, Aufnahme nach 1900. An der Wand das Motto „Mein Feld ist die Welt“, eine Variante des Hapag-Leitspruchs

den die Flächen zur Hafenerweiterung gebraucht. Auf Initiative Ballins entstehen auf der Veddel Schlaf- und Wohnpavillions, Speisehallen, Bäder, ärztliche Untersuchungsräume, Kirchen und Synagogen.

Sobald die Auswanderer per Bahn eintreffen, stellt man sie hier bis zu 14 Tage unter Quarantäne. Das kommt ihnen zugute, denn so werden die meist ärmlichen und unerfahrenen Hoffnungsträger in der Hafenstadt nicht belästigt, übertölpelt und ausgeraubt, noch bevor sie an Bord gehen können. Und es nützt Hamburg, denn sie sind abseits vom Zentrum kaserniert und verbreiten weder Krankheiten noch Aufruhr in der glitzernden Weltstadt. Für die Passagiere mit ihren One-Way-Tickets ist der Aufenthalt in den Auswandererhallen im Preis der Überfahrt inbegriffen. Das Hamburger Modell gilt international schon bald als vorbildlich. Und die Hapag verdient gut an dieser speziellen Form von Boom – der Hoffnung auf ein besseres Leben.

Der Eiserne Kanzler und die Banane

Gut verdient wird in diesen Zeiten überall. Weil der Hafenausbau am Köhlbrand, dem nordwestlichsten Teil der Süderelbe, an eine natürliche Grenze stößt, muss sich Hamburg zum dritten Mal seit 1866 mit dem Nachbarland Preußen über eine Balance zwischen nord- und südelbischer Wirtschaft einigen. Auch wenn das Jahre dauert: Es lohnt sich. Im 3. Köhlbrandvertrag von 1908 erhält die Stadt die Möglichkeit, südlich von Kuhwerder und westlich des Köhlbrand neue Hafenbecken zu errichten. Mit den geplanten Ausbauten auf Neuhof und den neuen Waltershofer Hafenanlagen kann der Hafen sich von nun an nach Westen ausdehnen. Und das muss er dringend: Innerhalb eines Jahrzehnts, von 1900 bis 1910, ist der Umschlag von 14,4 auf 21,4 Millionen Tonnen gestiegen. Inzwischen haben die Hamburger dem Eisernen Kanzler das größte aller Bismarck-Denkmäler im Deutschen Reich errichtet.

Vielleicht hätten sie der Statue eine Banane in die Hand drücken sollen. Früchte, vor allem importierte Südfrüchte, machen noch zu Beginn des Jahrhunderts nur rund 0,5 Prozent der im Hamburger Hafen entladenen Güter aus. Aber inzwischen sind am Versmannkai die Fruchtschuppen A und B entstanden; Seeschiffe können die Umschlagsplätze problemlos anlaufen. Der Erfolg: 1901 hat sich die Menge an südamerikanischen Bananen und nordamerikanischen Äpfeln bereits auf 51 000 Tonnen verdoppelt; ein weiterer Schuppen und dann noch einer kommen im neuen Fruchthandelszentrum Magdeburger Hafen hinzu. Obst entwickelt sich zum Renner am Kai. 1910 sind es schon 215 000 Tonnen oder 1,4 Prozent des Gesamthafenumschlags. Eine Verdreifachung innerhalb von zehn Jahren. Und ein neuer Trend: spezielle Schuppen an speziellen Orten für spezielle Umschlagsaufgaben. Hamburgs Hafen beginnt, sich mit maßgeschneiderten Dienstleistungsangeboten auf die Warenströme aus aller Welt einzustellen.

Hamburgs Hafen stößt in dieser hochtourigen Zeit kurz vor dem Ersten Weltkrieg, als „Ballins dicke Dampfer“ *Vaterland* und *Imperator* der Hapag immer neue Rekorde bescheren, an seine Kapazitätsgrenzen: Die Eisenbahngleise müssten dringend ausgebaut, Hafenbecken vertieft und Kaimauern saniert werden. Die ameisenhafte Geschäftigkeit und der Aufschwung der Seehafenindustrie zeigen sich täglich an den Ausgän-

Die 426 Meter lange Elbunterquerung mit ihren Aufzügen statt Zufahrtsrampen zeigt, „wie die moderne Technik zu Lande, zu Wasser und unter dem Wasser die an sie herantretenden Aufgaben überwindet". „Hamburger Fremdenblatt" anlässlich der Einweihung 1911

Die Tunnelröhre im Bau. Bis heute definiert sie als Hindernis für Elbvertiefungen die Grenze für die Containerschifffahrt

Ingenieure am Ende einer Probefahrt im fast fertigen Elbtunnel 1911. Das Lattengestell auf der Pritsche simuliert die Abmessungen der größten im Tunnel zulässigen Wagen

gen des 1911 eröffneten Elbtunnels. Dort stauen sich zum Schichtwechsel die Menschenkolonnen zu dichten schwarzen Trauben. Zusammen mit den Hafenfähren und der neuen Hochbahn leitet das elf Millionen Goldmark teure Bauwerk täglich Zehntausende Arbeiter von den St.-Pauli-Landungsbrücken zu ihren Einsatzorten auf Steinwerder und zurück. Anlässlich der Eröffnung am 7. Mai jubelt das „Hamburger Fremdenblatt": Der 426 Meter lange Unterwassertunnel mit seinen Aufzügen statt Zufahrtsrampen zeige, „wie die moderne Technik zu Lande, zu Wasser und unter dem Wasser die an sie herantretenden Aufgaben überwindet".

Drei visionäre Entschlüsse

Ein Hindernis für die Zukunft indes fabriziert die „moderne Technik" selbst: Der Verlauf dieses Tunnels unter der Elbe wird noch in 100 Jahren die Ostgrenze für alle Schiffe mit sehr großem Tiefgang darstellen. Der Verlauf der Röhre erlaubt an dieser Stelle nur eine maximale Wassertiefe von 10,60 Metern. Doch das sind im Jahr 1911 noch ungeahnte Dimensionen einer fernen Zeit. Die Planer, deren visionäre Vorgänger vor gerade einmal 45 Jahren das erste künstliche Becken im Hamburger Hafen eröffnet haben, können Männern wie Johannes Dalmann, Johannes Versmann und sich selbst zu drei wegweisenden Entschlüssen gratulieren:

Der erste richtige Entschluss war es, den Hafen tideoffen anzulegen, also ohne Seeschleusen, die angesichts des jetzt eingetretenen Schiffsverkehrs nur als störende „Flaschenhälse" gewirkt hätten. Die Probleme, die Ebbe und Flut verursachen, werden weit, weit übertroffen durch die Werte, die von den Gezeitenströmen des Welthandels in die aufnahmebereiten Arme der Stadt gespült werden.

Die zweite verdienstvolle Tat bestand darin, den Hafen frühzeitig mit einem zukunftsfähigen Transportnetz ins Hinterland verbunden zu haben. Dazu zählen die Gleisanschlüsse der Hafenbahn mit der Elbbrücke genauso wie ein ringförmiges System von Kanälen, Fleeten und Schleusen, durch das Binnenschiffe von Osten her an die Umschlagsplätze gelangen, ohne mit den von der Unterelbe hereinkommenden Hochseedampfern in Konflikt zu kommen. Die Elbschiffer, die Waren bis nach Berlin, Dresden und Prag transportieren, sind zu dieser Zeit als Verteiler noch ebenso wichtig wie die Bahn. Zusammen mit den Fuhrwerken und ersten Lastwagen kommen sie alle im Hafen vorbildlich effektiv zu ihrem Recht.

Die dritte der drei visionären Maßnahmen, die den Erfolgsweg des Hamburger Hafens erst ermöglicht haben, sind die Umschlags-, Lagerei- und Logistikbauwerke – allen voran die Hamburger Dreiteilung der Kaizunge mit Schuppen, Schienen und Kränen sowie natürlich die Speicherstadt und ihre schlagkräftige Betreibergesellschaft.

Damit gibt es bereits 1911 alle Erfolgs-Zutaten für die kommenden hundert Jahre. Sie müssen nur noch weiter miteinander verflochten, immer mehr ausgebaut, verfeinert und modernisiert werden. Leider folgt nun eine Epoche, in der die entstandene Vernetzung Hamburgs mit der Welt aufs Schwerste behindert werden wird. Aus vielerlei Gründen wird die Stadt erst in fast achtzig Jahren, ab 1990, wieder von einem derart freizügigen Welthandels-Umfeld profitieren können. Ein goldenes Zeitalter geht zu Ende.

1929 Handarbeit Im Fruchtschuppen 48 im Segelschiffhafen sortieren und kontrollieren Arbeiter die frisch vom Schiff eingetroffenen Bananenbüschel

Dole
BANANAS

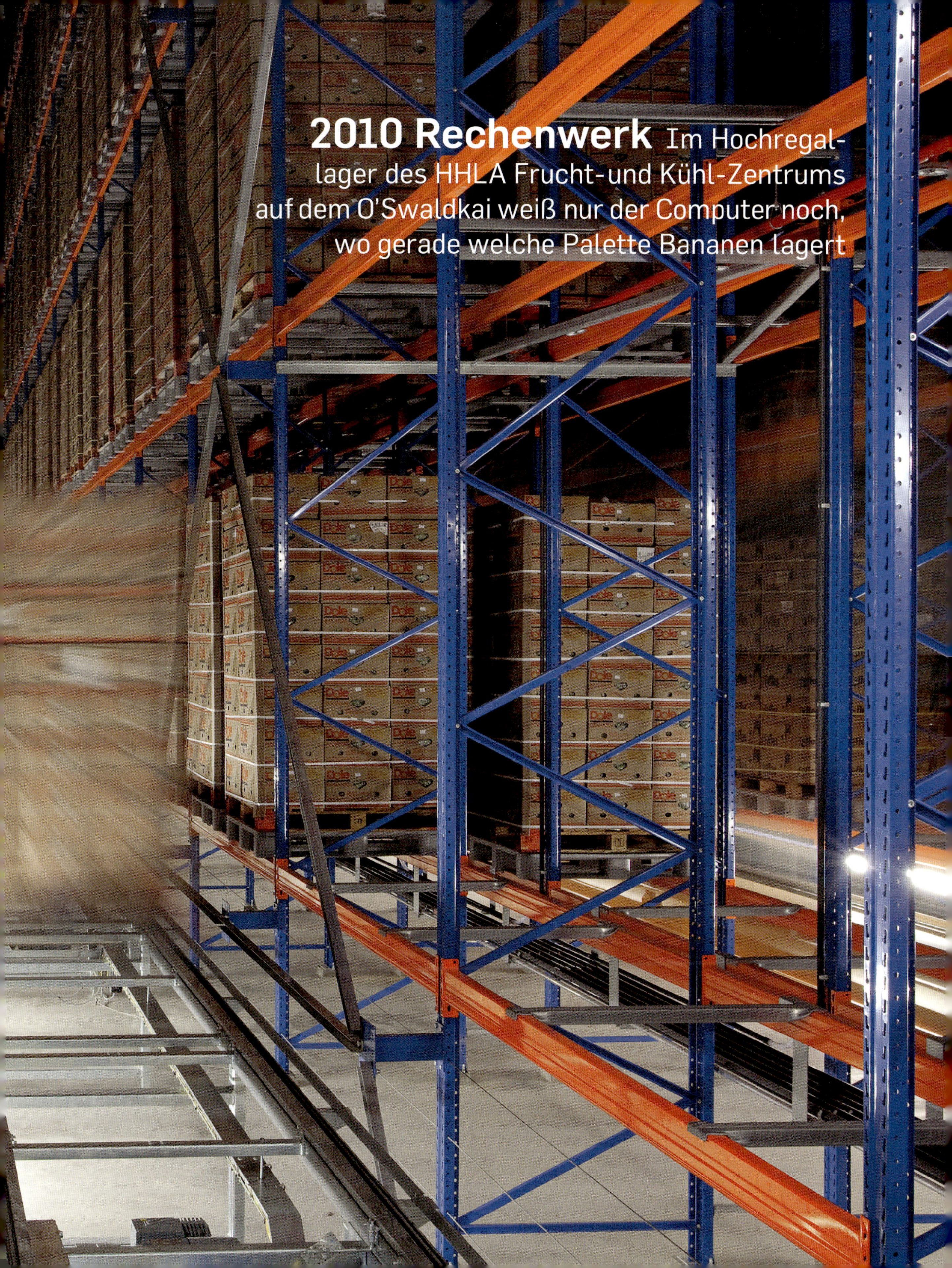

2010 Rechenwerk Im Hochregallager des HHLA Frucht-und Kühl-Zentrums auf dem O'Swaldkai weiß nur der Computer noch, wo gerade welche Palette Bananen lagert

1914–1945
Kriege, Krisen und Katastrophen

Die Hafenmodernisierung der Zwischenkriegszeit ist richtungweisend. Doch dann kommt das nationalsozialistische Unrechtsregime. Der Hafen, der darunter leidet, wird zugleich ein Schauplatz seiner Verbrechen.

Aus dem Kolonialismus, der Technikgläubigkeit und dem Weltmachtstreben großer Teile des Bürgertums ist 1914 ein nationalistisches Gebräu geworden. Deutschland will den konkurrierenden Welthandelsmächten endlich auch eigene militärische Macht entgegensetzen – das ist einer von vielen komplexen Faktoren, die das fragile Machtgefüge der europäischen Nationen schließlich explodieren lassen. Der Funke fliegt, als der österreichische Thronfolger Franz Ferdinand am 28. Juni in Sarajevo ermordet wird. Und ein Feuerwerk des Nationalrauschs zündet, als am 25. Juli Österreich-Ungarn die diplomatischen Beziehungen zu Serbien abbricht. Während wohlhabende Bürger im Alsterpavillon patriotische Lieder schmettern, sind Hamburgs gewerkschaftlich und politisch organisierte Arbeiter vorerst viel zu sehr mit ihren drückenden sozialen Probleme beschäftigt, um sich nachhaltig vom nationalistischen Virus infizieren zu lassen. Doch ab August ist Deutschland im Krieg, und nun lassen sich auch die Sozialdemokraten vom Hurra-Patriotismus mitreißen.

Die gewohnten Verhältnisse werden abrupt ausgehebelt. Der Senat tritt seine Macht an das Generalkommando der Militärregion in Altona ab, so wie es ähnlich in ganz Deutschland geschieht. Und Hamburgs Hafen kommt auf Jahre hinaus fast zum Erliegen, denn Großbritanniens Seeblockade schneidet alle Überseeverbindungen ab. Gerade einmal der Nord- und Ostseeraum bleibt: Schwedische Erze kommen noch in nennenswertem Umfang herein, größere Mengen deutsche Kohle können weiter in die Region ausgeführt werden. Auch werden viele Hafenarbeiter in den Kriegsschiffbau umgelenkt oder als Wehrpflichtige an die Front

Erste Ausfahrt des Hapag-Dampfers *Vaterland* im April 1914. Das Schiff wurde im Ersten Weltkrieg von den USA beschlagnahmt

Mit zunehmender Kriegsdauer müssen immer mehr Frauen bei der Hafenarbeit die an die Front abkommandierten Männer ersetzen – hier als Packerinnen

„Der früher großartige Hamburger Hafen ist nun nur noch eine leere Hülle."

New Yorker „Evening Post", 1920

Kuriose Kriegsfolge: Der Moldauhafen wird 1929 für 99 Jahre der Tschechoslowakei übertragen (Bild von 1956)

eingezogen. Kriegsgefangene und Frauen müssen sie vielerorts ersetzen.

Das erhoffte schnelle Kriegsende bleibt aus; stattdessen kommt es zu Versorgungskrisen, Hungerunruhen und politischer Radikalisierung. Auf der Vulcan-Werft tritt im Januar 1918 fast die gesamte Belegschaft in einen politischen Streik, dem sich am nächsten Tag auch die Arbeiter von Blohm & Voss sowie anderer Werften anschließen. Zwar erreichen sie zunächst wenig und müssen die Arbeit am 2. Februar wiederaufnehmen. Doch im Herbst wird die totale Niederlage Deutschlands an den Fronten deutlich. Revolutionsstimmung macht sich im Reich und in der Stadt breit, im November wagen streikende Arbeiter und meuternde Soldaten den bewaffneten Aufstand. Ein von ihnen gebildeter Rat erobert sogar für wenige Monate die Macht in Hamburg.

Als am 11. November der Krieg mit einem Waffenstillstand endet, ist die Demoralisierung ebenso groß wie das Elend in der vier Jahre zuvor noch so stolzen und vibrierenden Stadt. Die Reparationsforderungen der Siegermächte treffen auch den Hamburger Hafen schwer: Die Kolonien sind verloren, Niederlassungen und Kapital Hamburger Firmen im Ausland konfisziert, Handelsbeziehungen in alle Welt seit Jahren unterbrochen. Weil alle Schiffe ab einer bestimmten Größe abgeliefert werden mussten, beklagt die Hapag wie viele andere Reeder den Verlust ihrer Flotte. Wie um den Untergang der alten Zeit zu markieren, hat Albert Ballin den Freitod gewählt. „Der früher großartige Hamburger Hafen ist nun nur noch eine leere Hülle", titelt 1920 fast mitfühlend die New Yorker „Evening Post". Außerdem verliert Hamburg nach Jahrhunderten die

6. November 1918: Meuternde Matrosen auf Torpedobooten dokumentieren die Kriegsmüdigkeit der von verlustreichen Kämpfen zermürbten deutschen Soldaten. Fünf Tage später endet der Erste Weltkrieg

Kontrolle über die Unterelbe bis Cuxhaven; der Strom wird von den Siegern „internationalisiert". Immerhin gibt es eine Art Gegenleistung: 1921 verpflichtet sich das Deutsche Reich mit seiner „Reichswasserstraßenverwaltung", fortan durch Baggerungen stets eine ausreichende Seeschifftiefe der Elbe zu gewährleisten. Das wird noch im 20. Jahrhundert eine Rolle spielen, denn dann übernimmt der Rechtsnachfolger des Reiches, die Bundesrepublik, diese Verpflichtung.

Nach dem Krieg die Hyperinflation

Eine eher kuriose Spätfolge der Neuordnung Europas durch den Versailler Vertrag betrifft den Moldauhafen: Das 1887 erbaute Hafenbecken wird nach langen Verhandlungen 1929 für 99 Jahre – also bis 2028 – zur Nutzung an die Tschechoslowakei übertragen. So entsteht ein 30000 Quadratmeter großes Stück tschechoslowakisches Verwaltungsgebiet mitten in Hamburg. Dem Binnenstaat soll auf diese Weise ein Zugang zur See gewährt werden – tatsächlich exportieren tschechische Schiffe in den kommenden Jahrzehnten Zucker, Kohle, Getreide, Holz, Glas, Zellulose und Malz über den Moldauhafen. Später gibt es im „Vltavský přístav" sogar ein schwimmendes Kulturzentrum für die tschechischen Binnenschiffer. Allerdings wird das staatsrechtliche „Ausland" im Hafen nach dem Zweiten Weltkrieg durch einen privatrechtlichen Pachtvertrag zwischen der Stadt Hamburg und der Tschechoslowakei ersetzt.

Aber auch aus anderen Gründen ist der Hafen in den zwanziger Jahren schon ein „Vielvölkerstaat": Ausländische Schifffahrtsgesellschaften übernehmen die Vorkriegs-Routen der Hamburger Reeder. Fremde Flaggen am Heck von Schiffen werden ein alltäglicher Anblick. Auch das Personal am Kai internationalisiert sich: Portugiesen, Polen, Russen zählen zu den Hamburger Hafenarbeitern. Für eine der exotischsten Landsmannschaften hat sich der heutige Speicherstadt-Theatermacher Michael Batz bei seinen kulturellen Recherchen interessiert: „Die Schmuckstraße in St. Pauli war die Straße der chinesischen Community. Die deutsche Flotte fuhr ja unter Dampf. Da brauchte man billige Arbeitskräfte an den Kesseln, und das waren die Chinesen." Sie gründen in St. Pauli aber auch Wäschereien, Gaststätten und Geschäfte für ihre durchreisenden Landsleute.

Bald nach Kriegsende regt sich im Hamburg der Weimarer Republik allenthalben wieder der alte Handelsgeist. Bei allen kriegsbedingten Rückschlägen hat der Hafen immerhin den Vorteil, dass seine Anlagen nicht zerstört sind. Arbeitskräfte sind im Überfluss vorhanden, Visionäre mit Phantasie können jetzt große, brachliegende Potenziale nutzen. So beginnt mit dem Erwerb und Weiterverkauf von 100 Zentnern Stroh am 10. November 1919 der Getreide- und Futtermittelhandelsbetrieb von Alfred C. Toepfer. Schon 1923 führt er das zweitgrößte Handelshaus dieser Art in der Stadt – und wird seinen Handel vom Hamburger Hafen aus bald in alle Welt ausdehnen.

Die Reichsregierung aber macht in diesen Gründungsjahren der Republik einen bösen Fehler: Sie hofft, durch Tolerieren von steigender Inflation ihre Kriegsschulden billig loswerden zu können. Anfänglich profitieren Export- und Hafenwirtschaft von der Politik der schwachen Mark. Die Werften und Exporteure sind im internationalen Vergleich konkurrenzlos günstig, bei

Der nach dem 1918 verstorbenen Generaldirektor benannte Hapag-Dampfer *Albert Ballin* am 1. Januar 1925 im Hafen. Er verkehrte zwischen Hambug und New York

der staatlichen Kaiverwaltung klingelt wegen des so ausgelösten künstlichen Seehandels-Booms die Gebührenkasse. Angesichts der immer rasanteren Hyperinflation der Jahre 1922 und 1923 lassen sich die Hamburger Reeder, die ihre Flotten im Krieg verloren haben und mit gecharterten Schiffen operieren müssen, statt mit wertloser Papiermark mit Devisen bezahlen und finanzieren mit diesem Inflationsgewinn den Aufbau neuer eigener Flotten. Doch die Lage wird bald unhaltbar: In der Bevölkerung, die der dramatischen heimischen Geldentwertung schutzlos ausgeliefert ist und kaum noch die wichtigsten Lebensmittel bezahlen kann, brechen Unruhen aus. Erst die Währungsreform vom November 1923 ermöglicht die Rückkehr zu einem kalkulierbaren Leben. Und nicht vor 1928 erreichen die Reallöhne und Preise wieder das letzte Vorkriegs-Niveau. Viele kleine und große Geldvermögen in Hamburg – und damit Existenzen – sind vollständig vernichtet.

Durch die Währungsreform stabilisiert sich die Lage. Es beginnen die „Goldenen zwanziger Jahre". Eine relativ vorteilhafte Reparationslastenregelung durch den Dawes-Plan 1924 und ein anleihenfinanzierter Wiederaufbau der Wirtschaft lassen frisches Kapital in den Hamburger Hafen strömen. Es kommt vor allem aus den USA und England – zwar Kriegsgegner, aber auch alte Handelspartner der Hansestadt, die nun den Ausbau von Schuppen und Kaimauern finanzieren. Dadurch, dass es den Reedereien wieder bessergeht, erhalten auch die Werften wieder mehr Reparatur- und Neubauaufträge. Auch jenseits des Hafens geht es aufwärts: Hamburger Firmengründungen wie Reemtsma, Deutscher Ring oder das Technikkaufhaus Brinkmann stammen aus der Zeit zwischen Hyperinflation und Ende der zwanziger Jahre. Mehr Unternehmen wiederum bedeuten mehr Seehandel, vor allem Stückguthandel, und dies schafft Bedarf für weitere Kais, Schuppen und Kräne. Erneut beginnt ein Hafenausbau, der dem der Vorkriegszeit in nichts nachsteht.

Immer wichtiger: Stückgutumschlag

Nordelbisch kann der Hafen aber gar nicht mehr wachsen, hier ist so gut wie jedes verfügbare Gelände bebaut. Also fällt der Blick auf die frühzeitig für den Hafenausbau gesicherten Flächen am Südufer: Schon vor dem Krieg ist der Petroleumhafen nach Waltershof verlegt worden, und in dieser neuen Waltershofer Hafengruppe wird nun, nach der langen Kriegspause der Ausbauarbeiten, ab 1926 der Griesenwerder Hafen mit einer 1200 Meter langen Kaimauer für den Freilagerverkehr geschaffen. Liegen bleiben muss hingegen vorerst der seit Langem geplante Hafenbahn-Ausbau über Altenwerder, Moorburg und Hausbruch nach Waltershof, weil Hamburg dort mit Preußen und den betroffenen Ortschaften im Streit über die Trassenverläufe ist. Zunehmend belastend wird dieses Nadelöhr bei weiter wachsendem Verkehr durch die Landverkehrsträger Automobil, Lkw und Bahn. Die behelfsmäßige Anbindung von Waltershof mittels einer Eisenbahnfähre über den Köhlbrand bleibt noch viele Jahre lang die mehr als unvollkommene Notlösung. Und das, obwohl die Güterbahn gegenüber der Binnenschifffahrt als Verteiler ins Hinterland immer mehr die Oberhand gewinnt. Das spiegelt die weitere Verschiebung der Gewichte vom Massengut (das mit dem Binnenschiff unschlagbar

Die Köhlbrandfähren, auch Trajektfähren genannt, verbanden jahrzehntelang behelfsmäßig Neuhof mit Waltershof und Finkenwerder. Sie trugen Menschen, Pkw, Lastwagen – und sogar Eisenbahnen

preiswert transportiert werden kann) hin zum Stückgut, bei dem es auf schnelle, flexible Auslieferung auch kleinerer Mengen ankommt.

Entsprechend setzt die Stadt alles daran, weitere Stückgut-Umschlagsanlagen anbieten zu können. Etwa im alten, nun frei gewordenen Petroleumhafen, der durch Vertiefung für Stückgutfrachter nutzbar gemacht wird und den Namen Süd-West-Hafen erhält. Gleiches geschieht im östlich davon gelegenen Indiahafen. Im südlichen Kuhwerder gibt es bereits in der Vorkriegszeit vorbereitete Hafenbecken, den Vulkan-, Roß- und Travehafen. Alle dort errichteten Stückgutkais erhalten neuartige elektrische Halbportalkräne. Wippkräne, deren Ausleger unter Last stufenlos verstellbar sind, entwickeln sich schnell zum Standard an den Kais. Neue Hilfsmittel wie Elektrokarren und Hochhubkarren – die Vorgänger der späteren Gabelstapler ersetzen bereits mancherorts die muskelbetriebene Sackkarre als Transportmittel – sind weitere Symbole eines neuerlichen Modernisierungsschubs. Ein wichtiger Umbau am Nordufer der Elbe trägt dem Umstand Rechnung, dass immer mehr Südfrüchte im Hafen eintreffen: Schuppen 24 wandelt sich vom Stückgutschuppen zum doppelstöckigen Fruchtschuppen inklusive einer besonders leistungsfähigen Heizung für strenge Frosttage. Das ist nicht der einzige Spezialbau: Am Südende des Schuppens 85 am Roßkai wird 1926 von privater Seite ein zehnstöckiges Kühlhaus hochgezogen – nur für importierte Hühnereier. Nicht zuletzt erhält im Norden des Waltershofer Hafens der Burchardkai – von ihm wird noch viel später zu reden sein – die schwerste bis dahin gebaute Hamburger Kaimauer für Seeschiffe. Der Burchardkai liegt

Elektrokarren (Bild oben und Mitte) und Schuppenlaufkräne (Bild unten) erleichtern in den dreißiger Jahren das Lagern und Stapeln. Sie sind Vorläufer der Gabelstapler, die sich ab ca. 1950 im Hafen durchsetzen

Serie B 5½% · M 1000.-

Vierte Prioritäts-Anleihe der
HAMBURGER FREIHAFEN-LAGERHAUS-GESELLSCHAFT
IN HAMBURG
im Gesamtbetrage von 55 000 000 Mark.

1000 Mark. № 38667

Schuldverschreibung
über
TAUSEND MARK

Die unterzeichnete Gesellschaft bekennt hierdurch, dem Inhaber dieser Schuldverschreibung, welche einen Teil der Gesamtanleihe von 55 000 000 Mark bildet, den Betrag von 1000 Mark (Tausend Mark) zu schulden, und verpflichtet sich, diesen Betrag mit jährlich 5½% in halbjährlichen Terminen am 2. Januar und 1. Juli jeden Jahres zu verzinsen. Im übrigen gelten die umstehend abgedruckten Anleihe-Bedingungen.

HAMBURG, den 2. Januar 1923.

Hamburger Freihafen-Lagerhaus-Gesellschaft.
Der Aufsichtsrat:
Der Vorstand:

Mark 1000 Mark

Ab 1928 hat die Stadt alle Aktien der HFLG in ihrem Besitz - und damit volle Kontrolle

Wahlkampfszene vor der Reichspräsidentenwahl 1932: Plakat für die Wiederwahl Hindenburgs am Baumwall

noch die dreißiger Jahre hindurch buchstäblich im „Nirgendwo“: Ringsum gibt es nur Brachen, Buschwerk und Kleingartenanlagen, keine städtische Bebauung. Doch die Hoffnung ist, dass der Waltershofer Hafen den Stückgutumschlag im Hafen weiter vorantreibt. Noch gehen die staatliche Kaiverwaltung und die Hamburger Freihafen-Lagerhausgesellschaft (HFLG) bei der Hafenentwicklung getrennte Wege. Doch man nähert sich formal schon an: Seit dem 1. Juli 1928 ist die Stadt durch ihr systematisches Aufkaufprogramm im Besitz aller Aktien der HFLG. Der Börsenhandel hat de facto aufgehört, die Gesellschaft ist nun wie die Kaiverwaltung in staatlichem Besitz.

Die Bemühungen aller Hafen-Akteure fallen auf zunehmend fruchtbaren Grund. Es geht wieder aufwärts, erstmals im Einklang mit der wachsenden Weltwirtschaft statt durch ein von Papiermark-Entwertung gespeistes Strohfeuer. Der „Hamburgische Correspondent“ präsentiert an Heiligabend 1928 eine frohe Botschaft: „Die Vorkriegsjahre überschritten. Hamburg wieder größter Hafen des Kontinents.“ Der steigende Frachtgutverkehr habe zu regelrechten Staus mit Wartezeiten auf Kai-Liegeplätze für Frachtschiffe geführt. Tatsächlich ist der Umschlag von Seegütern zwischen 1924 und 1928 um satte zehn Millionen Tonnen auf nun fast 30 Millionen Tonnen gestiegen. Für lange Zeit – bis 1960 – wird dies einen Hafenrekord darstellen. Selbst das Börsenblatt „Commerce Reports“ aus Washington schreibt anerkennend: „Während seiner mehr als tausendjährigen Geschichte hat Hamburg ebenso eifersüchtig wie eifrig über seinen Hafen gewacht. Wiederholt haben Unglücke den Stadtstaat heimgesucht, aber jedes Mal ist er aus der Asche wieder auferstanden. Heute, nur zehn Jahre nach dem Ende des Weltkrieges, hat sich der Verkehr im Hafen – während der Feindseligkeiten vollständig gelähmt – nahezu wieder auf sein Vorkriegs-Volumen emporgeschwungen.“ Daran ist nur das „nahezu“ falsch, doch das mag der Weite des Atlantiks geschuldet sein.

Nun hat es schon drei Köhlbrand-Verträge gegeben, den letzten im Jahr 1909. Und immer ist es dabei um eine Abgleichung der Interessen Harburgs, also des Königreichs Hannovers und später Preußens, mit denen Hamburgs in Hafenfragen gegangen. Zu beiden Seiten der Fluss-Grenze indes ist man trotz aller Teilerfolge immer missgünstig geblieben. Zuletzt schnappt Preußen den Hamburgern die Ansiedlung einer Kali-Kaianlage weg. Da kommt es im Dezember 1928 endlich zum Durchbruch: Ein Staatsvertrag über die „hamburgisch-preußische Hafengemeinschaft“, die auch Altona einbezieht, sieht einen gemeinsamen Planungsraum mit zentraler Bauverwaltung vor, als ob es keine Ländergrenzen gebe. Im „Hafengemeinschaftsgebiet“ Kattwyk/Hohe Schaar sollen bis 1933 vor allem Massengut-Umschlaganlagen und die zugehörige Infrastruktur entstehen, so der Plan. Westlich des Köhlbrands will man den Hafen gemeinsam erweitern.

Die Krise zerstört alle Hoffnung

Doch die Wendungen der Weltgeschichte wollen es anders. Es ist 1929. Die Zeichen, die indes niemand zu deuten vermag, stehen auf einen bevorstehenden Börsenkrach an der weit entfernten Wall Street. In diesem Jahr und der chaotischen Folgezeit der Weltwirtschaftskrise wird die Hafengemeinschaft nichts mehr realisieren – außer einer Hubbrücke über die Rethe.

Fruchtauktionen gab es im Hafen schon seit 1884. Hier prüfen im Jahr 1930 Fruchtimporteure im Schuppen 22 die frisch eingetroffene Ware

Das „Eierschloss“: ein gigantisches Kühlhaus für 100 000 Kisten zu je 1440 Hühnereiern aus Shanghai

Der New Yorker Börsen-Crash vom 24. Oktober 1929 ist nur der Auftakt für eine jahrelange weltweite Krise, geprägt durch Überproduktion, Preisverfall und Schutzzollpolitik überforderter Regierungen. Immer weniger Verkehr herrscht in der Folge auf den Handelsrouten über die Weltmeere. Der damit einhergehende quälende Niedergang des Hamburger Hafens spiegelt sich in der zeitgenössischen Lokalpresse, die im Gleichklang mit der allgemeinen Lage in Depression versinkt. Noch im Sommer 1930 kann sich das „Hamburger Echo“ bei aller Krisenstimmung zumindest an der technologischen Seite des Hafens begeistern: mächtige Kräne, moderne Getreideheber – und das „Eierschloss“. Liebevoll beschreibt das Blatt jenes zehnstöckige Kühlhaus der Firma G. Behr & Mathew, ausgelegt für 100 000 Kisten zu je 1440 Hühnereiern, die auf firmeneigenen Kühldampfern aus Shanghai importiert und dann im „Eierschloss“ bei zwei Grad Celsius gelagert werden: „Wenn auch die Weltwirtschaftskrise mit schwerer, lähmender Faust auf dem Umschlagsverkehr ruht, so sind alle diese technischen Einrichtungen, diese Handlanger des Handels, doch da, warten genau wie die Arbeitslosen auf Arbeit, jederzeit bereit, ihre emsige, schaffenswütige Tätigkeit wieder aufzunehmen.“

Doch mit Monat um Monat andauernder Krise werden die Berichte hoffnungsloser. „Keine Spur einer Belebung“, titelt dasselbe Blatt schließlich am 23. November 1932 und geht hart mit den vergeblichen Konjunkturprogrammen der Reichsregierung von Papen ins Gericht, was die Auswirkungen auf den Hamburger Hafen betrifft: „Im Stauereibereich ist die Arbeitslage noch genauso schlecht wie schon seit Monaten. (...) Noch weit schlech-

„Das Werk wird gelingen! Der Hafen lebt wieder!“

„Hamburger Tageblatt“ vom 13. August 1933

Trügerische Betriebsamkeit: Im NS-Staat (Foto von 1933) erlebt der Hafen nach der Weltwirtschaftskrise nur eine künstliche Konjunktur

Auch das „Rathaus des Hafens", der prachtvolle Sitz der HFLG (später HHLA) bei St. Annen, präsentiert sich zur Reichstagswahl 1936 ganz im Zeichen des Hakenkreuzes

ter liegen die Verhältnisse im Ewerführerbetrieb. (...) Der Kaibetrieb ist durch den wirtschaftlichen Niedergang im Hamburger Hafen gleichfalls schwer in Mitleidenschaft gezogen worden. Hinzu kommt, dass der kommende Winter zweifellos auch noch eine starke Schrumpfung der Südfruchttransporte mit sich bringen wird. (...) In der Werftindustrie des Hamburger Hafens ist es sehr still geworden. (...) Sehr schlecht sieht es in der Seeschifffahrt aus. Die Zahl der aufgelegten Schiffe hat sich noch um keine Tonne verringert, vielmehr kann man mit Sicherheit damit rechnen, dass aus der Ostseeschifffahrt zum Jahresschlusse ein großer Teil Schiffe noch zum Aufliegen kommen wird." Zur Jahreswende bewilligt die Reichsregierung immerhin drei Millionen Mark an Darlehen und Zuschüssen, um „Notstandsbauten" im Hafen auszuführen und damit Arbeitslose zu beschäftigen: Der Kaiser-Wilhelm-Hafen soll vertieft, Kaimauern sollen verstärkt und Hafenbrücken saniert werden.

Es nützt wenig. Im zeittypisch pathetischen Ton bilanziert der „Hamburgische Correspondent" im März 1933 das Vorjahr: „Hätte man nicht den Glauben an die Gesetzmäßigkeit allen Seins und damit die Gewissheit, dass auch auf die dunkelste Nacht die Morgenröte des kommenden Tages folgt, man wäre versucht, im Jahre 1932 ein Fanal für das endgültige Erlöschen Hamburgischen Wirtschaftslebens zu erblicken." Die so treffend wiedergegebene Endzeitstimmung, zusammen mit einem von Hitlers Parteiapparat raffiniert geschürten Verlangen nach Sündenböcken, hat in Deutschland unterdessen am 30. Januar 1933 die Nationalsozialisten an die Macht gebracht.

Und bewirkt nicht deren Antritt schon im Sommer ein kleines Wunder? Die Krise ist endlich vorbei! Oder, mit den Worten einer Sonderbeilage des „Hamburger Tageblatts" vom 13. August: „Das Werk wird gelingen! Der Hafen lebt wieder! (...) Der Schiffsfriedhof auf Waltershof beginnt sich zu lichten. Die aufgelegte Tonnage in unserem Hafen ist gegenüber dem Höchststand des vorigen Jahres fast um ein Drittel gesunken." Die Propagandabotschaft – in Wahrheit bleibt Hamburg Notstandsgebiet – schließt mit dem fortan unvermeidlichen Einfordern von „Treue zu unserem Volk und seinem großen Führer Adolf Hitler". Gezeichnet: Carl Vincent Krogmann. Der Reeder und Bankier, Mitglied der Handelskammer, ist von NS-„Gauleiter" Karl Kaufmann nach dem Rücktritt des kompletten Hamburger Senats unverzüglich ins Amt des „Regierenden Bürgermeisters" gehievt worden.

„Säuberungen" bringen den Hafen auf Linie

Nicht nur in der Politik, auch beispielsweise bei Kaiverwaltung und HFLG werden gleich zu Beginn der NS-Diktatur zahlreiche Missliebige aus ihren Positionen entfernt und durch Linientreue ersetzt – von den Führungskräften bis hin zu einfachen Mitarbeitern. Zum Beispiel fallen zwei von drei Spitzen der Kaiverwaltung den Säuberungen zum Opfer und werden als Beamte in den vorzeitigen Ruhestand versetzt. Nur der dritte, Hans Struck, ist als Hafen-Experte unverzichtbar und gelangt wenige Jahre später in den HFLG-Vorstand. Von den zehn Namen des HFLG-Aufsichtsrats, die im Geschäftsbericht über das Jahr 1932 aufgelistet stehen, taucht im Bericht ein Jahr später kein einziger mehr auf. Die Ausgeschiedenen stehen politisch keineswegs alle links. Aber unter ihnen sind auch prominente Sozialde-

Alte Wettbewerber: links die Altonaer Fischauktionshalle 1937; am rechten Bildrand ihr 1971 abgerissenes Hamburger Gegenstück

mokraten wie der Vorsitzende der SPD-Bürgerschaftsfraktion, Hans Podeyn, der zugleich auch als Lehrer aus dem Staatsdienst entlassen wird. Oder der frühere Senator Henry Everling, dessen Name mit der Hamburger Genossenschaftsinitiative „Produktion" verbunden ist. Seine widerständige Haltung beweist Everling im April 1933, als er Altonas Bürgermeister Max Brauer zur Flucht vor den Nazis nach Österreich hilft: Um die Grenzkontrolle passieren zu können, bekommt Brauer Everlings Pass „geliehen".

Auch die Arbeitnehmervertretungen werden durchkämmt: Betriebsrat Willi Pingel etwa muss die HFLG verlassen und sich während der Nazi-Jahre in Rothenburgsort als Kohleverkäufer durchschlagen. Und mancher einfache Beschäftigte fällt in Ungnade, weil er sich neuartiger „Vergehen" schuldig macht: Hilfsarbeiter Hugo Rieckmann, der neben seiner Arbeit am Kai die Musikkapelle der HFLG leitet, heiratet 1935 und lässt seine Musiker bei der Hochzeit unter dem Fenster der Schwiegermutter spielen. Als sich nachträglich herausstellt, dass die Schwiegermutter Jüdin und die Braut demzufolge „Halbjüdin" ist, kommt es zum Eklat, und auch Rieckmann wird aus der Lagerhausgesellschaft entlassen.

Der „Führer" braucht Propaganda-Kulissen

Die von der Propaganda aufgebauschten Wirtschaftserfolge der Nazis basieren auf Arbeitsbeschaffungsmaßnahmen und einer zentralistischen Wirtschaftspolitik, die eine kriegsfähige Militärmacht Deutschlands anvisiert. Im Zuge der Aufrüstung erhalten die Werften bald wieder Aufträge, stillgelegte Schiffe haben wieder Güter zu transportieren. Für den Historiker Carsten Prange steht fest: „Insbesondere Großaufträge im Kriegsschiffbau ließen Hamburg mit seinen Werften und Industrieanlagen zu einem der wichtigsten Zentren der Aufrüstung in Norddeutschland werden." Die künstliche Wiederbelebung des Hafens ist idealer Hintergrund für Propagandabilder von Volksmassen, die wieder Hoffnung schöpfen. Diese Bilder produziert zum Beispiel ein Besuch Hitlers am 17. August 1934 mit Rathausempfang – wo ihm dank präziser Senatskanzlei-Planung eine vieltausendköpfige Menge als Jubelspalier organisiert wird – und Fahrt zum Hafen, wo der „Führer" das Linienschiff *Schleswig-Holstein* und die Werft Blohm & Voss besichtigt. Im Juni 1935 ist Hitler erneut in der Stadt und lässt sich auf der *Jan Molsen* über die Elbe schippern, wobei er über das Projekt einer großen Hängebrücke über den Strom sinniert. Nicht nur leere Worte, wie sich zeigen wird.

Der Trend zur Zusammenfassung und Zentralisierung unter der NS-Regierung ist von Anfang an deutlich – gerade auch, wenn es um die Hafen-Industrien der Stadt Hamburg und ihrer Nachbarn geht. Und Hamburg hat nichts dagegen, das eine oder andere Konkurrenzverhältnis auf diese diktatorische Weise loszuwerden. Etwa den Umstand, dass seit dem 16. Jahrhundert im eigenständigen Altona an der Grenze zur Hamburger Vorstadt St. Pauli gut besuchte Fischmärkte abgehalten werden, zum Missvergnügen der reichen Hansestadt nebenan. Mitte des 19. Jahrhunderts haben die Hamburger ihren Fischmarkt eigens aus der Altstadt nach St. Pauli verlegt, um Altona beim Fischhandel in die Schranken weisen zu können. Und als Altona 1896 genau an dieser Grenze eine prachtvolle Fischauktionshal-

1934: Die Besatzung des Verteilerschuppens am Kamerunkai ist angetreten, um eine Rede Hitlers im Rundfunk zu bejubeln

le eröffnet und ihr Fischmarkt schon kurz nach der Errichtung der Auktionshalle höhere Umsätze erzielt als der Hamburger, baut auch Hamburg gleich an der Grenze eine eigene Auktionshalle. Jetzt, zu Beginn der NS-Zeit, fusionieren die beiden Fischhandelsgesellschaften zur Fischmarkt Hamburg-Altona GmbH. Das gibt einen symbolischen Vorgeschmack auf eine ungleich größere Vereinigung nur wenige Jahre später: die der beiden Städte selbst. Von den beiden Fisch-Auktionsanlagen ist in unserer Zeit allerdings nur die Altonaer Halle erhalten geblieben – als von Touristen bevölkertes Relikt der gemeinsamen Fischereitradition Hamburgs und seines störrischen Konkurrenten.

Die HFLG wird gleichgeschaltet

Im Jahr 1934 deutet sich auch bereits ein weiterer Zusammenschluss an: Die Freihafen-Lagerhaus-Gesellschaft, als privatwirtschaftlich geführte AG in städtischem Besitz recht einträglich, und die chronisch defizitäre staatliche Kaiverwaltung, von den Reedern oft geschmäht wegen unflexibler und hoher Liegegebühren, sollen verschmolzen werden. Einer „Kräftezersplitterung" durch Rationalisierung und Kostenersparnis entgegenzuwirken diene den Interessen des deutschen Ein- und Ausfuhrhandels, kommentiert das „Hamburger Tageblatt" den Plan im August und erinnert daran, dass die ausländische Konkurrenz nicht schlafe: „Eine organische, straffe Zentralisation mit dem Ziele einer Verbilligung und Beschleunigung des Warenumschlags ist erst unlängst von einer Anzahl zu Hamburg in Wettbewerb stehender Häfen vorgenommen worden." Für die Führungsposition nach der geplanten Verschmelzung der Kaibetriebe mit der HFLG sieht die NSDAP den Bergedorfer Bürgermeister und Außenhandelskaufmann Albrecht Dreves vor, was das „Tageblatt" als politische Taktvorgabe pflichtschuldigst begrüßt: „Darüber hinaus weiß das nationalsozialistische Hamburg, dass Parteigenosse Dreves als bewährter Kämpfer der Bewegung (…) sein Bestes hergeben wird für Volk und Wirtschaft."

Dreves, Jahrgang 1885, hat lange in England gelebt, zuletzt als Direktor einer eigenen Textilgesellschaft. Jedoch ist, während er den Weltkrieg bei der Landwehr verbrachte, seine Firma vom Feind liquidiert worden, was bei ihm eine glühende Verachtung alles Britischen zur Folge hat. Seit 1927 NSDAP-Mitglied und bis 1933 SA-Truppführer, erscheint Dreves der Partei sattelfest genug, um ihn gleich nach dem Machtantritt als Bürgermeister von Bergedorf zu installieren. Doch auf erneute Weisung des „Gaues" gibt Dreves dieses Amt wieder auf und tritt im September 1934 als Direktor in die HFLG ein; ihm unterstehen Technischer Betrieb, Innere Verwaltung, Finanz- und Personalwesen. Als der Zusammenschluss von Kaibetrieb und HFLG am 1. April 1935 erfolgt, wird Dreves der neue Vorsitzende des zentralisierten Vorstands. „Als alter Nationalsozialist", so sein Credo, „werden meine Handlungen stets nationalsozialistisch bestimmt sein."

Die Aufgabe der neuen zusammengefassten Betriebsgesellschaft der Hamburger Hafenanlagen besteht darin, alle staatseigenen Hafen- und Kaianlagen zu bewirtschaften, also alle Grundstücke und Bauten, Gleisanlagen und Maschinen. Sie hat außerdem, wie es schon die frühere Kaiverwaltung getan hat, die staatlichen

„Die Pistole auf die Brust gesetzt“

Vereinnahmt, vereinigt und umbenannt: Wie kam die HFLG / HHLA durch das Dritte Reich? Der Bremerhavener Historiker Dr. Kai Kähler (48), Spezialist für die Hamburger Hafengeschichte des 20. Jahrhunderts, über Wegmarken des Unternehmens zwischen 1933 und 1945.

Zwei wichtige Meilensteine der HHLA-Geschichte fallen in die NS-Zeit: die Zusammenlegung von HFLG und staatlicher Kaiverwaltung 1935 sowie die Umbenennung der Gesellschaft in HHLA 1939. Wäre beides auch ohne die Nazis so oder ähnlich abgelaufen?
Der Gedanke dieser Vereinigung ist nicht erst unter den Nazis entstanden. Schon um 1910 gab es Überlegungen, ob man die staatliche Kaiverwaltung nicht nach dem Vorbild der HFLG vergesellschaften könnte. Das wurde auch in der gesamten Zwischenkriegszeit diskutiert, und dabei schlug schon Mitte der zwanziger Jahre der konservative Wirtschaftssenator Wilhelm Burchard-Motz vor, HFLG und Kaiverwaltung zu vereinigen. Es scheiterte damals aber noch am Widerstand des liberalen Finanzsenators. 1934 kam das Thema nach der Machtübernahme der Nazis wieder auf den Tisch, initiiert vor allem vom NS-Bürgermeister Karl Krogmann und von Burchard-Motz. Was aber sicher nur unter den Nazis möglich war: Den Beamten der Kaiverwaltung wurde die Pistole auf die Brust gesetzt. Sie sollten innerhalb von zehn Tagen mitteilen, ob sie in die neue Gesellschaft wechseln oder ausscheiden wollten.

Fusionen und Zusammenlegungen waren doch ganz im Sinne der zentralistischen Wirtschaftspolitik des NS-Regimes. Nützte den Nazis die Verschmelzung von „Kai“ und „Lager“?
Für die Hamburger Nazis war es ein Vorteil der Vereinigung, dass sie mit Parteifunktionären wie Albrecht Dreves und Ludwig Wirtz in den Schlüsselpositionen den Hamburger Hafen unter Kontrolle behalten konnten. Denn das Reich nahm in den dreißiger Jahren immer mehr Einfluss auf die Geschehnisse in Hamburg: Ohne Reichsbeihilfen lief beim Hafenausbau fast nichts mehr. Wollte man vor Ort überhaupt noch Einfluss behalten, war eine große, vereinte Gesellschaft natürlich hilfreich.

Ende 1939 wird die HFLG in HHLA umbenannt. Was signalisiert der neue Name?
Die Umbenennung von HFLG in HHLA hängt auch mit einem steuertechnischen Problem zusammen: Die Kaiverwaltung war als öffentliche Körperschaft nicht steuerpflichtig gewesen, aber die neue Kapitalgesellschaft war es. Nach der Vereinigung wollte das Finanzamt auf alle Umsätze Steuern erheben, was NS-Reichsstatthalter Karl Kaufmann überhaupt nicht schmeckte. Die Gesellschaft machte ja Gewinn, aber die Steuern hätten ihn aufgezehrt. Erst nach Kriegsbeginn 1939 fand man durch Kontakte auf höchster Ministerebene in Berlin eine Lösung. Und in dem Zusammenhang kam es dann zur Umbenennung der Gesellschaft in HHLA, um mehr auf den gemeinwirtschaftlichen Charakter abzustellen und auf das erweiterte Aufgabenprofil. Es ist ja bemerkenswert, dass der neue Name nicht „Hamburger Kai und Lagerhaus AG“ war, sondern „Hamburger Hafen- und Lagerhaus AG“: Der Anspruch war jetzt – etwa mit den eigenen Getreidespeichern – über die Freihafengrenzen hinaus formuliert und auch nicht mehr nur auf Kai und Lager beschränkt. „HHLA“ sollte auch andeuten, dass hier eine quasi öffentliche Einrichtung für den ganzen Hamburger Hafen vorlag, um den Steuerforderungen zu entgehen.

Wie bewerten Sie die politischen Inhalte der NS-Werkszeitschrift „Zu-gleich“ der HHLA, die von 1937 bis 1944 erschien?
Auffällig ist die Rubrik „Wer ist wer?“: Sie zielt darauf, die Fremdheit zwischen Kai- und Lagerarbeitern zu überwinden, also auf innerbetriebliche Integration. Des Weiteren will diese Zeitschrift später über zahlreiche Beiträge von Mitarbeitern, die als Frontsoldaten im Kampfeinsatz sind, eine gemeinsame Identität und ein Zusammengehörigkeitsgefühl als HHLA herausbilden. Typisch für die Zeit auch: Die sozialen Errungenschaften für die Mitarbeiter werden herausgestellt. Und durch die Leitartikel werden die Leute natürlich auf die jeweils aktuelle politische Lage eingeschworen. Dennoch gab es noch in Kriegszeiten Unmut der Belegschaft gegen ihre NS-Führer: etwa wegen der Forderung, Luftschutzwachen für Einrichtungen des Unternehmens zu übernehmen. Dafür sei doch die Wehrmacht zuständig, wurde gemurrt.

Drei Ausgaben der Werkszeitung „Zu-gleich“. Sie dokumentieren neben absoluter Linientreue zur NSDAP auch den Wandel des Firmennamens von HFLG zu HHLA, der Ende 1939 beschlossen wurde

Zu-gleich
Werkzeitschrift der Hamburger Freihafen-Lagerhaus-Gesellschaft
3. Jahrgang | Hamburg, März 1939 | Nummer 3

Reichsberufswettkampf

Die Aufgaben, die in Großdeutschland in Zukunft noch erfüllt werden müssen, stellen an den Einzelnen erhöhte Anforderungen. Sie können nur gelöst werden, wenn nicht nur jeder Deutsche ein guter Nationalsozialist ist, sondern wenn er außerdem an seinem Arbeitsplatz seine Arbeit so gut wie irgend möglich verrichtet und dauernd an sich selbst arbeitet.

Zu-gleich
Werkzeitschrift der Hamburger Freihafen-Lagerhaus-Gesellschaft
3. Jahrgang | Hamburg, Dezember 1939 | Nummer 10

Unter dem Schutz der Deutschen Wehrmacht lebt der Hafen Hamburg!

Zu-gleich
Werkzeitschrift der Hamburger Hafen- und Lagerhaus-Aktiengesellschaft
4. Jahrgang | Hamburg, Dezember/Januar 1940/41 | Nummer 10

1941: Arbeit und Wehr!

Hatte die HHLA ab 1939 „kriegswichtige“ Funktionen?

Man muss bedenken, dass Hamburg als Seehandelsstadt im Bereich Lagerei und Spedition durch die Wirtschaftspolitik der Nazis von Anfang an eher negativ betroffen war. Für die NSDAP war die HHLA ein Instrument ihrer Strategie, den Handel mehr nach Südosteuropa zu orientieren – was dem auf Übersee ausgerichteten Hafen allerdings ebenfalls mehr schadete als nützte. Außerdem dienten die Exponenten der HHLA auch dazu, dem durch Wirtschaftskrise, Devisenbeschränkungen, Boykotte und Autarkiepolitik notleidenden Hamburg mehr Gehör in Berlin zu verschaffen. Und nach Kriegsausbruch halfen sie dabei mit, den Erzumschlag zwischen Norwegen und Hamburg zu zentralisieren: Die HHLA nahm am Diestelkai die Anlagen in Betrieb und betrieb sie, nachdem sie in Rotterdam demontiert worden waren. Das kann man vielleicht „kriegswichtig“ nennen.

Das in Hamburg bei Blohm & Voss gebaute Schlachtschiff *Bismarck* ist bei seiner Indienststellung im August 1940 das größte und kampfstärkste Kriegsschiff der Welt

Kais an private Umschlagsbetriebe zu verpachten. Sie wird ferner zuständig für die gesamte Hafenwerbung. Und weil die HFLG auch alle Mitarbeiter der früheren Kaiverwaltung aufnimmt, wird ihr noch etwas aufgebürdet, das sie bislang nicht kannte und das auf Jahrzehnte hinaus zu außerordentlichen Belastungen führen wird: die Pensionsansprüche der Kaiverwaltungs-Beamten.

Ein Kommentator des „Hamburger Tageblatts" bewertet die Vereinigung als zielführend „im Sinn der privatwirtschaftlichen Weiterentwicklung der Hamburger Kaibetriebe". Dadurch werde „die privatwirtschaftlich geleitete HFLG zur tragenden Betriebsgesellschaft für den Hamburger Hafen". Die Mission der neuen Gesellschaft sieht das Blatt „in dem kurzen Wort zusammengefasst: Förderung des Warenumschlags und der Warenlagerung." Doch es geht nicht ohne Anpassungsschwierigkeiten ab. Denn die internen Größenverhältnisse sind ungleich: Die alte HFLG hat deutlich weniger als 1000 feste Mitarbeiter, hinzugekommen ist die um ein Vielfaches personalstärkere Kaiverwaltung. Im Februar 1937 macht sich HFLG-Veteran Alfred Rump, der bereits 1895 als Lehrling im Kaispeicher A begonnen hat, Gedanken über den Zusammenschluss mit der Kaiverwaltung: „Heute nach dem Zusammenschluss stehen wir als Abteilung Lager vielleicht für viele der Abteilung Kai als recht unbedeutend da. Wir können ja auch nicht mit Statistiken über Umschlag von Tausenden von Tons sowie über tägliche Beschäftigung von Tausenden von Arbeitern aufwarten. Wir sind leider zu einer kleinen Familie zusammengeschmolzen." Wie bei vielen Fusionen ungleicher Partner dauert es Jahre, bis „Lager" und „Kai" eine gemeinsame Identität entwickeln.

Deutschlands größter Hafen wird seit Hitlers „Vierjahresplan" von 1936 zunehmend auf Kriegswirtschaft ausgerichtet: Blohm & Voss sowie die Stülcken-Werft sind fast vollständig mit Rüstungsproduktion – Zerstörer, Kreuzer beziehungsweise Minensuchboote – ausgelastet, auch die Chemieindustrie wie etwa die Harburger Gummiwerke der Phoenix AG erhalten Rüstungsaufträge. Als kriegswichtig gelten natürlich auch die Mineralölbetriebe im Hafen und die Hamburger Flugzeugbau GmbH, Tochterunternehmen der Schiffswerft Blohm & Voss und früher Vorgänger der heutigen Airbus-Werke. Wer hingegen von ausländischen Importen oder Devisen abhängig ist, bleibt ohne Staatsaufträge: Hitlers Autarkiepolitik will die deutsche Wirtschaft möglichst immun machen gegen die voraussehbaren Blockaden der künftigen Feindstaaten.

Der traditionelle Freihandel leidet erheblich

Das widerspricht grundlegend den traditionell auf Freiheit bedachten Hamburger Handelsbeziehungen in alle Welt, doch wegen der üppigen Staatsaufträge sind viele Unternehmen bereit, diesen Preis zu zahlen. Es bedeutet aber auch, dass in den dreißiger Jahren und während der ersten Kriegsjahre kaum noch größere Hafenausbauten nötig sein werden, um neue Umschlagsplätze zu schaffen. Die tatsächlich ausgeführten Arbeiten beschränken sich deshalb vor allem auf die Vertiefung von Hafenbecken, einige neue Brücken und verstärkte Kaimauern. So erhält der Togokai im Südwesthafen eine neue Befestigung, erstmals ganz aus Stahl und Eisenbeton. Und mit dem Bau des zentralen Verteilungsschuppens 57 hat sich der alte Petroleumhafen nach der

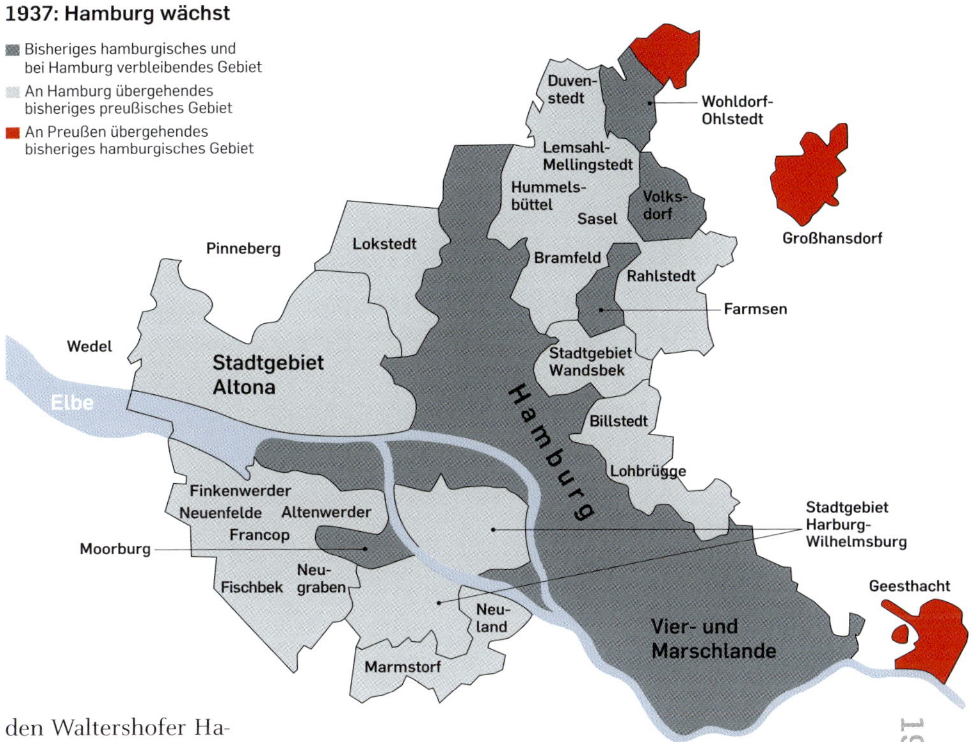

Das nationalsozialistische „Groß-Hamburg-Gesetz“ von 1937 verändert die politische Geographie der Stadt grundlegend. Mit Flächen- und Einwohnergewinnen entsteht ein größerer und einfacher zu kommandierender Planungs- und Wirtschaftsraum

Umsiedlung dieser Industrien in den Waltershofer Hafen endgültig zum Stückguthafen gewandelt.

Am 26. Januar 1937 erreicht der Zentralisierungseifer der Nazis einen neuen Höhepunkt: An diesem Tag erlässt die Reichsregierung das „Gesetz über Groß-Hamburg und andere Gebietsbereinigungen“, kurz „Groß-Hamburg-Gesetz“. Die bis dahin selbständigen preußischen Städte Altona (mit 250000 Einwohnern), Harburg-Wilhelmsburg und Wandsbek sowie zahlreiche kleinere Ortschaften aus umliegenden Landkreisen werden damit zum 1. April 1937 in das Hamburger Stadtgebiet eingemeindet. Zum Ausgleich gibt die Stadt neben anderen Exklaven ihre traditionelle Besitzung Cuxhaven an der Elbmündung, mit Ausnahme des Amerikahafens, und die Insel Neuwerk mit dem Leuchtturm an Preußen ab. Hamburgs Fläche erhöht sich durch diese Gebietsneuordnung von 415 auf 746 Quadratkilometer, ein Wachstum um rund 80 Prozent. Die Einwohnerzahl schnellt von 1,1 auf 1,6 Millionen in die Höhe, ein Plus von fast 40 Prozent. Der Grund für die Einverleibungen, mit denen sich viele Einwohner der zwangseingemeindeten Orte lange nicht anfreunden können: Nun kann eine großzügigere Gesamtplanung entworfen werden, die Stadt und Hafen überspannt und den ganzen Wirtschafts-Ballungsraum leichter für die kommende nationalsozialistische Kriegswirtschaft organisierbar macht.

Hamburg, das sich schlagartig viel Industrie einverleibt, und sein Hafen profitieren vom Groß-Hamburg-Gesetz: etwa durch neue Flächen für Getreidespeicher, Öltanklager und Raffinerien, denn dem Massengutumschlag wächst nun viel mehr Bedeutung zu. Keine lästigen

„Unsere Arbeit ist deshalb Sozialismus, denn sie dient der Gesamtheit. Wir sind nicht nur uns selbst, sondern Hamburg und ganz Deutschland verantwortlich.“ Ernst Plate im HFLG-Organ „Zu-gleich“

Prunkvoller Beginn, katastrophales Ende: Stapellauf des KdF-Schiffs *Wilhelm Gustloff* auf der Werft Blohm & Voss

Gebietsverhandlungen mit störrischen Harburger Preußen drohen mehr, keine Konkurrenz vom vorwitzigen Altona. Der „Führer“ seinerseits kommt fortan oft und gern nach Hamburg – für großartig inszenierte Schiffstaufen, die perfekte Symbolbilder für die neue Macht und Größe Deutschlands liefern. Am 5. Mai 1937 präsidiert Hitler im Hafen über einen besonders bombastischen Stapellauf: Bei Blohm & Voss wird in Anwesenheit Hitlers die *Wilhelm Gustloff* zu Wasser gelassen – als erstes der sogenannten Kraft-durch-Freude-Schiffe, mit denen das arische Proletariat in die Sommerfrische fahren soll. Doch nicht deswegen geht der Neubau später in die Geschichte ein: Am 30. Januar 1945, wenige Wochen vor dem Ende des von Hitler angezettelten Zweiten Weltkriegs, wird die *Gustloff* in der Danziger Bucht vom sowjetischen U-Boot *S 13* versenkt werden – und über 9000 Kriegsflüchtlinge an Bord bei einer der größten Katastrophen der Schifffahrtsgeschichte ums Leben kommen. Auch ein zweites monumentales Schiff, zu dessen Taufe Hitler nach Hamburg kommt, ist zum dramatischen Untergang verdammt: Am 14. Februar 1939 läuft das 50000-Tonnen-Schlachtschiff *Bismarck* vom Stapel. Gut zwei Jahre später, am 27. Mai 1941, wird es von britischen Verbänden und Flugzeugen im Nordatlantik attackiert werden. Von der über 2000-köpfigen Besatzung werden nur 116 Mann überleben.

Die Stadt, aus der die beiden zukünftigen stählernen Massengräber kommen, wird noch in Friedenszeiten zum Objekt größenwahnsinniger Umbaupläne der Nazis – auch deshalb ist das „Groß-Hamburg-Gesetz“ erlassen worden. Am 10. Juni 1937 gibt „Reichsstatthalter“ Karl Kaufmann bekannt, dass Hamburg zur „Führerstadt“ gemacht werden soll. Das umfasst den Bau gigantischer

Größenwahnsinnige Führer-Utopie: Modell einer Elbufer-Bebauung mit Hochhäusern von Architekt Erich zu Putlitz, 1937/38

Repräsentationsbauten entlang dem Elbufer zwischen Landungsbrücken und Altona: ein 250 Meter hohes „Gauhochhaus" ebenso wie ein Aufmarschplatz für 100000 Menschen – und eine Elbhochbrücke mit 160 Meter hohen Pfeilern auf Höhe des Kühlhauses Neumühlen. Die Realisierung der Planungen, die Hitler persönlich schon seit 1935 vorantreibt, wird der Krieg vereiteln. Dennoch müssen im KZ Neuengamme Tausende von Zwangsarbeitern für das SS-eigene Unternehmen „Deutsche Erd- und Steinwerke GmbH" Klinkersteine als Rohmaterial der Gigantomanie herstellen.

Zwischen Gewinnstreben und „Sozialismus"

Auch die HFLG ist ein selbstverständliches Zahnrad im Wirtschaftsgetriebe der NS-Diktatur. Wie dieses Getriebe funktioniert, das erklärt den Mitarbeitern seit Januar 1937 einmal monatlich die nationalsozialistische Mitarbeiterzeitschrift „Zu-gleich". Ein gewisses propagandistisches Problem liegt darin, das doch eigentlich unternehmerische Konzept der HFLG mit dem „Sozialismus"-Begriff der Nationalsozialisten zu versöhnen. Es gelingt mit einem Kunstgriff: Als Hitler die Deutsche Reichsbahn in einer Rede als „wahrhaft sozialistischen Wirtschaftsbetrieb" gewürdigt hat, fragt die „Zu-gleich" die Hamburger Hafenarbeiter: „Habt ihr je darüber nachgedacht, dass in diesem Sinne auch die Wirtschaftsaufgabe unserer HFLG sozialistisch ist? Dass auch wir gemeinnützige Aufgaben zu erfüllen haben und trotzdem – gemäß unserem Aufbau als Aktiengesellschaft – verpflichtet sind, kein Wohltätigkeitsunternehmen, sondern ein Betrieb zu sein, der Überschüsse herauswirtschaftet, die ihrerseits dann wieder für den Hafenausbau usw. Verwendung finden sollen?" Das 1936 angetretene Vorstandsmitglied Ernst Plate schlägt wenige Ausgaben später in dieselbe Kerbe: „Unsere Arbeit ist deshalb Sozialismus, denn sie dient der Gesamtheit. Wir sind nicht nur uns selbst, sondern Hamburg und ganz Deutschland verantwortlich." Gewinn- und gemeinwohlorientiert zugleich – die Quadratur des Kreises ist gelungen.

Plate bekommt bald darauf einen neuen Chef. Ludwig Eduard Wirtz, Jahrgang 1893, war zunächst im Speditionsgewerbe tätig und im November 1933 vom „Reichsstatthalter" Kaufmann zum Regierungsrat bei der Behörde für Technik und Arbeit ernannt worden. Später war er Leiter der Behörde für Handel, Schifffahrt und Gewerbe. Am 1. Februar 1938 tritt Wirtz als Vorsitzender des Vorstands der HFLG an, Dienstbezeichnung „Generaldirektor". In der Februarausgabe der „Zu-gleich" stellt er sich den Mitarbeitern – in etwas umständlichem Stil – als treuer Diener der großen Sache vor: „Ich erinnere mich noch gern an die Zeit, da ich unter schwierigsten Verhältnissen für die NSDAP, zuletzt, bis zu meiner Berufung durch den Hamburger Senat November 1933, als Ortsgruppenleiter, tätig sein durfte."

Unter Wirtz' Leitung schreibt der Vorstand Ende 1939, während Hitlers Angriffskrieg bereits entfesselt ist, einen förmlichen Brief an alle Geschäftsfreunde der HFLG im In- und Ausland, in dem ein Einschnitt in der Firmengeschichte bekanntgegeben wird: „Es konnte jedoch nicht ausbleiben, dass über den Bereich der uns zufallenden Arbeitsgebiete, die werbend auf das Gesamtinteresse des Hafens Hamburg gerichtet sind, Zweifel entstanden bei unserem bisherigen altbewährten Namen.

Unter falscher Flagge

Walter Sohst (87) trat am 1. April 1938 im Alter von 16 Jahren als Lehrling in die damalige Hamburger Freihafen-Lagerhaus-Gesellschaft ein. Offen und aus erster Hand berichtet er heute über den Arbeitsalltag unter dem Hakenkreuz, die damalige ideologische Verblendung – und das Glück, im Leben unbewusst immer zum Besseren geleitet worden zu sein.

Blutrote Banner: Keine öffentliche Einrichtung entkam dem Griff der Nazi-Symbolik, auch nicht die HFLG-Zentrale am Hafen

Die Berufsentscheidung nahm Walter Sohst der Großvater ab. Der Familienpatriarch war Finanzprokurist bei der Hamburg-Südamerikanischen Dampfschiffahrtsgesellschaft, kurz „Hamburg Süd". Er hatte für seinen Enkel vorgesehen, dass dieser eine kaufmännische Lehre bei der HFLG machen und dann in die Hamburg Süd eintreten solle. Diskutiert wurde darüber nicht. „Zu Hause war vom Sofakissen bis zum Aschenbecher alles Hamburg Süd", erinnert sich Sohst, der sich damals, 1938, in der Hitlerjugend (HJ) zum flammenden Verfechter des Großdeutschen Reiches entwickelte. So trat er am 1. April im Schuppen 2/3 am Sandtorkai seine Ausbildung zum Speditionskaufmann an.

Walter Sohst

Er lernte ein Unternehmen kennen, das ähnlich wie ganz Nazi-Deutschland der neuen Ordnung ergeben war – wobei viele strategische Weichenstellungen hinter den Kulissen erfolgten und im Alltag kaum sichtbar wurden. Vorstände wie der Partei-Veteran Albrecht Dreves oder Ludwig Wirtz garantierten für stramme Linientreue. „Die beiden waren das nationalsozialistische Rückgrat der Organisation", sagt Sohst, „sie kamen unter politischen Gesichtspunkten ins Unternehmen." Offene Gegner des Regimes, Gewerkschafter, Sozialdemokraten und Kommunisten, waren gleich nach Hitlers Machtantritt entfernt worden: „Die habe ich nicht mehr erlebt, es hieß nur: Die sind alle weg."

Naive Sehnsucht nach der Uniform

Doch nicht jeden Widerspruch hatten die Säuberungen erstickt. Als im November 1938 die Synagogen auch in Hamburg brannten, war der Lehrling Sohst in der Schiffszettel-Quittierstube des Verteilungsschuppens tätig: „Da gab es einen Dienststellenleiter Hinz, der wagte es zu sagen: ‚Ich schäme mich, ein Deutscher zu sein!' Eigentlich hätte ich als HJ-Führer ihn direkt der Gestapo melden müssen. Ich weiß nicht warum, aber ich tat es nicht, Gott sei Dank. Vielleicht beeindruckte mich der Mut dieses Mannes, der viel älter als ich und Familienvater war."

Zwischenfälle wie dieser störten selten den nationalsozialistischen Betriebsfrieden. Wie in allen Großbetrieben gab es auch in der HFLG, die sich bald in HHLA umbenannte, führertreue Parademärsche der Belegschaft zum 1. Mai, dem alten Arbeiterfeiertag. Betriebssport wurde als soziales Gruppenerlebnis großgeschrieben. Zu besonderen Anlässen schmückte man das Direktionsgebäude in der Speicherstadt mit Hakenkreuzflaggen. Es gab Gemeinschaftsempfänge mit Anwesenheitspflicht, etwa anlässlich der Rede Hitlers zur Kriegserklärung an Polen im Reichstag. Am Freitag, dem 1. September 1939, versammelten sich rund 50 Angestellte in der Kantine des Verwaltungsgebäudes vor dem Volksempfänger, aus dem Hitler seinen berüchtigten Satz „Seit 5.45 Uhr wird jetzt zurückgeschossen!" bellte. Manche Mitarbeiter behielten ihre Gedanken dazu lieber für sich, viele waren – so wie der junge Sohst – begeistert: „Am nächsten Tag meldete ich mich freiwillig in Ochsenheu bei der SS, denn ich wollte bei der Waffen-SS für den Sieg Großdeutschlands kämpfen. Man schickte mich aber nach Hause, mit der Begründung, ich solle erst einmal meine Ausbildung beenden."

Ein Engel, so sagt Walter Sohst heute, sorgte dafür, dass seine naive Sehnsucht nach einer SS-Uniform nie erfüllt werden sollte. Der Großvater erlebte nicht mehr mit, was ihn ohne Zweifel mit Stolz erfüllt hätte: Bereits nach zwei Jahren absolvierte Walter Sohst seine Prüfung vor der Handelskammer mit Auszeichnung. Er arbeitete aber unter dem Hakenkreuz nur noch wenige Monate als kaufmännischer Angestellter bei der HHLA. 1941 wurde er zum Reichsarbeitsdienst eingezogen und kam danach zunächst zur Marine. Erneutes Glück sorgte dafür, dass er später als Ausbilder des Heeres in der Heimat eingesetzt wurde, lediglich am Ende des Krieges für eine gute Woche an die Front musste und dann gleich in Gefangenschaft geriet. „Wie ich überhaupt glaube, dass ich immer zum Besseren geleitet worden bin im Leben, ohne es zu bemerken."

Nach Kriegsende begann Sohst intensiv über die ideologische Verblendung nachzudenken, von der er geprägt worden war. 1948 nach Deutschland und zur HHLA zurückgekehrt, stieg er allmählich in hohe und höchste Funktionen auf: 1965 wurde er in den Vorstand berufen, dem er bis 1984 angehörte. Flagge zeigte Sohst während dieser Zeit auf andere Weise: Er platzierte das HHLA-Banner mit dem Hamburg-Wappen darin auf dem Dach der Hauptverwaltung, ließ es jeden Morgen setzen und bei Sonnenuntergang wieder einholen. Und nicht nur das: „Zur gleichen Zeit kreierte ich das HHLA-Logo, die vier miteinander verbundenen Buchstaben."

Die Fahne auf dem Dach verkündete: Wir haben ein neues Selbstbewusstsein. Es war ein friedliches Symbol – so ganz anders als das Blutrot der Hakenkreuz-Flaggen.

„Legion Condor kommt in der Heimat an" – Hamburgs Hafen diente als Logistikdrehkreuz für die NS-Einheit, die im Spanischen Bürgerkrieg d

„Mehr denn je erfordert die Zeit von allen Kameradschaft, Disziplin, Einsatz und Treue"

HHLA-Organ „Zu-gleich"

Um diesen Aufgabenkreis nunmehr auch in unserer Firmenbezeichnung zum Ausdruck zu bringen, haben wir uns entschlossen, unsere Tätigkeit unter der Firma ‚Hamburger Hafen- und Lagerhaus-Aktiengesellschaft' fortzusetzen." Die Werkszeitschrift „Zu-gleich" kommentiert: „Es ist bestimmt nicht leicht, einen mehr als 50-jährigen ehrwürdigen Namen, der eine so gute Hamburger Tradition besessen hat wie der der Hamburger Freihafen-Lagerhaus-Gesellschaft, aufzugeben. (...) Er war uns vertraut, wir fühlten uns irgendwie eng damit verbunden. Er bedeutete uns ein Stück Heimat, Heimat und Arbeitsstätte! Er schloss unsere Freuden und Nöte des Werktags in sich." Von nun an jedoch heißt es HHLA statt HFLG.

Der Kriegsbeginn, den der HFLG-Lehrling Walter Sohst (siehe Seite 82) am Volksempfänger in der Betriebskantine erlebt, bringt zunächst vor allem eine Änderung in den Alltag des Hamburger Hafens: verschärfte Propagandatöne. „An unserer einigen Kraft, Sicherheit und Stärke wird der Feind zerbrechen. Mehr denn je erfordert die Zeit von allen Kameradschaft, Disziplin, Einsatz und Treue", trompetet etwa die Werkszeitschrift „Zu-gleich". Bei hysterischen Worten haben es Hitler und seine Strategen unterdessen nicht belassen. Schon seit dem Putsch des republikfeindlichen Generals Franco in Spanien 1936 hat der Hamburger Hafen eine sehr konkrete militärische Funktion gehabt: Die reaktionären Umstürzler sind von Hamburg aus mit getarnten Waffen-, Mannschafts- und Ausrüstungstransporten unterstützt worden, was ihrem Aufstand schließlich zum Sieg verholfen hat. Im Mai 1939 hat man die aus Spanien heimkehrende deutsche „Legion Condor" im Hamburger Hafen volksfestartig begrüßt. In Kreisen des republikanischen Widerstands

äuel in Guernica verübte

„Du bist Front": Propagandaplakat zur Aufrechterhaltung der „Kriegsmoral". Mit zunehmenden Niederlagen schlug die Begeisterung auch in Hamburg in Schrecken um

Spaniens und seiner Verbündeten heißt der Hamburger Hafen damals auch „Franco-Hafen".

Fast unmittelbar nach dem deutschen Einmarsch in Polen kommen Seeverkehr und Umschlag im Hafen beinahe zum Erliegen. Nur Nord- und Ostsee bleiben als Fahrtgebiete, denn Großbritannien verhängt als erste Antwort wie schon im Ersten Weltkrieg sofort die von Hitler schon erwartete Seeblockade. Das betrifft Stauereien und Kaibetriebe ebenso wie Außenhandelsfirmen und Reedereien. Empfindlich unter Druck gerät etwa das Geschäft der Hapag: Ausländische Geschäftspartner boykottieren die Hamburger Reederei; die Kriegsmarine beschlagnahmt zudem zahlreiche Dampfer, die nun als Versorger und Truppentransporter Dienst tun müssen. Die zuvor transatlantischen Warentransporte der Hapag werden durch die neuen Umstände auf den Ostseeraum beschränkt. An Albert Ballin, den Juden, darf schon gar nichts mehr erinnern: Das Passagierschiff, das seinen Namen trug, ist längst in *Hansa* umbenannt. Auch das „Ballin-Haus" heißt jetzt „Meßberghof". Jüdische Reedereien, Werften und Schlepperdienste in Hamburg sind zwangs„arisiert" worden.

Der Hafen stellt um auf Rüstungsproduktion

Die etwa 850 in Hamburg lebenden Sinti und Roma lässt SS-Führer Heinrich Himmler im Mai 1940 verhaften und zusammen mit weiteren „Zigeunern" aus Norddeutschland in ein Lager im besetzten Polen deportieren. Für den Abtransport werden sie im Freihafen im Fruchtschuppen C zusammengepfercht. Über den in der Nähe liegenden Hannoverschen Bahnhof, jenen alten Knotenpunkt der Hafenbahn-Infrastruktur, transportiert man sie ab – viele von ihnen in den sicheren Tod. Insgesamt deportiert die Reichsbahn über diesen öffentlichen Bahnhof bis Kriegsende 7112 Männer, Frauen und Kinder in Ghettos, KZs und Vernichtungslager. Über 6000 von ihnen werden dort ermordet.

Von zentraler Bedeutung wird der Hafen auch in einem den Blicken zumeist entzogenen Bereich – unterhalb der Wasserlinie, als Stützpunkt für die U-Boot-Waffe. Im Bunker „Elbe II" der Howaldtswerke AG im Vulkanhafen werden während der gesamten Kriegszeit 33 U-Boote gebaut. Im Roßhafen produziert MAN U-Boot-Motoren. Auch die riesige Deutsche Werft auf Finkenwerder stellt im U-Boot-Bunker „Fink II" am Rüschkanal serienweise die von Deutschlands Feinden gefürchteten Unterwasser-Waffensysteme her: Allein 113 Boote entstehen hier, Teile gehen außerdem an Blohm & Voss, wo sie zu U-Booten zusammengesetzt werden. Überhaupt ordnet sich auch Blohm & Voss mit Kriegsbeginn völlig dem Bedarf der Militärs unter: 238 U-Boote werden hier bis 1945 endmontiert – mehr als irgendwo sonst in Deutschland.

Auch viele andere Hafenunternehmen tragen nach Kräften zur für sie profitablen Kriegswirtschaft bei. Die mittelständische Stülcken-Werft baut Fischkutter zu Minensuchbooten um. Kupfer, das bei der Norddeutschen Affinerie erschmolzen wird, und Zinn aus den Zinnwerken Wilhelmsburg sind dringend benötigte Rohstoffe für die Rüstungsproduktion. Doch das Arbeitskräfteangebot im Hafen sinkt rapide, weil immer mehr Männer zur Wehrmacht einberufen werden und an den Fronten fallen, je länger der Krieg dauert. Auch die zunehmende Beschäftigung deutscher Frauen an ihrer Stelle kann diesen Mangel nicht ausgleichen. Ohne den massenhaften Einsatz von Zwangsarbeitern und KZ-Häftlingen aus

Zwangsarbeiter leisteten die härteste Arbeit im Hafen – wie hier Frauen beim Gleisbau

den besetzten Ländern – zumeist Osteuropas – könnten viele Hafen- und Industriebetriebe bald überhaupt nicht mehr funktionieren. So besteht allein in der fischverarbeitenden Industrie Altonas gegen Ende des Krieges der größte Teil der Belegschaft aus Zwangsarbeiterinnen. KZ-Häftlinge und Zwangsarbeiter werden auch bei den Versuchen eingesetzt, die immer stärker von Bombenangriffen zerstörten Ölraffinerien im Hafen wiederaufzubauen und so die Versorgung des Militärs mit Treibstoff sicherzustellen. In beinahe jedem großen Unternehmen des Hafens und der gesamten Stadt arbeiten schon bald nach den ersten Siegen und Besetzungen der Wehrmacht in Osteuropa Kriegsgefangene, Zwangsarbeiter oder KZ-Insassen (siehe Seite 94) – insgesamt in Hamburg über die gesamte Kriegsdauer etwa eine halbe Million. In über 1400 „Arbeits- und Außenlagern" im Stadtgebiet, etwa Hafenschuppen, werden sie kaserniert und unter menschenunwürdigen Bedingungen bewacht gehalten.

Ihr Einsatz wird von SS und Gesamthafenbetriebsgesellschaft (GHB) organisiert. Die GHB ist die von den Nazis eingerichtete, weisungsbefugte Pflicht-Organisation für alle Hafenbetriebe. Ihr Vorgänger war einmal dazu gedacht gewesen, die „wilde" Tagelöhnerei im Hafen durch eine geordnete Einsatzlenkung von Reserve-Arbeitskräften unter Kontrolle zu bringen. Auch nach dem Krieg und bis in unsere Zeit wird die reformierte und demokratisierte GHB wieder eine konstruktive Rolle spielen: Durch die effiziente Disposition von Arbeitskräftereserven im Hafen dorthin, wo sie gerade benötigt werden, verschafft die GHB dem Hamburger Hafen sogar einen bedeutenden Standortvorteil. Doch im Zweiten Weltkrieg disponiert die GHB Zwangsarbeiter. Auch die HHLA, über ihren Vorstand Struck im Aufsichtsrat der GHB vertreten, profitiert von ihrem Einsatz. Bereits im HHLA-Geschäftsbericht über das Jahr 1940 findet sich dazu im Abschnitt „Gefolgschafts- und Sozialangelegenheiten" der Beleg: „Es herrschte zeitweise Mangel an geeignet vorgebildeten und eingearbeiteten Arbeitskräften. Es gab Tage und Wochen, an denen mehrere hundert Arbeitskräfte – obgleich die Hilfsarbeiter schon durch Ausländer und Kriegsgefangene verstärkt waren – im Betrieb fehlten."

„Vernichtung durch Arbeit"

Eines der Außenlager des KZ Neuengamme, das die SS östlich von Hamburg betreibt, ist das Lagerhaus G am Dessauer Ufer. Die 2000 männlichen Insassen werden wie selbstverständlich von Hamburger Unternehmen im Freihafen als Hilfskräfte angefordert. Auch für 1500 weibliche Häftlinge gibt es in dem Speicher auf der Veddel für kurze Zeit ein Außenlager, belegt mit ungarischen, tschechischen und polnischen Jüdinnen. Sie müssen vor allem beim Wiederaufbau der kriegszerstörten Erdöl-Raffinerien helfen.

Ein besonders makaberes „Umschlagsgut" lagert in den Kriegsjahren in Kisten und Speichern im Hamburger Hafen: Hausrat, Möbel und Kleidung vertriebener Juden, die Deutschland von hier aus per Schiff verlassen mussten. Hinzu kommen Schiffsladungen voll Habseligkeiten jener Juden, die in den Vernichtungslagern der NS-Diktatur getötet werden. Allein im Schuppen 25 lagern eine Zeitlang über 27000 Tonnen geraubten Eigentums niederländischer Juden. 45 Kähne transportierten das Diebesgut ab. Für Lagerung und Transport sind – so zeigt es in unserer Zeit eine Ausstellung über den Hafen im Na-

In Kisten wie dieser wurde auch der Hausrat von Emigranten verschifft. Im Hafenjargon hießen sie „Judenkisten". Das Bild stammt aus dem Herbst 1938

tionalsozialismus, die der Historiker Herbert Diercks von der KZ-Gedenkstätte Neuengamme kuratiert hat – Unternehmen wie die HHLA und Kühne & Nagel zuständig. Danach wird das Raubgut versteigert, wobei sich rund 100000 Deutsche sehr billig an „herrenlosem" Eigentum bereichern und das NS-System noch Einnahmen erzielt.

Weder Besitz noch Leben von Juden und Zwangsarbeitern sind es in Nazideutschland wert, geschützt zu werden. Beim gewaltigsten der von den NS-Ideologen geplanten Hafeninfrastrukturprojekte in Hamburg wollen das Reichsarbeitsministerium und die SS auch noch „einige hunderttausend Polen" sowie KZ-Häftlinge aus Neuengamme den sogenannten Hansa-Kanal bauen lassen – „Vernichtung durch Arbeit" ist bei solchen Einsätzen die Maxime der SS. Der Kanal soll, vom Rhein her kommend, im westlichen Hafenbereich die Elbe erreichen, so dass Kohle, Erz und Eisen aus dem Ruhrgebiet einfacher und günstiger über den Hamburger Hafen statt über ausländische Konkurrenzstandorte verschifft werden können. Der Vorschlag des Zwangsarbeitereinsatzes kommt aus der Hamburger Handelskammer. Doch wenigstens diesen mörderischen Sklavendienst vereitelt der Krieg, statt ihn zu begünstigen.

Ab 1940 bekommen auch die Hamburger allmählich zu spüren, dass dieser Krieg nicht aus endlosen Siegesparaden durch eroberte Hauptstädte fernab der Heimat bestehen wird. Im Mai wagen britische Flieger den ersten Bombenangriff auf die Stadt. Solange die Schäden noch gering sind, wähnen die Nazis den „Endsieg" nahe – und ein von versklavten Völkern paradiesisch versorgtes deutsches „Herrenvolk" der Zukunft. Noch 1941 geben sich manche Verantwortliche wilden Träumen über die Aufgaben des Hamburger Hafens nach einem gewonnenen Krieg hin. Das „Hamburger Fremdenblatt" zitiert in diesem Zusammenhang die Januarausgabe der HHLA-Werkszeitschrift „Zu-gleich" und stellt in Aussicht: „Darüber hinaus wird Hamburg großen Wert darauf legen, nach Beendigung des Krieges der Kolonialhafen Deutschlands zu werden; denn seine Leistungen, Verdienste und Erfahrungen auf diesem Gebiet sind geschichtlich und einmalig."

Eine bittere Ironie der anfänglichen militärischen Erfolge der Wehrmacht: Durch die Besetzung Rotterdams und Antwerpens geriet der Hamburger Hafen in eine Randlage und war plötzlich nicht mehr der größte im Reich. Im letzten auffindbaren Geschäftsbericht der HHLA aus der NS-Zeit, dem über das Jahr 1942, klingt die Beschreibung der heimischen Realität vergleichsweise ernüchternd: „Gegen Vorkriegszeiten bleiben die Umsätze nach wie vor unbefriedigend." Denn die Ausfuhren des Hafens haben sich zwar leicht verbessert, die von Seeblockade und Boykotts geschmälerten Einfuhren hingegen sind weiter leicht gesunken. Unterdessen nimmt das Ausmaß und die Wirkung der Angriffe auf den Hafen und eine Industrie immer weiter zu.

Und dann kommen die Nächte und Tage, die Hamburg zur Flammenhölle machen. Bei der alliierten „Operation Gomorrha" werfen zwischen dem 25. Juli und dem 3. August 1943 rund 3000 Flugzeuge 9000 Tonnen Brand- und Sprengbomben auf die Stadt. Ein neues Schreckenswort löst den „Großen Brand", der 101 Jahre zurückliegt, als größte vorstellbare Katastrophe ab: „Feuersturm". Wandsbek, Eilbek, Hohenfelde, Borgfelde, Hamm, Horn,

Gefangen im Stahlgewitter

Im Zweiten Weltkrieg mussten Tausende Verschleppte aus den besetzten Gebieten Zwangsarbeit für deutsche Unternehmen im Hamburger Hafen leisten. Dort waren sie auch Bombardierungen ausgesetzt. Der Freundeskreis KZ-Gedenkstätte Neuengamme e.V. hat ehemalige Zwangsarbeiter erzählen lassen. Zwei bislang unveröffentlichte Auszüge:

„Die Passanten starrten uns an"

Der Bauernsohn Alexej Fjodorowitsch Mamon, Jahrgang 1924, wuchs in Charkow in der heutigen Ukraine auf. Im April 1942 wurde er von den deutschen Besatzern nach Hamburg verschleppt. Er musste im Hafen in Schuppen 43 arbeiten – einem Gemeinschaftslager der Hamburger Werften – und wurde später im Ostarbeiterlager in Krümmel kaserniert.

„Wir wurden angezogen, dann gingen wir hinaus. Vielleicht waren es, was weiß ich, ca. 50 Mann, die mitgenommen wurden. Wohin der Rest kam, weiß ich nicht. Es gab verschiedene Arbeitgeber. Und so kamen wir zur Mehringstraße. (Auf Deutsch:) Schuppen, Hafen bauen. Was wir dort sahen, mein Gott! Die Jungs erzählten uns einiges – grauenhaft. (...) Ich bekam eine Stelle. Man suchte als Erstes nach autogenen Schweißern. Autogenschweißen, sagt es dir was? Man musste da diese schweren Gasflaschen hin und her tragen, von einer Maschine zur anderen, vom und zum Auto während der Lieferung. (...) Wir fingen immer um 7 Uhr an zu arbeiten. Um 6 Uhr mussten wir aufstehen. Dann bekamen wir was zu essen. Am Morgen: 350 Gramm Brot, daran erinnere ich mich sehr gut, irgendeine schwarze Masse, ähnlich wie Lehm. Das konnte man nicht wirklich als Brot bezeichnen, es war irgendwie zu klebrig. Es hieß aber Brot. Das waren 350 Gramm. Ein schweres Stückchen. Dazu etwas Blutwurst. (...) Nachts konnten wir nicht richtig schlafen: die ganze Nacht hörte man nur ‚Alarm, Alarm, Alarm.' Wir hätten lieber weitergeschlafen, auch wenn wir sterben hätten können, das war uns egal. Wenn unsere Wachmänner das sahen, schüttelten sie uns mit ihren Knüppeln wach, und ab mit uns in die Luftschutzräume. (...) Wenn wir schon so viele Wanzen hatten, dass es nur so von ihnen wimmelte, dann führten sie uns in das Dampfbad. Was konnten sie sonst noch machen? Nur ab in das Dampfbad. Der Weg ging durch die Stadt. Das Dampfbad befand sich irgendwo in der Stadtmitte. Die Passanten starrten uns an – immerhin zogen 500 Mann durch die Straßen. (...) Jeden Morgen, was weiß ich, waren es einige Menschen: Man trug jedes Mal Tote heraus. Wir saßen am Tisch und bekamen unsere Brotportionen. Alle 500 Mann gleichzeitig. Dort unten war eine große Kantine. Dort stand schon ein Lastwagen – man trug aus dem Gebäude den ersten Toten, dann den zweiten und den dritten ... Es war jeden Tag so." Übersetzung: Alexander Gnezdilov

„Die ganze Baracke wurde zerstört“

Tatjana Spiridonowna Doduch, Jahrgang 1921, wurde im Dorf Biliki bei Mirgorod in der heutigen Ukraine geboren. Im April 1943 wurde sie in ein Lager in Uetersen verschleppt, wo sie zunächst in der Landwirtschaft arbeiten musste. Dann kam sie hochschwanger in ein Lager in Finkenwerder und wurde auf der Deutschen Werft eingesetzt.

„Der Zug kam in Hamburg an, und ich bat unseren Wachmann, mir zu erlauben, meinen Mann zu sehen. In Hamburg, auf dem Bahnhof, durfte ich ihn kurz sehen. Ich begegnete einfach einem guten Polizisten, der mir das erlaubte. Mein Mann hatte so ein weißes Hemd an, als er verhaftet wurde. Jetzt war es voll mit Blut befleckt. Er hatte keine unversehrten Stellen auf seinem Körper. Er wurde so verprügelt, dass seine Haut fast überall aufgerissen war. Der ganze Körper war verwundet und verschrammt. Ich fragte ihn: ‚Mikola, was haben sie mit dir gemacht, was …?‘ Er sagte nur: ‚Guck mal‘ und krempelte sich die Ärmel hoch. Seine Sehnen waren zu sehen, sie wurden gequetscht. (…) Wir wurden zum Verwaltungsgebäude der Deutschen Werft gebracht. (…) Es wurde uns gesagt: ‚Hier werdet ihr leben, und im Werk werdet ihr arbeiten.‘ Mikola wurde sofort als Schweißer in der Werft eingesetzt. Er war auch Schweißer von Beruf. Ich blieb in der Baracke. In dieser Zeit fangen schon heftige Bombenangriffe auf die Deutsche Werft an. Finkenwerder wurde sehr stark bombardiert. Nach dem Gestapogefängnis war ich sehr schwach. Ich konnte nicht während des Alarms in den Luftschutzraum laufen. Ich dachte, wenn mich die Bombe tötet, dann ist das mein Los. Ich stand in der Ecke in unserem Zimmer während eines Bombenangriffs und plötzlich traf eine Bombe den Abort in der italienischen Hälfte der Baracke. Ich bewegte mich nicht vom Fleck. Sie explodierte zuerst nicht, sie machte nur so ein zischendes Geräusch, und dann explodierte sie. Die ganze Baracke wurdedadurch zerstört. (…) Nach den Bombardierungen versanken Lastkähne mit Weizen, und unsere Matrosen fischten mit großen Durchschlägen Säcke mit Weizen heraus. Die Matrosen waren auch in unserem Lager. Sie nahmen ein Stück Metallrohr und schweißten es an einem Ende zusammen. Dann zermalmten sie Getreide mit solchen Stampfern. Dann kochten wir dieses halbzermalmte Getreide. Das Getreide war nicht faul oder verdorben. So überlebten wir.“ Übersetzung: Angelika Friedrichs

Zwangsarbeiter bei Gleisbauarbeiten am Diestelkai, 1943. Jederzeit konnten sie Fliegerangriffen ausgesetzt sein

Sinnbild des Grauens: das völlig zerstörte Hamburg mit dem intakten Turm des Michels

Hammerbrook und Rothenburgsort verglühen in einer einzigen Nacht, auch viele andere Stadtteile werden schwer beschädigt. Etwa 35 000 Hamburger verbrennen und ersticken, ganze Wohnbezirke werden nach dem Erlöschen der Brände zu verbotenen Zonen erklärt. Nur noch 800 000 Menschen leben in den Ruinen Hamburgs.

Kais und Menschen sind schutzlos ausgeliefert

Nach der Verwüstung der Wohnviertel zielen in den letzten Kriegsjahren die Bomberverbände, die nun fast fast unbehelligt von Luftverteidigung operieren können, noch intensiver auf den strategisch wichtigen Hafen. Dicke schwarze Qualmwolken stehen über der Stadt, wenn immer wieder die Raffinerien brennen. Im Juni 1944 werden viele Gebäude der Speicherstadt zerstört. Zuletzt erwischt es auch die bis dahin kaum zerstörten Howaldtswerke. Fast schutzlos bleiben die Hafen-Zwangsarbeiter diesen Bombardements ausgesetzt – und müssen in den Pausen zwischen den Luftalarmen die Feuer löschen und Trümmer beseitigen (siehe Seite 94). In der letzten Ausgabe der „Zu-gleich" vom Dezember 1944 gibt HHLA-„Betriebsführer" Wirtz, fünf Monate vor Kriegsende, noch einmal Durchhalteparolen an die Belegschaft aus: „Was aber heute jeder weiß oder wissen muss, ist, dass jeder Arbeitskamerad oder Kameradin die ganze Arbeitskraft für den Endsieg einsetzen muss." Doch der Untergang des in seinen Ursprüngen 1100 Jahre alten Hafens und des gesamten Wahnsystems der Nazis ist nicht mehr aufzuhalten.

Plötzlich, die Konsequenzen nach der unvermeidlichen Niederlage vor Augen, will die Hamburger Wirtschaft keine KZ-Häftlinge mehr einsetzen. Aktenmaterial wird eilig vernichtet, Neuengamme im April 1945 geräumt, 10 000 Häftlinge werden auf drei Dampfer verfrachtet – auf „schwimmende Konzentrationslager". Britische Kampfflieger halten die Dampfer tragischerweise für Kriegsschiffe und versenken am 3. Mai die *Cap Arcona* ebenso wie die *Thielbek*. So kommen unmittelbar vor Kriegsende noch einmal rund 7000 Menschen um.

Als am selben Tag die Briten einmarschieren und der Krieg für die Stadt zu Ende ist, liegt die Ruhe eines Friedhofs über Hamburg und seinem Hafen. Das Ausmaß der Verwüstungen ist ebenso erschreckend wie lähmend. Kaianlagen, Gewerbe- und Wohngebiete gleichen Mondlandschaften. Etwa 3000 Wracks liegen in den Hafengewässern und blockieren viele Durchfahrten. Von 831 000 Quadratmetern Speicherfläche im Jahr 1938 sind noch 236 000 Quadratmeter einsatzfähig, von 450 Kilometern Hafenbahngleisen noch 145 Kilometer, von 1108 Kränen noch 230, von 165 Brücken noch 96 – und gerade mal ein Zehntel der Kaischuppenfläche ist erhalten. Wäre es nach dem „Nero-Befehl" Hitlers gegangen, demzufolge den einrückenden Alliierten nichts Brauchbares mehr hätte in die Hände fallen dürfen, dann wären auch noch die letzten intakten Brücken und Anlagen von der Wehrmacht gesprengt worden. Doch führende Strom- und Hafenbau-Mitarbeiter haben es geschafft, die Offiziere von der Sinnlosigkeit dieser zusätzlichen Zerstörung zu überzeugen.

Im Jahr 1945 können im Hafen noch 1,8 Millionen Tonnen umgeschlagen werden. Das entspricht dem Stand von 1865, vor Inbetriebnahme des ersten künstlichen Beckens am Sandtorkai. Der Hamburger Hafen ist ins 19. Jahrhundert zurückgebombt worden.

Der Hamburger Hafen ist ins 19. Jahrhundert zurückgebombt worden

Verwüstungen der „Operation Gomorrha“: die von alliierten Fliegerbomben zerstörte Werft Blohm & Voss am 1. August 1943

1947 Lähmung Der Sandtorkai vor der Kulisse der zerbombten Speicherstadt. Die Hafenwirtschaft ist in den ersten Nachkriegsjahren noch fast vollständig lahmgelegt – aber trotzdem nicht leblos

ADOLF
XS73

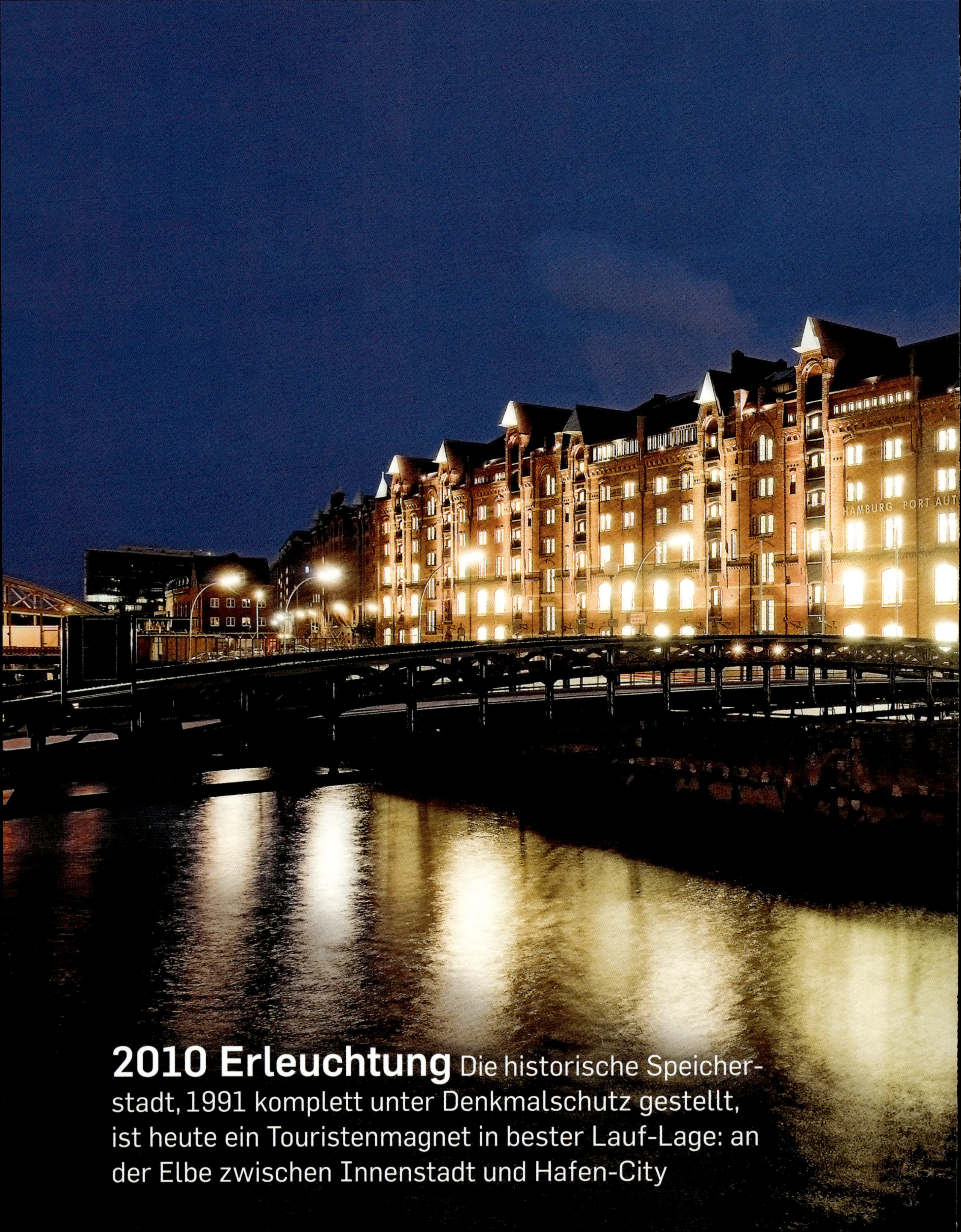

2010 Erleuchtung Die historische Speicherstadt, 1991 komplett unter Denkmalschutz gestellt, ist heute ein Touristenmagnet in bester Lauf-Lage: an der Elbe zwischen Innenstadt und Hafen-City

Block-P
Block O

1945–1965
Wiederaufbau und Wirtschaftswunder

Die erstaunliche Erholung des Hafens ist gut vorbereitet. Eine kluge Diplomatie mildert die Folgen, als der Eiserne Vorhang Hamburg von seinem Hinterland abschneidet.

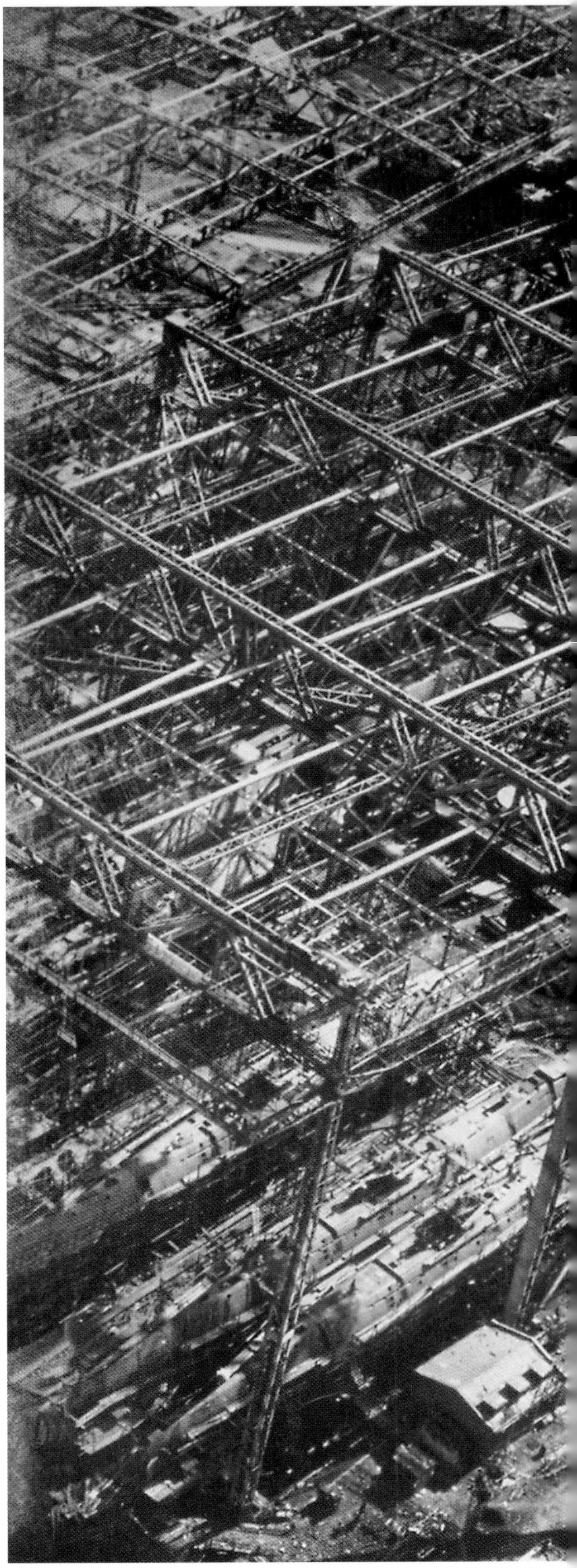

Für die britischen Besatzer hat es nicht gerade oberste Priorität, den Hafen möglichst schnell mit allen seinen Industrien wieder arbeitsfähig zu machen. Ist doch von Hamburgs Werften, seiner Chemie- und Ölindustrie, seinen Kupfer- und Zinnschmelzen ein beachtlicher Teil des militärischen und wirtschaftlichen Kriegspotenzials Deutschlands ausgegangen. Nun ist die Stadt der gelähmte maritime Muskel des besiegten Führerstaates, auf dessen Territorium sich die Alliierten mit tiefstem Misstrauen bewegen. Zutritt zum Hafen bekommt als Deutscher nur, wer einen britischen Berechtigungsausweis vorweisen kann. Man muss im Mai 1945 den Blick inmitten der Zerstörung im Hafen schon an dem Wenigen aufrichten, das die Bombardements wie durch ein Wunder unversehrt überstanden hat, um sich noch eine Zukunft für diese Anlagen vorstellen zu können: etwa die fünf Hafen-Kühlhäuser, insgesamt fast 40000 Quadratmeter Kühllagerfläche am seeschifftiefen Wasser. Diese fünf Blöcke übernehmen nun eine lebenswichtige Aufgabe bei der Versorgung der darbenden Hamburger und ihres Umlandes mit Frischfleisch, Fisch, Geflügel, Butter – und mit Eiern, denn auch das „Eierschloss“ gehört zu den Bauten, die den Krieg überstanden haben.

Der Handel mit aller Welt hingegen, jenes traditions- und ertragreichste aller Gewerbe in Hamburg, bleibt den Kaufleuten der Stadt zunächst verschlossen. Zwar kommen zum ersten Mal seit 1939 wieder Frachtschiffe aus ehemaligen „Feindstaaten“ die Elbe hinauf in den Hafen, doch das sind Schiffe, die den britischen Truppen Nachschub bringen. Es gibt weder eine deutsche Kriegs- noch eine Handelsmarine. Schiffbau ist vollständig tabu, erst

Zwischen den Helgen der zerbombten Werft Blohm & Voss liegen U-Boot-Rümpfe vom Typ 21. Die Helgengerüste werden 1946 gesprengt

Ernst Plate (1900–1973), HHLA-Chef von 1946 bis 1953 und von 1957 bis 1967

Interesse der Briten ist es, den Hafen insoweit wiederaufzubauen, als er ihre wichtigste Nachschubbasis in Norddeutschland werden soll

1951 wird er wieder völlig freigegeben werden. Auf den Werften beginnen die Besatzer stattdessen mit Demontagen, die mit einem Gesamtwert von knapp 60 Millionen Mark allerdings wesentlich moderater ausfallen als die Anlagewerte, die ihre sowjetischen Kampfgefährten in ihrer eigenen Besatzungszone im Osten aus den Werften in Stralsund oder Rostock herausholen. Hamburgs neuem Senat unter Max Brauer gelingt es zudem, die Sprengung des Elbtunnels zu verhindern. Interesse der Briten ist es nämlich durchaus, den Hafen insoweit wiederaufzubauen, als er ihre wichtigste Nachschubbasis in Norddeutschland werden soll – so wie es Bremerhaven für die Amerikaner wird, die ihrerseits dort bald schon Vorräte und Material in stapelbaren, exakt gleich großen Metallkisten anliefern. Kisten, die in zwei Jahrzehnten die Welt verändern werden.

Es muss also schnell ein Wiederaufbauplan für den Hafen her, und ohne deutsche Experten in Wirtschaft und Verwaltung geht es nicht. Doch wer soll das sein? Wer ist unbelastet genug von Verstrickungen in das gerade überwundene Terror-Regime? Die Briten müssen einen recht großzügigen Begriff von „Entnazifizierung" anwenden, um genügend deutsches Leitungspersonal zusammenzubekommen. Immerhin: Die „Gauwirtschaftskammer" heißt nun wieder Handelskammer, im neu berufenen Senat sind auch NS-Verfolgte wie der SPD-Politiker Adolph Schönfelder. Aber in Verwaltung, Industrie und Wirtschaft schließen sich eine NSDAP-Mitgliedschaft und neue Führungsfunktionen mit britischem Segen nicht aus, solange die Parteigenossen unverzichtbare fachliche Kompetenzen aufweisen und nicht zur alten Garde des Systems gehört haben.

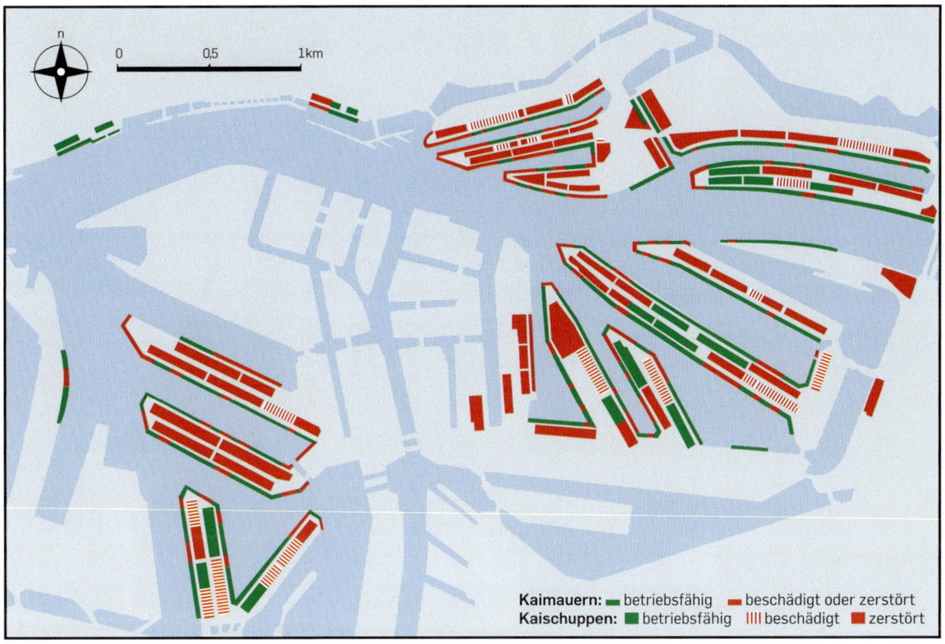

Kriegsschäden im Hamburger Hafen, wie sie auf einer zeitgenössischen schematischen Karte verzeichnet waren. Auffällig: Schon wenige Jahre nach Kriegsende war ein guter Teil der schwer getroffenen Schuppen und Kaimauern wieder einsatzfähig

Einer dieser Unbelasteten ist Ernst Plate. Seit 1926 in der HHLA, hatten die Nazis den Außenhandelskaufmann mit Südamerika-Erfahrung 1936 in den Vorstand aufsteigen lassen, nachdem er im selben Jahr in die Partei eingetreten war. Dieses Eintrittsdatum ist in Siegeraugen spät genug, um als karrierenotwendiges Zugeständnis an den Zeitgeist durchzugehen, zumal Plate nicht mit braunen Parolen oder gar mit Verbrechen gegen die Menschlichkeit aufgefallen ist. Er wird nun, gleich nach Kriegsende, vom Senat zum Hafenkommissar und vom britischen Port Controller zum General Manager berufen – die Schlüsselposition bei der Wiederaufbauplanung und allen Strategie-Überlegungen für die Zukunft. Und er übernimmt 1946 den Vorstandsvorsitz der HHLA. Damit ist er der Nachfolger des keinesfalls mehr tragbaren und aus der Lagerhausgesellschaft entlassenen Alt-Nazis Ludwig Wirtz, der Parteimitglied seit 1932 und Ortsgruppenleiter war. Wirtz wird viele Jahre um seine Rentenansprüche prozessieren. In seiner Akte findet sich die Einschätzung der Zentralstelle für Berufungsausschüsse, er sei unter dem Hakenkreuz „jedenfalls kein Aktivist im Sinne der Kategorie III gewesen“. Überdies: „Er hat ein sehr soziales Verhalten an den Tag gelegt und sich aktiv mit Erfolg für zum Tode verurteilte Belegschaftsmitglieder eingesetzt.“

Nun kommt die Zeit der Anpacker

Für den Neuanfang fällt die Wahl indes nicht zufällig auf Plate. Dank seiner großen persönlichen Ausstrahlung ist er geradezu ein „Menschenfischer“, dem sich kaum jemand entziehen kann. Man nimmt ihm ab, dass es ihm nicht nur um das Wohl der HHLA allein geht, sondern um das des ganzen Hamburger Hafens, dessen Außenwerbung er nicht zufällig schon geleitet hat. „In seiner Art hatte Plate zu allen ein gutes Verhältnis“, sagt in unserer Zeit der pensionierte HHLA-Vorstand Walter Sohst: „ob das die FDP war, die SPD, Bürgermeister Max Brauer oder Helmut Schmidt. Mit Schmidt war er zusammen in Amerika, um sich die ersten Gabelstapler anzusehen. Er war ständig unterwegs für ‚seinen‘ Hafen Hamburg.“ Ein idealer Kandidat, um das Unmögliche zu versuchen: den Hafen wieder aufzubauen, ihm in der neuen Zeit seine alte Größe unter völlig veränderten Vorzeichen wiederzugeben. Und doch auch, am Ende, tragisches Opfer eines Wandels, der ihn selbst überrollen wird. Bis dahin aber wird Ernst Plate, der als Wirtschaftsliberaler später seine neue politische Heimat in der FDP findet, noch viele Jahre eine Hauptrolle auf der Hafenbühne spielen.

Denn nun ist die Zeit der Anpacker, der Männer vom Schlage des neuen Hafenbaudirektors Friedrich Mühlradt, der sich als Pragmatiker gut mit Plate ergänzt. Partner auf britischer Seite ist Chief Port Controller Maurice Haddock. Offiziell darf der deutsche General Manager den britischen Offizier nur beraten, aber heraus kommt ein gemeinschaftlich erdachtes neues Modell für die Hafenverwaltung, das mögliche Strukturen zum Meistern zukünftiger Herausforderungen des Hafens aufstellt. Was vorher auf mehrere Ämter in der Stadt und britische Stellen verteilt war, wird nun in einer „Hamburg Port Authority“ nach angelsächsischem Muster zusammengefasst. Darin eingebunden ist der Strom- und Hafenbau mit seinen damaligen Zuständigkeiten für den gesamten Hafenbau und die

Schwierige Bergung: Eine Lokomotive ist 1947 in den Oberhafen gestürzt. Weil hier kein Schwimmkran eingesetzt werden kann, wird sie zunächst mit Prahmen (Schiffen ohne eigenen Antrieb) in den Sandtorhafen geschleppt und erst dort per Kran gehoben (Bild rechts)

Ausrüstung wie Kaischuppen und Kräne. Zwar will der Alliierte Kontrollrat mit Hilfe eines „Industrieplans" argwöhnisch darüber wachen, dass die Deutschen nur in einem von den Siegern bewilligten Rahmen wieder Wirtschaftsmacht entfalten können. Doch unbeschadet dieser Limitierungen sieht sich Hamburg 1946 offiziell von Hafenchef Haddock vor die ambitionierte Aufgabe gestellt, durch Reparaturen und Neubaumaßnahmen innerhalb von drei Jahren wieder bis zu 70 Prozent der Hafenumschlagskapazität von 1936 herzustellen: 15,5 Millionen Tonnen sollen abgefertigt werden können. Für die Hafenbauer übersteigt die Vorgabe, die ja auch den Zufluss entsprechender Investitionsmittel bedeutet, ihre kühnsten Träume angesichts der desolaten Ausgangslage. Das Konzept sieht eine Vertiefung der Fahrrinnen für zukünftige, schwerere Frachtschiffe bis auf 10,5 Meter vor – vor dem Krieg hatten sieben Meter genügt. Ferner soll es größere Kaiflächen mit getrennten Verkehrsanbindungen für den wachsenden Lkw- und Güterbahnverkehr geben, wobei nun vielfach statt nur ausnahmsweise direkt zwischen Bahn und Schiff umgeschlagen wird. Demzufolge braucht der Hafen weniger Platz für Binnenschiffe. Vollportalkräne ersetzen die vielfach zerstörten alten Halbportal-Systeme. Verfahrbar sind beide Krantypen, doch mit den neuen entsteht mehr Rangierfläche für Fahrzeuge auf den Kais: Die Schienen eines Vollportalkrans verlaufen beide ebenerdig statt auf einer Seite auf einem erhöhten Sockel.

Diese „neue Hamburger Kaiaufteilung" (siehe Seite 36) kann aber erst realisiert werden, nachdem Hamburger Bergungsunternehmen zunächst viele hundert Wracks aus blockierten Wasserarmen des Freihafengebiets ent-

US-Lebensmittelhilfe zwei Jahre nach Kriegsende: Der Frachte

ames Smith löscht im Bildhintergrund Getreide (Juli 1947)

fernt haben. Einer der größten der von Bomben zerfetzten Trümmerhaufen ist der ehemals weißgetünchte, rund 200 Meter lange „KdF"-Dampfer *Robert Ley* mit rund 27000 Bruttoregistertonnen. Erst 1939 von den Howaldtswerken fertiggestellt, hat das Schiff nicht sonderlich viel „Kraft durch Freude" bereitet.

Hamburgs Reeder sind nur Zaungäste

Lange bevor die letzten Wracks beiseite geschafft sind, beginnen die Strom- und Hafenbauer, die HHLA und die Privatwirtschaft mit dem Wiederaufbau der weniger stark zerstörten Hafenteile, während zugleich der Hafenverkehr spürbar zunimmt. Der Reporter der „Hamburger Allgemeinen Zeitung" beobachtet im September 1947 vom Altonaer Hochufer aus: „Die kleinen wendigen Barkassen flitzen hin und her, Fischkutter und -dampfer kommen und gehen, und ab und zu zieht wohl auch das Ereignis eines großen ausländischen Getreidedampfers vorüber." Dann zählt das Blatt die Liniendienste ausländischer Reedereien auf, die über Großbritannien, den Nord- und Ostseeraum hinausgehen: „Feste Abfahrtszeiten liegen fast wöchentlich für New York, monatlich für Montreal, alle 14 Tage für Ägypten, Indien und Ostasien vor. Die Mittelmeerhäfen, Afrika und Australien werden durch Umladung über London bedient." Die Hamburger Reeder sind dabei unruhige Zaungäste. Ihnen ist der Außenhandel ja noch verboten.

Doch ein souveränes Hamburg mit Handlungsvollmacht im eigenen Hafen wird sich nicht für alle Zeiten verhindern lassen. Seit Februar 1947 gibt es eine Planungsgrundlage für diese kommende Ära: den Generalbebauungsplan, der die Flächenaufteilung für die ver-

„Hamburg, der schnelle Hafen“ – Werbedruck der Hafen-Betriebsdirektion aus dem Jahr 1949. HHLA-Chef Ernst Plate war zugleich auch oberster Hafenwerber

schiedenen Hafenindustrien regelt. Altona wird wieder der Haupt-Fischereistandort, östlich davon folgen die St. Pauli-Landungsbrücken, eine Überseebrücke und die weitgehend wieder aufzubauende Speicherstadt. Am Südufer der Elbe sind weitere Hafenbecken auf der Hohen Schaar, der Abschluss des Waltershofer Hafens und schließlich eine weitere, mehrteilige Hafengruppe weit im Westen vorgesehen. Im Raum Harburg stehen hafennahe Industrien im Fokus. Zwei zusätzliche Elbtunnel dienen zur Anbindung der neuen Hafengebiete an das Hinterland und zur Entlastung der beiden Nord-Süd-Querungen. Obwohl nicht in allen Punkten realisiert, wird der Plan mit seinen Fortschreibungen bis 1960 die Generallinie der Hafenerweiterungen abbilden.

Werbung hat der Hafen nötiger denn je

Die „Hamburg Port Authority“ indes bleibt zunächst ein kurzlebiges Konstrukt, denn inzwischen reduziert sich der britische Einfluss durch die Zusammenlegung der britischen und amerikanischen Besatzungsgebiete zur Bi-Zone; alles läuft auf einen neuen deutschen Bundesstaat in den bisherigen drei Westzonen zu. Hafenwirtschaft wird dabei wieder Ländersache, und die in der HPA gebündelten Aufgaben werden erneut auf verschiedene Hamburger Behörden verteilt – allen voran das dem Senat und der Bürgerschaft verpflichtete neue Amt für Hafen und Schifffahrt. Unter anderem verantwortet es Baggerei, Kaimauern und Erschließungsarbeiten. Damit sind auch alle britischen Gedanken vom Tisch, eine zentrale Hafen-Superbehörde könnte zugleich auch noch die Vermietung und Verpachtung von Umschlaganlagen und Schuppen sowie eigene Lagereitätigkeiten übernehmen. Die Rolle der HHLA wandelt sich gegenüber derjenigen seit der Vereinigung von HFLG und Kaiverwaltung 1935 nicht: Sie darf, nachdem Hamburg die Hoheit im Hafen wiedererlangt hat, die ihr von der Stadt überlassenen Anlagen selbst betreiben und privaten Kaibetrieben unterverpachten – und hat damit das Verfügungsrecht über sämtliche staatlichen Kaianlagen des Hafens. Die Kaitarife, auch diejenigen für die privaten Kaibetriebe, legt dann wieder die Stadt auf Vorschlag der HHLA fest. Ein hafeninterner Preiswettbewerb ist nicht vorgesehen. Auch für die Werbung und Kontaktpflege des Hafens in der Welt bleibt die HHLA zuständig.

Werbung und gute Kontakte wird der Hafen jetzt nötiger haben denn je. Aus Alliierten gegen Hitler werden gerade kalte Krieger der Zukunft. Über Europa senkt sich bedrohlich der Eiserne Vorhang, die Teilung der Welt in eine östliche und eine westliche Interessensphäre schreitet unaufhaltsam voran. Hamburg liegt hart neben der Schnittlinie, die kaum 60 Kilometer östlich verläuft. Das hat brutale Folgen – nicht nur menschlich, sondern auch hafenwirtschaftlich: Etwa die Hälfte des Güterverkehrs im Seeumschlag hat die Stadt vor dem Krieg mit Gebieten betrieben, die nun jenseits der unüberwindlich scheinenden Welten-Grenze liegen. Schon vom Juni 1946 datiert eine hellsichtige Analyse aus dem britischen Wirtschaftsblatt „Economist“: Hinter der Grenzlinie des sowjetischen Einflussbereichs liege das eigentliche Hinterland von Hamburg, nämlich Mecklenburg und Pommern. Werde Hamburg aber den Handel mit Ostdeutschland und den Küstenverkehr mit Stettin und Königsberg wiederaufnehmen

„Der Aufbau war in vollem Gange“

Friedrich „Fiete“ Martens begann 1954 als junger Arbeiter im Fruchtumschlag der HHLA. Seine ersten Eindrücke vom Schuppen 35 in der Nachkriegszeit hat der spätere Betriebsratschef und Aufsichtsrat nach der Pensionierung aufgeschrieben. Einige Auszüge:

Friedrich „Fiete“ Martens (März 1994)

Der starke Duft der Apfelsinen und Zitronen zeigte mir den Weg. Am Ziel angekommen, fand ich eine offene Luke und betrat den Schuppen. Das war ein Fehler! Ein fürchterlicher Schmerz am linken Schienbein trieb mir die Tränen in die Augen. Wie sich später herausstellte, war ich gegen eine liegende Sackkarre gelaufen, die ich in der Dunkelheit nicht sehen konnte. (...)

Gehen wir davon aus, dass ein Fruchtschiff gelöscht werden musste, und zwar mit vier Gängen. Ein Löschgang setzte sich zusammen aus einem Kranführer, einem Gangführer (auch Schecker genannt), zwei Mann an der Stauerplatte, die zu der Zeit mit 30 Kisten Apfelsinen beladen war, und zehn Sackkarrenschiebern, die die Ware auf dem Schuppen entsprechend ihres Lagerplatzes ausfuhren. Dazu kamen pro Gang vier Stapelleute. Weiter drei Plattenvizen, die die Karrenschieber einwiesen, sowie zwei Lademeister, die für das Löschen verantwortlich waren; also etwa 77 Mann an einem Schiff beschäftigt. Diese Kollegen löschten in einer Schicht in der Regel 12 000 Kisten Apelsinen. (...) Eine spanische Apfelsinenkiste wog immerhin 36 Kilo und musste am Stapel beim „Schmeißteer“ bis zu sechs Kisten hoch gestapelt werden (über Kopfhöhe), beim „Stehteer“ drei hoch. (...)

An solchen Tagen waren auf dem relativ kleinen Schuppen bis zu 100 Hafenarbeiter beschäftigt. Wenn Hochbetrieb im Hafen war, kam auch noch eine moralische Verpflichtung zu weiteren Schichten dazu. Die freiwillige Mehrarbeit war allerdings auch von einem großen Teil der Kollegen erwünscht, in den Nachkriegsjahren war es sogar selbstverständlich. Der Aufbau, auch im privaten Bereich, war in vollem Gange. (...)

Auf Schuppen 35 gab es eine Zweigstelle der Kaffeeklappe Sachsenbrücke. (...) In dieser Katakombe regierte „Tante Anna“ mit harter Hand, aber gerecht. Sie war schon ein Original! Hier konnte man eine heiße Suppe oder Würstchen, belegte Rundstücke und weitere Kleinigkeiten erhalten. Vor allem Bier! Diese Hilfskaffeeklappe war eine Informationsbörse ersten Ranges. Besonders im Winterhalbjahr, wenn die Frucht auf Hochtouren lief, trafen sich fast alle Berufsgruppen, die es im Hafen gab: Schauermänner, Kaiarbeiter, Fruchtpacker, Ewerführer, Seeleute, Kaufleute, Speditionsmitarbeiter – und sogar Kutscher, die mit Pferd und Wagen Apfelsinenkisten zum Markt fuhren.

Vitamine aus Übersee: Das norwegische Kühlschiff *Betancuria* löscht am Schuppen 35 eine Ladung Bananen von den Kanarischen Inseln (1949)

Impressionen aus dem „schnellen Hafen" der Nachkriegszeit: Blick über den Oderhafen, wo „Liberty-Frachter" der ehemaligen Alliierten an den Kais liegen

Verladung eines VW – wegen der 1951 noch geteilten Heckscheibe „Brezel-Käfer" genannt – am Chilekai

Bundesminister Karl Schiller

„Wir bauen für die Erlangung der Einheit der deutschen Volkswirtschaft."

Karl Schiller bei der Richtfeier für den Schuppen 75 am Kronprinzenkai

können? Werde Hamburg wieder für die Tschechoslowakei und das übrige Mitteleuropa, wie zwischen den beiden Kriegen, ein Seehafen sein? Oder werde die Tschechoslowakei Stettin vorziehen?

Diese bohrenden Fragen hat der „Economist" vor nahezu zwei Jahren gestellt. Nun, am 21. und 23. Juni 1948, erhalten Trizone und Ostzone ihre eigenen Währungen – ein Meilenstein auf dem Weg in Richtung Trennung. Die D-Mark-Eröffnungsbilanz der HHLA lautet auf nicht mehr als eine Million Mark Grundkapital. Sie drückt damit symbolisch – genau ist es nicht ansatzweise zu ermitteln – den Wertverlust durch all die kriegszerstörten Speicher, Schuppen, Kräne und Kaianlagen aus, die einst der Gesellschaft Erträge sicherten. Es ist zu diesem Zeitpunkt alles andere als garantiert, dass in der halbierten Welt, die einmal Hamburgs Hinterland war, bald wieder wachsende Kapitalerträge erwirtschaftet werden können.

Denn das „einig deutsche Vaterland" schwindet jeden Tag ein wenig mehr von der realpolitischen Landkarte. Es klingt floskelhaft, als der Hamburger Wirtschaftssenator und spätere Bundeswirtschafts- und Finanzminister Karl Schiller am 5. Dezember 1948 diesen Zusammenhalt gegen alle Wahrscheinlichkeit beschwört: „Wir bauen für die Erlangung der Einheit der deutschen Volkswirtschaft", ruft Schiller bei der Richtfeier für den Schuppen 75 am Kronprinzenkai. Der 50 Meter breite Schuppen mit seiner Stahlbeton-Schalendecke verfügt bereits über die Merkmale der „neuen Hamburger Kaiaufteilung": Die Landseite bleibt dem Lkw-Verkehr vorbehalten, alle drei Eisenbahngleise verlaufen an der Kaikante. Eines davon ist aber in die Stra-

Schauerleute auf dem Heimweg am Chilekai. Gut zu erkennen: Die Hamburger Kaiaufteilung mit Schuppen, Schienen und Halbportalkränen

ße eingelassen, sodass in Spitzenumschlagszeiten auch hier Lastwagen rangieren können. 20000 dringend benötigte Quadratmeter überdachter Umschlagsfläche gehen in Betrieb. Und die Fundamente für den Nachbarschuppen 74 sind schon fertig. Es wird aufgebaut im Hamburger Hafen.

Österreich bekommt sein „Tor zur Welt"

Bei Schillers Richtfestrede fällt ein Begriff, den sich der Hamburger Hafen irgendwann in den vergangenen Jahrzehnten als Beinamen erarbeitet hat. Es ist eine Art Markenzeichen, ein einprägsames Qualitätssiegel ähnlich dem „Made in Germany" und von vergleichbar hohem Werbewert für den Träger: Hamburgs Hafen sei der „schnelle Hafen", zitiert der Wirtschaftsprofessor. Das bezieht sich auf die kurzen Liegezeiten der Frachter am Kai, die sich weltweit unter den Reedern und Schiffsmaklern herumgesprochen haben und die für sie entsprechend geringere Kaigebühren sowie in der Folge höhere Erlöse bedeuten. Die Eile beim Umschlag ist auch dringend geboten, denn während die Abfertigungskosten im Hafen vor dem Krieg noch 38 Prozent aller Kosten eines Reeders ausgemacht haben, sind es 1948 schon mehr als 50 Prozent. Der „schnelle Hafen" soll im Wiederaufbau und in allen darauf folgenden Jahrzehnten das Leitmotiv bleiben – auch wenn sich der Reklame-Begriff selbst irgendwann wieder im Nebel der Worte verliert, aus dem er gekommen ist. Alle Investitionen aber dienen letztlich dieser einen Qualität.

1950 geht die neue Bundesrepublik, ebenso wie ihr entfremdeter Schwesterstaat DDR, in ihr zweites Jahr. Es gibt dank mehr oder weniger souveräner Staatlichkeit wieder deutsche Schiffe im Hamburger Hafen, wenige noch, aber immerhin. Seit kurzem nehmen Dampfer der Neptun-Reederei wieder Passagiere nach Spanien und Portugal mit wie vor dem Krieg. Die Passage nach Lissabon kostet 187,50 Mark, nach Barcelona 250 Mark. Auf der *Minerva* oder der *Tilly Russ*, von der Hapag gecharterten Frachtern, kann man sogar einen der wenigen Passagierplätze nach Westindien, Kolumbien und Venezuela und zurück ergattern – für astronomische 2520 Mark. „Einst nannten wir Hamburg das ‚Tor zur Welt'", schreibt die Zeitung „Die Welt". „Aber dann war diese Welt lange, dunkle Jahre hindurch mit dicken Brettern vernagelt. Nach und nach wird nun ein Brett nach dem anderen wieder abgetragen und beiseitegelegt."

Darum bemüht sich – auf dem wirtschaftlich viel wichtigeren Gebiet des Güterumschlags – auch die HHLA. Das Unternehmen arbeitet unermüdlich daran, den Gesprächsfaden mit den alten Partnerländern Hamburgs diesseits und jenseits der neuen Trennlinie durch Europa nicht abreißen zu lassen. Schließlich hat man schon vor Kriegsbeginn Kontakte für den Hafen nach Mittel- und Südosteuropa geknüpft. Es ist maßgeblich auch dieser Tradition zu verdanken, dass etwa Österreich bald ein neues „Tor zur Welt" bekommt: Hamburg – und nicht etwa den italienischen Konkurrenzstandort Triest, der den österreichischen Spediteuren geographisch viel näher liegt. Auch die Tschechoslowakei, die sich erst abwartend gezeigt hat, beginnt in den fünfziger Jahren ihre alte Elb-Schifffahrtsroute zum Hamburger Moldauhafen wieder zu nutzen. Vorsichtige Kontakte entwickeln sich ferner mit Ungarn und sogar mit der neuen östlichen Supermacht, der Sowjetunion.

Hamburg folgt seiner traditionellen kaufmännischen Grundphilosophie: Verständigung und friedlicher Wandel durch Handel

Lagereibetrieb in der Speicherstadt 1950: Teekisten werden eingelagert (Bild links). Wandrahmsfleet mit Speicherblock W (Bild rechts, 1949). Die *Brandenburg* konnte durch Umlegen der Masten unter den Brücken hindurch in das Fleet gelangen

Schwerstarbeit für starke Rücken: Blick in eine Laderaumluke voller Kisten mit Apfelsinen aus Südafrika, 1964

Standard-Transportmittel: Mit der Sackkarre und Muskelkraft bewegten Arbeiter im Jahr 1949 die Kisten zwischen Schiff und Schuppen

Auch die DDR, die doch integraler Teil des alten „Kern-Hinterlandes“ war, vernachlässigen die Strategen des Hamburger Hafens zu keiner Zeit – im Gegenteil: Weit vor der offiziellen Bundespolitik beginnen Plate und andere bei der HHLA gegenüber „Pankow“ mit einer Hafen-Diplomatie, die später als Teil der „Politik der Elbe“ bekannt werden wird: Regelmäßig nimmt Hamburg etwa am Messeplatz Leipzig Tuchfühlung mit der Nomenklatura des SED-Regimes auf, um wo immer möglich sozialistische Güterströme nach Hamburg zu lenken. Getrieben wird Plate, ob in Österreich oder anderswo im Ausland, vor allem von zwei Faktoren: seinem Verantwortungsgefühl für den Hafen als Ganzes – und von einem fast instinktiven „Jagdfieber“. Er kann einfach nicht anders, als „fremde Territorien“ für Hamburg zu erschließen. Walter Sohst, später Plates Vorstandskollege bei der HHLA, bringt es auf den Nenner: „Es ging Plate darum, in diese Bastionen einzudringen und durch persönlichen Charme Unternehmer für den Hafen Hamburg zu gewinnen.“

Im Grunde folgen die Hamburger Hafen-Diplomaten nur der traditionell kaufmännischen Grundphilosophie ihrer Heimatstadt: Verständigung und friedlicher Wandel durch Handel. In der Hamburger Verfassung vom 6. Juni 1952 lauten gleich die ersten Sätze der Präambel: „Die Freie und Hansestadt Hamburg hat als Welthafenstadt eine ihr durch Geschichte und Lage zugewiesene, besondere Aufgabe gegenüber dem deutschen Volke zu erfüllen. Sie will im Geiste des Friedens eine Mittlerin zwischen allen Erdteilen und Völkern der Welt sein.“ Das spricht Bände über die „Verfassung“ der Hamburger Seele, so kurz nach einem von Deutschland verschuldeten Krieg und den auf vielfache Weise verbrecherischen Verwicklungen des Hafens in diese Katastrophe. Hamburgs Seehandel und seine maritime Industrie, so der Umkehrschluss des in der Präambel gegebenen Versprechens, sollen nie mehr Unglück über nahe und ferne Länder bringen. Das ist umso bemerkenswerter, als so etwas noch nie zuvor in der langen Stadt- und Hafengeschichte schriftlich fixiert worden ist. Es dürfte auch unter den Häfen der Welt einzigartig sein.

Das Dringendste ist bald geschafft

Die im Geist neuer Partnerschaft angelockten Schiffe treffen im „schnellen Hafen“ Hamburg auf eine erstaunlich zügig runderneuerte Hafenszenerie. Viele Schuppen-Neubauten sind in den verschiedenen Hafenbezirken bereits entstanden, nun oft schon in Stahlbeton-Fertigbauweise, größer und geräumiger als zuvor – und mit neuesten technischen Errungenschaften ausgerüstet, die den Hafenumschlag weiter rationalisieren werden: Als die auf Übersee-Waren wie Kaffee, Kakao, Jute und Baumwolle spezialisierte Spedition Kühne & Nagel im September 1950 den neuen Schuppen 62 im Südwesthafen in Betrieb nimmt, gehen darin neben Elektrokarren auch bereits buntgelackte Gabelstapler ans Werk (siehe Seite 116). Sie werden sich bald rapide im ganzen Hafen verbreiten und Tausende Sackkarren-Schieber überflüssig machen – zugleich aber für mehr Umschlag, mehr Frachtgutverkehr und damit mehr höherqualifizierte Arbeitsplätze sorgen. Dieses Potenzial der neuen Flurförderfahrzeuge macht Schuppen 62 zu einer Keimzelle der technologischen Evolution. Max Brauer, aus dem Exil zurück und inzwischen Hamburgs Erster Bürgermeister,

Umschlag von Bananen am Schuppen 35, Asiakai (Fotos 1 bis 3) im Jahr 1949. Die Bananenbüschel sind in Papier und Stroh verpackt. In de

„Sie wollen sich dem Tempo des Amsterdamer Hafens angleichen, der zweifellos der schnellste des Kontinents ist." „Die Zeit", 1955

hält die Eröffnungsansprache für das privatwirtschaftlich hochgezogene Umschlagzentrum. Er dankt Seniorchef Alfred Kühne „besonders auch deshalb, weil der Neubau nicht zuletzt dem Transitverkehr mit der Schweiz, Österreich, Ungarn, der ČSSR und Jugoslawien und – last not least – dem deutschen Osten dient."

In diesem Sinne hat auch die HHLA, als Staatsunternehmen stets auf das Gesamtwohl bedacht, nichts gegen die Initiative der Privatwirtschaft einzuwenden. Zumal dieses staatliche Unternehmen ebenfalls beachtliche Innovationen auf den Markt bringt: Als modernster Fruchtschuppen des Hamburger Hafens erhält der neue Bananenschuppen 37 der HHLA ein Eisenbahngleis, das mitten durch die im Winter geheizte Halle verläuft. So können die empfindlichen Südfrüchte ohne Temperaturschock in die ebenfalls erwärmten Spezialwaggons verladen und auf die Reise ins Hinterland geschickt werden.

Der dringendste Wiederaufbau ist in staatlicher und privater Koproduktion schon wenige Jahre nach Republikgründung geschafft. Bis 1953 sind außer den Totalschäden im alten Sandtor- und Grasbrookhafen die wichtigsten Anlagen wieder instand gesetzt oder sogar noch erweitert worden. Die zu über 50 Prozent zerstörte Speicherstadt wird von der HHLA bis 1966 mit Ausnahme der westlichen Blocks A, B, C und J wiederhergestellt. Mitte 1953 sind schon 98 Prozent der Hafenbeckenfläche der letzten Vorkriegsjahre rekonstruiert, 57 Prozent der Kräne, 58 Prozent der Kaischuppen. Auch im seewärtigen Vorfeld des Hafens, die Elbe hinunter, tut sich etwas. Es mag nur eine relativ kleine Investition sein, aber sie hat eine große Symbolwirkung: Am 11. Juni 1952 ist auf der Dampferanlegebrücke vor dem Wedeler Fährhaus Schulau die einzigartige „Schiffsbegrüßungsanlage" eröffnet worden. Waterkant-Ikone Hans Albers hat dabei eine launige Ansprache vor der Festversammlung gehalten. Staubtrocken hingegen erläutert der „Amtliche Anzeiger" die Funktionsweise der Anlage: „Die Begrüßung der ein- und auslaufenden Schiffe geschieht durch eine etwa 3 Minuten dauernde Lautsprecherübertragung von Musik und Worten." Tatsächlich werden die Flaggensymbole „U" und „W" für „Gute Reise" gesetzt, scheppernde Platten mit Nationalhymnen gespielt und Grußbotschaften auf Platt übertragen – für alle Welt ein Zeichen Hamburger Gastfreundschaft. Und, wie sich erweisen wird, bis ins 21. Jahrhundert hinein eine unvergessliche Attraktion für Touristen.

Wichtige Signale sind vom Hafen somit bereits in Richtung Zukunft gesetzt worden. Für Ernst Plate gilt es Ende 1953, eine Weiche für die eigene Karriere zu stellen. In Hamburg hat ein Bündnis aus CDU, FDP und nationalkonservativer Deutscher Partei (DP) die Bürgerschaftswahl gewonnen und dem parteilosen HHLA-Chef das Wirtschaftsressort im neuen Senat angeboten. Das ist angesichts der politischen Erfahrungen und Ambitionen des Hafenmanagers keine Überraschung mehr – und es kommt seinem Drang entgegen, auf nationalem und internationalem Parkett Hamburgs Zukunft zu sichern. So wird er Vollzeitpolitiker, lässt aber sein Vorstandsamt nur ruhen. Und er behält sein Chefbüro in St. Annen. Ahnt er, wie flüchtig politische Konstellationen sein können? Senator Plate hält sich ein Hintertürchen für die Rückkehr offen.

nfziger Jahren (Fotos 4 und 5) rollen die Güterwagen der Bahn bereits bis in den beheizten Schuppen 37

Es warten viele alte und neue Herausforderungen auf den „Politiker der Elbe", der sich selbst gern „Hafen-Senator" nennt, obwohl es diesen Posten offiziell gar nicht gibt. Der Außenhandel der Ostblockstaaten ist unter Moskaus zentraler Direktive überwiegend in den eigenen Machtbereich umgelenkt worden. Den noch spärlichen Handel mit der westlichen Welt wickeln die Ostseehäfen von Wismar bis Königsberg ab. Deshalb werden diese Güterströme durch den immer stärker frequentierten Nordostseekanal sozusagen an Hamburgs Toren vorbeitransportiert. Um das Frachtgutaufkommen Westdeutschlands aber muss Hamburg mit der ganzen nordwesteuropäischen Hafengruppe konkurrieren, die teilweise durch den natürlichen Hinterland-Transportweg des Rheins begünstigt ist. So hat Hamburg 1952 mit 15,2 Millionen Tonnen erst 69 Prozent seines Hafenumschlags von 1936 wiedergewonnen; in Bremen, Rotterdam und Antwerpen hingegen sind es jeweils deutlich mehr als 110 Prozent.

Das „Wirtschaftswunder" erreicht die Kais

Hinzu kommt: Die Verkehrsinfrastruktur Westdeutschlands ist noch immer schwer gezeichnet von der Teilung des Landes, die jahrhundertelang gewachsene Strukturen ad absurdum geführt hat. Abrupt von Stacheldraht unterbrochene Ost-West-Verbindungen sind nicht das einzige Problem. Das Achsensystem der Autobahnen und Schnellstraßen passt überhaupt nicht mehr zur neuen „Randlage" Hamburgs, des größten Hafens der Bundesrepublik. Die Autobahn Hamburg–Hannover muss mit Hochdruck verwirklicht werden; Bahntrassen in Nord-Süd-Richtung brauchen Elektrifizierung, wenn die für Gütertransporte vom und zum Hafen lebenswichtigen Verkehrsadern in den Süden keinen Infarkt erleiden sollen. Von der schon lange gärenden Idee eines Nord-Süd-Kanals für die Binnenschifffahrt will die Stadt ebenfalls nicht Abstand nehmen, auch wenn sich die Gewichte unter den Verkehrsträgern seit dem ersten der beiden Weltkriege stark verschoben haben: Die Bahn befördert inzwischen knapp die Hälfte (vor den Kriegen ein Fünftel) aller Hafengüter ins Hinterland; Straßenfahrzeuge knapp ein Drittel (vorher ein Fünftel), das Binnenschiff aufgrund der Elbgrenze aber nur noch ein restliches Fünftel statt satter 60 Prozent vor den Weltkriegen. Bei all seinen Wünschen aber kann Hamburg, das allein seit der Währungsreform selbst fast 150 Millionen Mark für seinen Hafen mobilisiert hat, nur an die Verantwortung des Bundes appellieren. Und das tun die Senatoren auch ausdauernd, bis die meisten der Forderungen über die Jahre realisiert sind.

Während in Westdeutschland der Begriff des „Wirtschaftswunders" die Runde macht, kommen auch aus Hamburgs Hafen allmählich bessere Zahlen. 1954 erreicht er 20,6 Millionen Tonnen Umschlag, das sind „nur" noch acht Prozent weniger als 1936, das der Hafen als letztes normales Vorkriegsjahr wertet. Neue Millionenbeträge werden von der Stadt bereitgestellt: für Kaimauern, Frucht- und Verteilerschuppen, tiefer gebaggerte Hafenbecken, das neue Autobahnzollamt Veddel, einen 200-Tonnen-Schwimmkran – und die Ergänzung der notdürftigen Köhlbrand-Fähren um ein drittes Fährschiff nur für Pkw. Die Wochenzeitung „Die Zeit" registriert 1955 staunend, was die 700 „Voll-

Ein Held der Arbeit

Der Gabelstapler ermöglichte ab 1950 den Transport schwerer Güter nicht nur in der Fläche, sondern auch in der Senkrechten. Er schonte viele Rücken, kostete allerdings auch viele ungelernte Arbeiter den Job. In der Evolutionskette erhob sich der Stapler über die Sackkarren und die Elektrokarren – und fand schließlich selbst seinen Meister.

Er steht im Hafenmuseum im Schuppen 50 an der Australiastraße und ist so verschrammt und verkratzt, dass seine ursprüngliche Farbe – vermutlich Orange – gar nicht mehr richtig erkennbar ist: ein Gabelstapler aus dem Hamburger Hafen, Jahrgang 1966. Mit einer Tonne Tragfähigkeit wirkt er klein und schmächtig im Vergleich mit heutigen Modellen, die acht Tonnen und mehr heben und verstauen können. Bis Anfang der fünfziger Jahre dominierte hingegen im Pendelverkehr zwischen Kaikante und Schuppen ein viel primitiveres Arbeitsgerät, von dem gleich nebenan ein Dutzend Exemplare geparkt stehen: die mit Muskelkraft geschobene Sackkarre.

Über Jahrhunderte war der Hafen eine überaus harte Arbeitswelt. Hafenmuseumsleiter Achim Quaas schreitet demonstrativ die Halle ab: „Dieser Schuppen aus dem Jahr 1908 ist volle 270 Meter lang", erläutert er. „Die halbe Länge, 135 Meter, mussten die Arbeiter hin- und hermarschieren. Hier wurde alles Mögliche gelagert, im Wesentlichen Importe aus dem Südamerika-Verkehr: Kakao, Kaffee, Obst, Leder und ungegerbte Häute, Holz, Pflanzenöle, Fleisch – bis es dann per Fuhrwerk oder Bahn weitertransportiert wurde. Man lief unendlich viel." Doch die Arbeiter traten sich nicht nur die Füße krumm, sie stapelten und packten auch mit bloßer Muskelkraft und

Ein Gabelstapler EGS 1000 („Muli") von Still beim Einsatz im Hafen, aufgenommen ca. 1952 am Schuppen 58 (Togokai)

Körperbalance – eine gefährliche, zeitintensive und teure Plackerei. Noch bis zum Ersten Weltkrieg wurden Säcke und Kisten ausschließlich mit muskelbetriebenen Karren zwischen Schiff und Schuppen transportiert. So waren 200 bis 500 Menschen mit der Abfertigung nur eines einzigen Schiffes beschäftigt. Wie ließ sich die Liegezeit der Stückgutfrachter im Hafen verkürzen, Kaipersonal einsparen und der Umschlag auf diese Weise verbilligen?

Einen ersten Fortschritt brachten „Universal-Schuppenkräne", im Hafen „Lauchhammer" genannt, beim Stapeln: Nur ein Kranführer und zwei bis drei Arbeiter vor dem Haken ersetzten ein Dutzend Männer, die zuvor per Hand gestapelt hatten. Dann kam in den zwanziger Jahren die Elektrokarre, nachdem ein Experiment unter Aufsicht der Kaiverwaltung 1925 ergeben hatte: Beim Löschen von 10 000 Sack Zucker leistete ein Elektrokarrenfahrer dasselbe wie zehn Sackkarrenschieber.

Abgelöst von Kraftprotzen auf Stelzen

Den nächsten großen Effizienz-Sprung brachte dann der erste Gabelstapler, ab September 1950 von Kühne & Nagel im neuen Schuppen 62 im Südwesthafen eingesetzt. Er kombinierte die Arbeitsebenen von Schuppenkran und Elektrokarre: Senkrechte und Waagerechte. Das ging nicht ohne Akzeptanzprobleme ab. Quaas: „Es war anfangs eine große Auszeichnung, den fahren zu dürfen. Aber die Arbeiter mussten sich erst einmal an dieses dreidimensionale Denken gewöhnen. Das war ein Lernprozess."

Doch andere Kai-Unternehmen folgten schnell dem Beispiel; die HHLA setzte Gabelstapler ab 1952 ein. Ab etwa 1960 waren sie auf allen Kais in Gebrauch. Ebenso unentbehrlich wie die Stapler wurden die anfangs noch nicht genormten Paletten, auf denen sie ihre Lasten in zwei Ebenen manövrierten. Bald stellte sich heraus, dass nur eine Normierung größere Rationalisierungseffekte brachte, da sie Verzögerungen durch nicht passende Paletten und die Bereitstellung immer anderer Formate überflüssig machte. Erst die Standardpalette ersparte die vielen zeitraubenden Sortiervorgänge.

Der Gabelstapler war indes nicht das letzte Glied in der Evolution der sogenannten Flurfördertechnik im Hafen. Mit der Einführung der Containerwirtschaft war er überfordert, die Stapelei der riesigen Boxen überstieg bei Weitem seine Gewichtsklasse. Van-Carrier hingegen, motorisierte Ungetüme auf meterhohen Stelzenbeinen, konnten die Boxen mit Greifern unter ihren „Bäuchen" transportieren, abstellen und auch noch übereinander stapeln – ein ungeheurer Effizienzsprung. Der älteste Van-Carrier im Hafenmuseum, der VC 26, stammt aus dem Jahr 1971. Der heutige Containerbrückenfahrer Holger Strausmann, 57 Jahre alt, fing kurz danach im Hafen an und erinnert sich: „Die ersten Van-Carrier machten Krach ohne Ende, da verstand man sein eigenes Wort nicht mehr. Heute sind sie klimatisiert, mit Radio in der Kabine. Und wenn sie anrollen, müssen sie schon ein Fahrsignal erzeugen, damit man mitkriegt, dass sie sich nähern."

Strausmann kennt aber auch noch das Säckeschleppen am Kai aus eigenem Erleben – und Gabelstapler ist er auch gefahren. „Die Arbeit ist über die Jahre durch die Technisierung leichter und ruhiger geworden", findet er. „Dafür war die Zusammenarbeit früher enger. An der Sackkarre hatte man eine ‚Schwester', so hieß im Hafenjargon der Mann, mit dem man zusammen die Säcke geschmissen hat." Doch den Rückenschmerzen trauert Strausmann nicht hinterher.

Containerbrückenfahrer Strausmann: 1973 noch Säcke geschleppt

Der Stückgutfrachter *Cap San Nicolas*, Schwesterschiff der *Cap San Diego*, 196

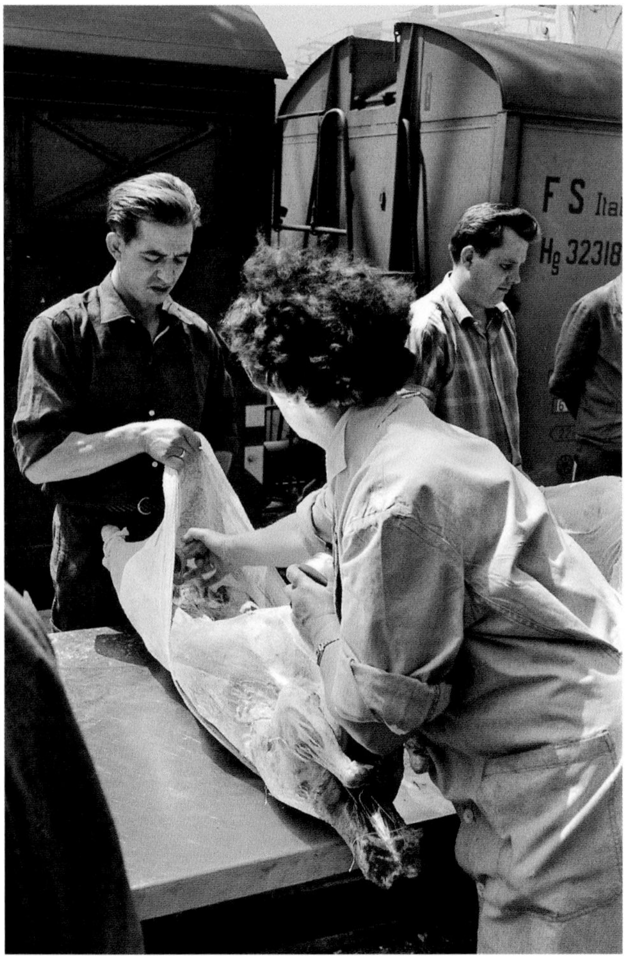

Fleischbeschau: Neuseeländisches Gefrierfleisch, angeliefert in Kühlschiffen, wird auf der Rampe geprüft

portal-Drehwippkräne" im Hafen an einem einzigen Tag so alles löschen und laden: 91 Tonnen Mittelmeer-Zitronen etwa, 85 Tonnen neuseeländische Butter, 118 Tonnen südafrikanische Apfelsinen; in Gegenrichtung 226 Tonnen Kali für Japan. Die schwimmenden Getreideheber saugen aus einem Schiff in einem halben Tag 10000 Tonnen Weizen, Soja oder Leinsaat. Selbst in den Kriegszerstörungen erkennt das Blatt inzwischen einen Vorteil: „Fast alle maschinellen Einrichtungen sind neueste Modelle." Doch die Hamburger Reeder wollen ihren Hafen noch schneller haben: „Sie wollen sich dem Tempo des Amsterdamer Hafens angleichen, der zweifellos der schnellste des Kontinents ist."

Endlich wieder Welthafen

Auch die Werften schlafen nicht. Seit der Schiffbau 1951 wieder freigegeben wurde, hat Deutschland innerhalb von fünf Jahren eine Handelsflotte von 2,9 Millionen Bruttoregistertonnen aufgebaut, mehr als die Hälfte davon ist in Hamburg beheimatet. Es gibt 1956, elf Jahre nach Kriegsende, schon wieder erstaunliche 201 Schifffahrtslinien, die von Hamburg aus in alle Welt operieren. Und 57 dieser Dienste gehören wieder Hamburger Reedereien. Immer wichtiger wird der Warenaustausch mit Übersee: Von den fast 24 Millionen Tonnen Gesamtumschlag im Jahr 1955 (endlich deutlich mehr als im Vorkriegsjahr 1936) sind 16,6 Millionen Tonnen Importgüter. Davon stammen allein elf Millionen Tonnen – je zur Hälfte – aus Amerika und Asien. Nun hat die Stadt wirklich wieder einen „Welthafen".

Dann kommt die Bürgerschaftswahl 1957. Max Brauer mit seiner SPD erhält die absolute Mehrheit,

Der Frachter *NS Savannah* war ein atomar angetriebener Stückgutfrachter. „NS" stand für Nuclear Ship (1964)

Der Frachter *Foylebank* der Bank Line aus Belfast mit schwimmendem Getreideheber (1964)

vergibt aber drei Senatorenämter an die FDP. Plate ist nicht dabei. Für seinen Vorschlag, einen Gesamtdeutschen Rat auf Länderbasis zu gründen und damit der DDR entgegenzukommen, fehlt die politische Unterstützung. Es war vor vier Jahren ein guter Entschluss gewesen, sein Büro bei der HHLA nicht zu räumen. Der Sentator kehrt aus der Politik an die Vorstandsspitze zurück. Für ein weiteres Jahrzehnt.

Zwar ist ein offizielles Tauwetter im Verhältnis zur DDR, das dem Hamburger Hafen außerordentlich helfen könnte, in der Adenauer-Republik noch nicht in Sicht. Doch auch in der 1957 neu geschaffenen Europäischen Wirtschaftsgemeinschaft (EWG) drückt sich politisch aus, dass der Handel Grenzen einebnen oder doch zumindest überwinden kann. Ende der fünfziger Jahre kommen Westdeutschlands Haupt-Importgüter jedoch nicht aus Europa, sondern aus Übersee: Kakao, Tee, Kaffee, Gewürze, Gummi und Honig. Zwischen 69 und 82 Prozent der Gesamteinfuhr dieser Güter in die Bundesrepublik wickelt Hamburg ab. Die Hansestadt ist zu dieser Zeit auch der größte Südfruchthafen des Kontinents – mit jährlich 750 000 Tonnen. Noch in den Schuppen werden sie von den Kühlschiffen auf Güterzüge umgeladen.

Es ist die große Zeit der Stückgutfrachter im Amerika-Dienst. Oder, etwas lyrischer formuliert: die Zeit der „weißen Schwäne des Südatlantiks". So lautet der Hamburger Kosename für sechs baugleiche Frachter der Reederei Hamburg Süd, alle in leuchtendem Weiß gestrichen. Sie bilden die „Cap San"-Klasse, weil jeder ihrer Namen so beginnt. Legendär wird das zuletzt gebaute dieser sechs Schwesterschiffe, die *Cap San Diego* (siehe Seite 156): Noch lange nach dem Ende ihrer aktiven Zeit, zu Anfang des 21. Jahrhunderts, wird sie auf einem prominentem Liegeplatz an der Überseebrücke majestätisch und elegant davon künden, was einst Stolz und Stil hanseatischer Handels-Seefahrt ausmachte – als Museumsschiff für Touristen. 1961, als die *Cap San Diego* bei der Deutschen Werft in Finkenwerder vom Stapel läuft, bedienen ihre fünf Schwestern bereits emsig die Route Hamburg–Südamerika. Auf dem Hinweg schleppen die Frachter typisch deutsche Ausfuhrgüter in ihren stählernen Bäuchen: Maschinen, Chemikalien, Automobile. Ein eher ungewöhnliches Frachtgut sind lebende, trächtige Kühe. Zurück kommen die „weißen Schwäne" mit Kaffee, Fleisch, Textilien, Süßölen oder Fruchtsaftkonzentrat – und statt mit lebenden Huftieren mit Kuhfellen aus dem Hafen von Buenos Aires. Dort allerdings können die Besatzungen, weil es kaum moderne Umschlagstechnik gibt, bis zu zehn Tage Liegezeit und manchen ausführlichen Landgang einplanen. In den Laderäumen werden die zur Konservierung eingesalzenen Häute für die Rückfahrt fünf Meter hoch gestapelt.

Der Zeitgeist zu Beginn der sechziger Jahre ist, nach der Rückkehr des wirtschaftlichen Erfolgs, einmal mehr geprägt von Technikbegeisterung und Machbarkeits-Glaube. Der Wettstreit der Supermächte um die Vorherrschaft im Weltall ist ausgebrochen, der Mond wird schon als Reiseziel ins Auge gefasst. In Deutschland liegen im Jahr 1961 erste Pläne für ein nuklear angetriebenes Handelsschiff vor, dessen Kapitalgeber gegen Ende des darauffolgenden Jahres im Hamburger Hotel „Atlantic" den Werftbauvertrag unterzeichnen.

HHLA-Chef Ernst Plate mit dem späteren österreichischen Kanzler Dr. Josef Klaus, 1958

Noch vor Ende des Jahrzehnts wird die in Kiel gebaute, mit einem Druckwasserreaktor bestückte *Otto Hahn* in See stechen und bis 1979 mit Kernkraft die Weltmeere durchpflügen – als Forschungsschiff, erst in zweiter Linie als Massenguttransporter.

Immer moderner, immer größer, immer energieintensiver. So tickt die Wirtschaft dieser Zeit. Der Wiederaufbau im Hamburger Hafen ist seit 1959 offiziell zu Ende. Obwohl noch nicht alle Kriegsschäden beseitigt sind, holt der Hafen international auf: Die Uno zählt ihn schon längst wieder zu den zehn größten Hafenplätzen im Weltverkehr; die Steigerungsraten im Warenumschlag liegen über denen aller konkurrierenden Nordseehäfen. Auch wenn der Hamburger Hafen ein florierender Stückguthafen ist: Zwei Drittel seines Umschlags entfallen auf Massengüter, namentlich Getreide und allen voran Erdöl. Hamburg wird für einige Jahre sogar führender Rohölhafen der Bundesrepublik. Es bleibt nicht aus, dass sich die Gewichte verschieben: Bildete früher allein der Hafen die Grundlage der hamburgischen Wirtschaft, so ist es jetzt die regionale Industrie, die den Takt vorgibt. Zwischen 1957 und 1964 werden allein vier neue Hafenbecken für die immer größeren und tiefer liegenden Öltanker geschaffen. Die Unterelbe wird in der Folge auf zwölf Meter vertieft.

Als Leitlinie seiner Ausbauplanungen verabschiedet der Senat 1961 das „Gesetz über die Erweitung des Hamburger Hafens". Es weist nicht nur 2500 Hektar als Erweiterungsflächen aus, sondern schärft vermeintlich auch die juristischen Krallen des Staates: Falls die Grundstücke im teilweise besiedelten Planungsgebiet

Sandtorhöft: Der vom Krieg schwer beschädigte Kaispeicher A („Kaiserspeicher") mit dem Zeitballturm wird 1963 gesprengt

des Süderelberaums von den bisherigen Eigentümern nicht freiwillig verkauft werden, sollen Enteignungen möglich sein. In Stufe eins des Konzepts wollen die Planer das Gelände zwischen Finkenwerder, Waltershof, Moorburg und Altenwerder aufhöhen und für den Hafen erschließen. In Stufe zwei dann das Gebiet zwischen Finkenwerder und Francop mit Neuenfelde. So weit die kühne Planung. In der Praxis wird sich zeigen, dass manche Bewohner und Eigentümer sehr viel hartnäckiger an ihrem Grund und Boden hängen, als es dem rasch expandierenden Hafen lieb sein kann.

Plötzlich schlägt die Natur zu

Anfang 1962 durchkreuzt für kurze Zeit ein Ereignis alle Visionen vom nimmermüde expandierenden Welthafen Hamburg. Es weist den Menschen auf sehr schmerzhafte Weise in seine Schranken und zeigt, wer auf See und am Strom letztlich immer die Gewalt ausübt. Am 16. Februar drückt ein starker Nordweststurm das Wasser der Nordsee in die Elbe. Dass die Fahrrinne gerade erst noch tiefer ausgebaggert wurde, verstärkt den Wasserdruck auf die Uferbefestigungen. Die Deiche am südlichen Hamburger Elbufer brechen an mehreren Stellen. Besonders Wilhelmsburg und Waltershof, wo viele Menschen in tief gelegenen Siedlungen und teilweise in Gartenhäusern leben, werden in der Nacht überflutet. Es ist die größte Katastrophe in Hamburg seit Kriegsende: 20 Prozent der Stadt stehen unter Wasser, 315 Menschen verlieren ihr Leben (siehe Seite 122). Dass es nicht noch mehr werden, ist dem beherzten Krisenmanagement von Innensenator Helmut Schmidt und der Bundeswehr mit ihren Nato-Verbündeten zu verdanken.

Nur der Hafen selbst kommt erstaunlich glimpflich davon: Schäden in Höhe von wenigen Millionen Mark gibt es an den Kaianlagen, vor allem aber an den Gleisen und technischen Einrichtungen der Hafenbahn. Die Schuppen in den Stückguthäfen sind vom Hochwasser nicht erreicht worden. Als die Straßen- und Schienenzufahrten wieder frei sind, arbeitet der Hafen nach wenigen Tagen wieder, als sei nichts gewesen.

Den Optimismus der Strategen des Seehandels kann die Februar-Flutkatastrophe von 1962 nicht dauerhaft trüben. Was sie nach wie vor brauchen, ist eine elegante Lösung für das zunehmende Problem, Hafenbecken und Zufahrten mit den nötigen Dimensionen für die absehbaren Riesenschiffe der Zukunft zu schaffen. Sie diskutieren über „Nuklearfrachter" und selbst über den „Eine-Million-Tonnen-Tanker". Ihr Blick ist deshalb auf jene winzige Insel gefallen, die fast 700 Jahre lang zu Hamburg gehörte, aber als Folge des Groß-Hamburg-Gesetzes von 1937 nun niedersächsisch ist: Neuwerk vor der Elbmündung. Könnte man nicht dort, wo das Wasser ganz ohne Baggerei bis zu 20 Meter tief ist, die Supertanker und Megafrachter anlegen lassen – in einem ganz neuen Industriehafen vor der Küste? Was die Planer nicht ahnen: Als im Oktober 1962 ein Staatsvertrag unterschrieben wird, der Neuwerk per Tauschhandel für Hamburg zurückgewinnt, beginnt ein Hin und Her, das 17 Jahre in der Schwebe bleiben und erst weitere elf Jahre später eine erstaunliche finale Wendung nehmen wird (siehe Seite 126).

Es ist einmal mehr die Stunde der kühnen Erneuerer. Was könnte diese Stimmung stärker symbolisieren als der berühmte Zeitball auf dem Turm des alten Kaispeichers A am Sandtorhöft? Nach dem Krieg ist

Eiskalte Wassermassen

Zwei katastrophale Sturmfluten trafen in den sechziger und siebziger Jahren die Stadt Hamburg. Den Toten und den Schäden folgten Hochwasserschutzbauten, die weitere Desaster dieser Größe verhindert haben.

Den Moment, in dem ein Damm bricht, hatte Maria Voges sich nicht vorstellen können. In der Nacht vom 16. auf den 17. Februar 1962 war die Bewohnerin eines Mehrfamilienhauses in Hamburgs Elbinsel-Stadtteil Wilhelmsburg zum Deich gelaufen, um im tosenden Orkan bei seiner Verteidigung gegen die Naturgewalten zu helfen. Doch dann geschah das Unfassbare – aufgezeichnet wenige Stunden nach ihrer Rettung und damals veröffentlicht vom „Hamburger Abendblatt":

„Schon standen wir bis zum Bauch im Wasser und begannen zu laufen. Wie wir nach Hause gekommen sind, ich weiß es nicht mehr. Von allen Seiten kamen schlagartig Riesenwellen herangesaust. Mein Mann wurde gegen eine Hauswand geschleudert. Er rappelte sich wieder hoch. Triefend nass erreichten wir unsere Wohnung und zogen uns – völlig aus der Puste – erst einmal trockenes Zeug an. Inzwischen war auch noch das elektrische Licht ausgefallen. Nu grabbel man to! Das Einzige, was wir in der Eile zu fassen kriegten, war die Kognakflasche. Wie Feuer rann der Schnaps durch die klappernden Zähne. Draußen war inzwischen die Hölle los. Immer höher stieg die Flut. Die unteren Räume im Haus standen schon bis zur Fensterbank unter Wasser. Durch das Heulen des Orkans drang Kinderschreien. Vieh brüllte in Todesängsten. (...) Endlich wurde es Tag. Und da erst kam uns das Ausmaß der Katastrophe zum Bewusstsein: So weit das Auge reichte – nur eine strudelnde Wasserfläche. Auf vielen Dächern hockten noch Menschen, nur mit dem Allernötigsten bekleidet. (...) Am Sonnabendnachmittag – die Ebbe hatte einsetzen müssen – sahen wir, dass das Wasser plötzlich schnell stieg. Da wussten wir: Irgendwo in der Nähe ist wieder ein Deich gebrochen. Und es war so kalt. Nichts zu heizen, nichts zu kochen. Wir sahen in der Ferne Hubschrauber auf dem Hochhaus landen und Lebensmittel abladen. Aber wir waren zu weit davon entfernt, um uns bemerkbar machen zu können. Oft haben wir vorbeikommende Soldaten gebeten, uns etwas Brennbares zu besorgen, aber immer hieß es: Erst müssen die Menschen geborgen werden. Das sahen wir auch ein. Erst nach sechsunddreißig Stunden kam für uns die Erlösung. Ein Freund von uns war mit seinem Auto, das Faltboot auf dem Dach, in halsbrecherischer Fahrt bis zum Haulander Deich vorgedrungen und kam nun bei uns angepaddelt. Mein Mann ist sofort zu ihm in das Boot gestiegen, hin zum Auto, und ab nach Harburg, um etwas Heizbares zu organisieren."

Besonders hart traf es neben Wilhelmsburg die geduckten, einstöckigen Gartenhaussiedlungen von Waltershof. Eine knappe Woche nach der Flut waren allein hier 50 Leichen geborgen, und noch immer wurden es täglich mehr – vor allem Kinder und alte Leute waren umgekommen. Die rund 600 Parzellen der Kleingartenkolonie Athabaska e.V., wo ständig rund 2400 Menschen in Gartenhäuschen und Behelfsheimen wohnten, waren in der Flutnacht innerhalb einer Viertelstunde in den gurgelnden Wassermassen versunken. Von zwei Seiten zugleich hatte die Flutwelle den tiefgelegenen Mühlenwerder Grund überrollt. Nur wer sich auf Bäume retten konnte, überlebte. Die Häuschen wurden mitgerissen und übereinandergetürmt. Waltershof wurde nach der Flut als Siedlungsort aufgegeben, stattdessen breitete sich der Mehrzweck- und Containerterminal Burchardkai auf dem Gelände aus. Die Hafenanlagen hatten kaum Schaden genommen. Aber 315 Menschen waren tot.

14 Jahre später die Jahrhundertflut

In Nienstedten steht heute eine graue Granitstele, auf der eine Bronzeplatte den Scheitelpunkt der Flut von 1962 anzeigt: 5,70 Meter über Normalnull. Oben aufgesetzt, 75 Zentimeter höher, wurde auf dünnen Stangen eine weitere Markierungstafel. Sie gilt der 6,45 Meter hohen Sturmflut vom 3. Januar 1976: ein bis heute nicht wieder erreichter Rekordwert. Diesmal indes kam niemand durch das Wasser zu Tode. Diesmal hielten Hamburgs Deiche, die als Folge der Katastrophe von 1962 verstärkt worden waren. Aber an den schutzlosen Hafenanlagen und dort gelagerten Waren richtete das Wasser schwere Schäden an: Versicherungen errechneten eine Summe von rund 300 Millionen Mark. Rund eine Milliarde investierte die Stadt Hamburg daraufhin allein bis 1980 in Flutschutzanlagen. Etwa 100 Kilometer Hochwasserschutzwände und Deiche wurden seit der Flut von 1976 in Windeseile hochgezogen – für die am meisten gefährdeten 40 Prozent des Hafengebiets. Und der Sturmflut-Warndienst WADI warnt seither Hafenbetriebe und Innenbehörde über Funk gezielt vor, wenn eine schwere Sturmflut droht.

Niemand hofft, dass die Pegel-Stele von Nienstedten irgendwann ein weiteres Mal aufgestockt werden muss. Hamburgs Deiche sollen bis Ende 2010 in der Regel auf mindestens acht Meter über Normalnull erhöht werden.

Ein Hubschrauber der Bundeswehr auf einem Aufklärungsflug über die überfluteten Elbinsel-Gebiete. Für mehr als 300 Menschen kam jede Hilfe zu spät

Im Schuppen 57 (1964)

Kaiser-Wilhelm-Hafen (Togokai), ca. 19

der prächtige Speicher mit dem inzwischen baufälligen Turm nur notdürftig wiederhergestellt worden. Der Zeitball auf der Turmspitze, der mit seinem Sturz zweimal täglich den Navigatoren der Schiffe den Takt vorgab, regt sich schon lange nicht mehr. Wozu auch? Es gibt seit den zwanziger Jahren die viel präziseren Zeitzeichen der Seefunkstelle. Der alte Speicher bietet ohnehin nicht mehr genügend angemessenen Lagerraum und steht zum Abriss. Man versucht noch, den filigranen Turm in den Plan eines Neubaus am selben Ort zu integrieren, doch angesichts dieses extrem nüchternen Zweckbaus mit 35 000 Quadratmetern dringend benötigter Lagerfläche will die Idee nicht überzeugen. Und so verliert Hamburg – zwar keine Zeit, aber seinen Zeitballturm. Was die Stadt gewinnt, ist der Grundstock für ihre spätere Elbphilharmonie. Doch das kann in diesen Jahren noch niemand ahnen.

Die HHLA sieht 1963 die „Seehäfen vor neuen Aufgaben". So betitelt das Hamburger Fachblatt „Wirtschafts-Correspondent" einen Aufsatz ihres Vorstandschefs anlässlich des traditionellen Überseetags. Im Vorstand der Lagerhausgesellschaft ist man besorgt, weil die zunehmende EWG-Integration den Übersee-Anteil am westdeutschen Außenhandel schrumpfen lässt: allein im Vorjahr um drei Prozent. Die Dienste mit Amerika oder Asien sind es aber, von denen die HHLA besonders abhängt. Innerhalb Westeuropas hingegen wird das meiste per Lkw, Bahn oder Binnenschiff transportiert. Schon von daher wirbt der Artikel um „die Vertiefung der Wirtschaftsbeziehungen mit überseeischen Ländern", wie sie auch die Präambel der Römischen Verträge beschwört. Die neue Aufgabe eines Hafens wie Hamburg sieht der Fachbeitrag nun vor allem darin, „durch eigene Initiative die Voraussetzung für ein intensives Überseegeschäft und eine reibungslose Abwicklung der daraus resultierenden Seetransporte zu schaffen". Seit jeher nütze dem Hamburger Freihafen dabei auf der Importseite sein Know-how als zentraleuropäisches Lager- und Verteilungszentrum für überseeische Waren – mit einer inzwischen wieder vollständig hergestellten Lagerkapazität von 540 000 Quadratmetern: „Überseeischen Exporteuren ist die Möglichkeit gegeben, ihre Ausfuhrwaren auf Konsignationsbasis in unmittelbarer Nähe der europäischen Märkte zu lagern und dadurch ihre Verkaufschancen ganz erheblich zu erhöhen." Deutschen Exporteuren wiederum helfe Hamburgs hohe Dichte an Frachtgut-Liniendiensten in alle Welt: über 250 Linien mit 800 Abfahrten pro Monat in alle Himmelsrichtungen.

Ein trügerischer Eindruck

Und der Umschlag? Selbst im „Eis-Winter" 1962/63 sind die Einrichtungen des offenen Tidehafens voll funktionsfähig und erreichbar geblieben – dank starker Eisbrecher sowie der damals längsten und modernsten Radarkette der Welt von der Elbmündung bis ins Stadtgebiet. Das hat zu einem Rekordumschlag für die Monate Februar und März nach dem Krieg geführt. Also hat Hamburg, das noch vor wenigen Jahren total am Boden lag, doch alles richtig gemacht, oder etwa nicht? Zumal weiter rationalisiert wird: Eine zentrale Verteilungsanlage für Exportsammelladungen, erweiterte Zollabfertigungsanlagen und modernisierte Stückgutschuppen sind in Planung.

Käfer für Übersee, Kaffee aus Nicaragua

Gabelstapler und Paletten am O´Swaldkai

Auch der Blick auf die an neue Entwicklungen angepasste Hamburger Kaiaufteilung muss den HHLA-Chef und Ex-Politiker beruhigen. Die Güterzüge werden in einem vorgeschalteten Bahnhof aufgelöst, die Wagen nach Kaizungen und dort nach einzelnen Ladestellen sortiert. Dann geht es auf die Kaistrecke, die symmetrisch aufgebaut ist. Das Dirigieren der Wagen nach links oder rechts geschieht nicht mehr in der Mitte zwischen den Schuppen, sondern an der Wurzel der Kaizunge auf einer Verteilanlage. Die Fläche zwischen den Schuppen ist damit frei für den gewaltig gewachsenen Lkw-Verkehr. Erste rampenlose Schuppen mit einheitlichem Bodenniveau schaffen zudem barrierefreie Arenen für moderne Flurförderfahrzeuge wie Gabelstapler und Elektrokarren, deren Fahrer frei von Hindernissen manövrieren können.

Es sieht alles gut aus. Die Nachkriegszeit ist – nach gewaltigen Anstrengungen – abgehakt. Das Feld ist bestellt. Die Zukunft kann kommen.

„Der Wiederaufbau“, sagt auch der frühere Hafenbahn-Chef Reinhard Höfer, „war Mitte der sechziger Jahre längst abgeschlossen – in den alten Strukturen, mit dem Unterschied, dass der Lkw da jetzt mit hineinpasste. Sonst blieb alles beim Alten: schmale, lange, handtuchartige Kaistrecken, auf beiden Seiten möglichst Seeschiffplätze.“

Und genau diese alten Strukturen am Kai werden Plate bei allem, was er für den Hafen als Wiederaufbauer, Werber und Wegbereiter getan hat, in Kürze als Mann von gestern dastehen lassen. Denn etwas Entscheidendes, das sich am Horizont schon abzeichnet, sieht er nicht. Oder er will es nicht sehen.

„Der Wiederaufbau war Mitte der sechziger Jahre längst abgeschlossen – in den alten Strukturen, mit dem Unterschied, dass der Lkw da jetzt mit hineinpasste.“

Reinhard Höfer, ehemaliger Hafenbahn-Chef

Der Tiefwasserhafen der Träume

Die winzige Insel Neuwerk vor der Elbmündung bei Cuxhaven hat eine bewegte Historie. Seit 1286 ist sie, mit kurzer Unterbrechung, Hamburgs Vorposten in der Nordsee – und wäre nach einem Vertrag von 1962 fast zum Mega-Industriehafen der Stadt geworden. Die Geschichte eines allzu ambitionierten Projekts und seines überraschenden Ausgangs.

Er ist ein wuchtiger, sturmfester, vierkantiger Kasten aus rotem Backstein – und Hamburgs ältestes Bauwerk: der Leuchtturm von Neuwerk. Die Insel mit ihren knapp drei Quadratkilometern Fläche und etwa 40 Bewohnern ist bei Ebbe sogar zu Fuß oder Pferd übers Watt zu erreichen. Es sind nicht ihre Dimensionen, die sie seit über 720 Jahren zu einem begehrten Ort machen, es ist ihre Lage. Von dort aus kontrollierte der Besitzer die Elbeinfahrt, die jeder passieren musste, der Frachtgut nach Hamburg verschiffen wollte. Von dort aus ließen sich Flusszölle erheben, Elbpiraten bekämpfen und im wahrsten Sinne des Wortes Zeichen setzen, nämlich weithin sichtbare Leuchtsignale für die Seefahrt. Deshalb war es den Hamburgern lieb und teuer, als sie die Hälfte der Insel „Nige-O" („neue Insel") 1286 vom Herzog von Sachsen-Lauenburg übernehmen durften. Sie errichteten darauf schon Anfang des 14. Jahrhunderts einen hölzernen Turm, das „neue Werk", das zum Namensgeber der Insel wurde. Nach einem Feuer wurde es 1377 durch den bis heute den Naturgewalten trotzenden Backsteinturm ersetzt.

Im Herrenzimmer dieses „Wehrturms" unterschrieben am 5. Oktober 1962 Hamburgs Erster Bürgermeister Paul Nevermann und Niedersachsens Ministerpräsident Georg Diederichs einen Staatsvertrag – laut „Hamburger Abendblatt" von damals „ein historischer Tag für Hamburg". Denn durch diesen Vertrag sollte Neuwerk aus niedersächsischem Besitz – in den es erst als Folge des Groß-Hamburg-Gesetzes der Nazis von 1937 geraten war – per Tauschaktion wieder zur Hansestadt zurückkehren. Niedersachsen erhielt dafür von Hamburg im Gegenzug Flächen im Fischereihafen von Cuxhaven.

Warum dieser aufwendig inszenierte Tausch? Grund waren handfeste wirtschaftliche Interessen beider Seiten. Der Fischereihafen des Küstenstädtchens Cuxhaven konnte nunmehr ausgebaut werden, das hatten die Niedersachsen angestrebt. Und Hamburg erhielt nicht nur die winzige Insel, sondern auch noch das Nachbar-Eiland Scharhörn und vor allem 90 Quadratkilometer umgebendes Wattenmeer.

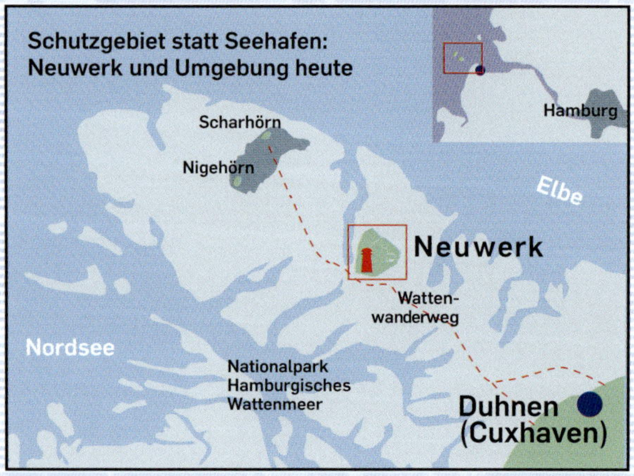

„Abschied von einer Vision"

Auf die hatte es Hamburg besonders abgesehen, denn die natürliche Fahrrinne in diesem Gebiet erlaubte theoretisch selbst schwersten Supertankern und Erzfrachtern bei 20 Meter Tiefe noch genügend Wasser unterm Kiel. Ganz anders als im über 100 Kilometer elbaufwärts gelegenen Hamburger Hafen, wohin die dicksten Pötte nur durch extrem kostspielige und zeitintensive Baggerungen im Flussbett gelangen konnten. Weil das für den Hafenausbau immer mehr Probleme bedeutete, schien Neuwerk als Tiefwasserhafen ein großer Befreiungsschlag. Und dann waren da noch andere strategische Gründe, die der damalige SPD-Bürgerschaftsabgeordnete Helmuth Kern heute so zusammenfasst: „Wir wollten zunächst verhindern, dass da jemand anderes an der Mündung der Elbe uns einen großen Hafen vor die Nase baut: die Niedersachsen etwa oder irgendwelche Weltkonzerne. Für Hamburg wäre das hochgefährlich gewesen! Und dann wollten wir wissen: Könnten wir dort überhaupt technisch einen Industriehafen bauen, und was kostete das?"

1969 wurden die Kosten auf 400 Millionen Mark und die Bauzeit auf vier Jahre veranschlagt. Kern war inzwischen Wirtschaftssenator und die Insel

Touristenfreuden statt Schwerindustrie: Neuwerk mit seinem markanten Wehrturm ist bei Ebbe übers Watt erreichbar

wie im Vertrag vorgesehen an Hamburg übergeben worden. Nach inzwischen konkreter ausformulierten Plänen sollten sich Chemie-, Öl- und Stahlunternehmen im Hafengebiet ansiedeln, ganz wie es der Trend der Zeit mit seinem Drang der Industrie an die Küste vorzugeben schien. Nicht zuletzt sollte der „Vorhafen" Neuwerk auch Schiffbaubetriebe anlocken.

Doch inzwischen hatten die Mühlen zu mahlen begonnen. Das Projekt wurde einer Tiefwasserhafen-Kommission des Bundes vorgelegt, Umweltschützer organisierten sich gegen die befürchtete Zerstörung des sensiblen Wattenmeergebiets. Die Ölkrise von 1973 zeigte, dass der Industrie-Boom nicht endlos weitergehen würde. 1978 gab es immer noch kein Planfeststellungsverfahren, in Niedersachsen bekämpfte die CDU-Regierung von Ernst Albrecht das Projekt mit Blick auf die Folgen für den Fremdenverkehr und den eigenen Tiefwasserhafen in Wilhelmshaven. So titelte am 19. September 1979 die „FAZ": „Hamburg nimmt Abschied von einer Vision." Die Stadt legte das Projekt Neuwerk ad acta und fügte sich in das Schicksal, den Platz für die neuen Containerriesen weiterhin mühsam im eigenen Hafen zu schaffen.

Seit 1990 ist das Wattenmeer vor der Elbmündung einschließlich des „Tiefwasserhafens der Träume" und der kleinen Eilande Neuwerk und Scharhörn ein Nationalpark und damit aller industriellen Nutzung entzogen. Die Hamburger Bürgerschaft hat es so beschlossen. Und auf Neuwerk haben die Bienenköniginnen die Regentschaft übernommen. Die werden dort nämlich besonders erfolgreich gezüchtet – wegen der „isolierten Lage" der Insel.

1965 Stückwerk Kiste für Kiste und Sack für Sack stapelten sich in Stückgutfrachtern wie dem Hapag-Schiff *Essen* im Oderhafen. Ihre Ära neigte sich jedoch im Zeichen des Containers dem Ende zu

BIRKENFELS

NYK LINE

2010 Massenbewegung Ein einziges Mega-Containerschiff schleppt heute bis zu 15-mal so viel Fracht wie die Stückgutfrachter der sechziger Jahre – manchmal an die 14 000 Stahlboxen

1965 – 1989

Der Siegeszug einer Kiste

Zwei Dinge haben den Hafen erst zu dem gemacht, was er bis heute ist: der Container und die Automatisierung.

Verladung eines Containers auf ein Semi-Containerschiff der Unit

Im Frühjahr 1965, dem 80. Jubiläumsjahr der HHLA, ist es neun Jahre her, dass in den USA der Weltkriegs-Öltanker *Ideal X* zweckentfemdet worden ist. Der Spediteur Malcolm McLean, Gründer der Pan-American Steamship Corporation, hat am 26. April 1956 an Bord des alten Tankers 58 gleichgroße Metallkisten voller Stückgut von Newark in New Jersey zum Hafen von Houston in Texas verschifft. So, wie es zuvor nur das US-Militär mit seiner Ausrüstung gemacht hat. Den Löschvorgang hat das neue Verfahren verblüffend beschleunigt: Die Kisten – schlicht „Container", also Behälter genannt – sind am Ziel einfach auf je einen wartenden Lkw gesetzt worden. Und ab die Post! Das hat sich herumgesprochen zwischen Houston und Newark. Immer mehr Versender wählen dort seitdem McLeans Methode.

Es ist zum erwähnten HHLA-Jubiläum immerhin auch schon drei Jahre her, dass im „Wirtschafts-Correspondent" in Hamburg ein Artikel des Ersten Baudirektors Arved Bolle über den Hafenausbau erschienen ist. Darin taucht ganz am Rande das Foto eines „Coltainers" auf, eines „Collapsible Containers", der sich im Leerzustand sehr platzsparend wie eine Faltschachtel zusammenklappen lasse. Hersteller sei eine Firma aus Atlanta. „Der Container-Verkehr gewinnt auch für die Seeschifffahrt immer mehr an Bedeutung", hat die Zeitung das Foto noch untertitelt.

Und derselbe Autor hat wenige Monate später im selben Blatt ein weiteres Mal en passant über die neue Kisten-Mode berichtet, die nun auch in Hamburg angekommen sei: „Container werden in großer Zahl abgefertigt, aber vorerst noch als Einzelstückgüter auf

ates Lines am Burchardkai 1967. Der Vorläufer der Van-Carrier rechts war noch nicht zum Stapeln geeignet

Löschen und Sortieren von Apfelsinenkisten aus Südafrika auf der Rampe, 1962

Wenn in Zukunft der Container selbst der „Schuppen“ ist, in dem die Ware lagert, dann braucht der Hafen viel größere Stau- und Stapelflächen statt bebauter Kaizungen

normalen Linienfrachtern.“ Allerdings sind diese Stückgut-Frachter für mehr als eine Handvoll Container als Beiladung an Deck gar nicht ausgelegt.

Man kann also sagen, dass der Container Anfang der sechziger Jahre zur Kenntnis genommen wird im Hamburger Hafen – aber mehr auch nicht. Er ist nur eine Variante im Kanon der vielfältigen Versuche, den Stückgutumschlag zu rationalisieren. Was die Verpackung unterschiedlichster Güter in einheitliche, stapelbare, witterungsbeständige Kästen für die Kaianlagen der Zukunft bedeuten wird, malen sich die Wenigsten aus.

Aber manche eben doch. Der HHLA-Führungsnachwuchs – darunter die Abteilungsdirektoren Werner Schröder und Karl Klein – registriert genau, was für Potenziale in dem neuen Transportformat schlummern. Wie sehr der „schnelle Hafen“ noch einmal beschleunigt werden könnte. Wie allerdings auch die Umschlaganlagen angepasst werden müssten: Wenn in Zukunft der Container selbst der „Schuppen“ ist, in dem die Ware lagert, dann braucht der Hafen viel größere, freie Stau- und Stapelflächen statt enger, schmaler, mit überdachtem Lagerraum bebauter Kaizungen. Dann muss es starke, wendige Flurförderfahrzeuge geben, die mit ihren Greifern die Container zwischen Kaikante, offenen Zwischenlagern und wartenden Lkw umsetzen. Dann muss es Containerzüge geben, auf die endlose Kolonnen der Metallkisten in kürzester Zeit verladen werden können. Das wird eine Revolution! Das ändert alles. Und es muss schnell gehandelt werden.

Doch Plate, der Chef im Ring, will von alledem noch 1965 nichts wissen. Fast sieht es so aus, als ob der 65-Jährige, der kurz vor der Pensionierungsgrenze steht

Sturmflut 1962: Der Vorstandsvorsitzende der HHLA, Ernst Plate, auf der VW-Verladeanlage Burchardkai am Morgen danach

und auch noch als Präsident des Zentralverbands Deutscher Seehafenbetriebe fungiert, dem Konkurrenzstandort Bremen den Platz als zukünftiger deutscher Container-Primus kampflos überlassen will. Dort gibt es längst enge Kontakte zu Malcolm McLeans 1960 gegründeter US-Containerreederei Sea-Land. Walter Sohst, damals gerade seit einem Jahr im obersten Führungskreis der HHLA, erinnert sich: „Wir jungen Vorstände haben hier gezittert vor Wut! Wir sagten: Das ist unmöglich, Hamburg kann doch nicht einfach Nein sagen, wenn Sea-Land anruft!" Doch die Ablehnungsfront der Altvorderen steht: Mancher Privatunternehmer will erst seine Kräne abschreiben, bevor Containerbrücken angeschafft werden. Hinzu kommt die Furcht vor den neuen US-Reedern, die Rotterdam und Bremen bevorzugen und Hamburg zu einem Zulieferhafen degradieren wollen.

Der Burchardkai ändert sein Gesicht

Helmuth Kern, damals mit 38 Jahren kurz vor einer Berufung in den HHLA-Vorstand, sieht einen weiteren Grund für den fehlenden Weitblick des alten Strategen Plate, der sein gemeinwirtschaftliches Hafenkonzept gefährdet sah, und anderer Hafenveteranen: „Sie hätten sich eingestehen müssen, dass der Hafen von Hamburg, den sie gerade wie vor dem Krieg wiederaufgebaut hatten, noch einmal ganz neu und anders gebaut werden musste." Dafür reicht die Kraft beim obersten Verwalter des Staatsunternehmens aber nicht mehr. Spötter aus der Privatwirtschaft buchstabieren Mitte der sechziger Jahre die Abkürzung HHLA: „Halt! Hier langsam arbeiten!"

Man muss Plate aber auch die Sorge um seine Mitarbeiter zugute halten – bei HHLA-Vorständen traditionell sehr ausgeprägt. Er kalkuliert realistisch, dass für den Containerverkehr wesentlich weniger Kaiarbeiter und Schauerleute mit einfachen Qualifikationen gebraucht werden als für den klassischen Stückgutumschlag. Helmuth Kern indes bewertet die Dinge damals genau wie die jüngeren HHLA-Chefs entgegengesetzt: „Es hat keinen Sinn, die Augen zu verschließen, wir müssen die Hafenstruktur entsprechend ändern, und es wird ganz neue Jobs geben." Kern wird 1966 Wirtschaftssenator der SPD. Die überraschende Berufung verhindert seinen Eintritt in die HHLA-Führung, nicht jedoch seinen Tatendrang im Hafen: Kerns allererste Senatsvorlage ist der Ausbauplan für den Burchardkai zum Containerterminal (siehe Seite 142) – eine Beschlusssache, die er von seinem Amtsvorgänger übernommen hat. Regierungschef Herbert Weichmann fragt ihn zwar etwas ratlos: „Sie haben doch gar keine Reeder, keinen Vertrag und keine Container, und da sollen wir so viel Geld auf Verdacht bewilligen?" Doch Kern entgegnet: „Wenn wir das nicht tun, werden wir auch nie welche kriegen. Erst mal muss ich ja eine leistungsfähige Anlage vorweisen." Das sieht der Senat ein und beschließt es einstimmig.

So ändert der Burchardkai allmählich sein Gesicht. Das Landstück, auf dem seit 1960 Tausende fabrikneuer VW Käfer einzeln per Kran auf Überseeschiffe Richtung USA gehievt werden, ist eigentlich ein Multi-Purpose-Terminal, wo vor allem auch Stahlrohre für die Sowjetunion verladen werden. Deutschland ist das einzige Land, das die von den Sowjets gefragten nahtlosen Rohre herstellen kann. Dieses einträgliche Geschäft mit der sozialistischen Schwerindustrie gehört damals zu den Kernaktivitäten des Burchardkais und macht einen

Erste Containerbrücke am Burchardkai im Herbst 1967: Der Ausleger wird vom HHLA-Schwimmkran eingehängt

Vor der Entwicklung des Burchardkais zum reinen Container-Terminal: Verladung von Volkswagen per Kran auf Stückgut-Schiffe

wichtigen Teil der umgeschlagenen Tonnage aus. Es gibt in Waltershof beachtliche Flächen alter Schrebergartenanlagen, wo die große Flut von 1962 verheerende Schäden angerichtet und Opfer gefordert hat. Deswegen ist in diesen Gebieten seither dauerhaftes Wohnen verboten. Zudem sind östlich des Köhlbrandes bereits alle Flächen mit florierenden Kaibetrieben belegt, sodass nur der Burchardkai für den Containerumschlag in Frage kommt. Eine erste Containerbrücke mit 30,5 Tonnen Hebekraft wird errichtet, dazu kommt eine Reihe von Kaikränen mit bis zu 25 Tonnen Tragfähigkeit. Ein Jahr später findet bereits der erste Containerumschlag statt. Und am 2. Juni 1968 ist es so weit: Die *American Lancer* der United States Lines läuft als erstes Vollcontainerschiff feierlich in den Hamburger Hafen ein. Der erste Containerzug, der die Boxen vom Burchardkai ins Hinterland bringt, wird „Delphin" getauft.

Nun geht es plötzlich Schlag auf Schlag. Es ist, als wäre ein Korken aus einer Flasche gezogen worden. Die Containerbrücken 2 und 3 sind am Burchardkai schon in Vorbereitung. Bis 1970 soll noch einmal das Doppelte der bislang investierten Summe in den ersten Hamburger Containerterminal gesteckt werden. Und der Hafen schwenkt mit fliegenden Fahnen auf die neue Linie ein.

Das liegt auch an einer anderen treibenden Kraft im Containergeschäft: Kurt Eckelmann, Chef der privatwirtschaftlichen Eurokai KGaA. Die Eckelmanns sind alteingesessene Hafen-Unternehmer, vor allem in der Hafenschifffahrt und im Lagereiwesen tätig. Kurt Eckelmann bringt das Familienunternehmen in vierter Generation auf einen ganz neuen Kurs. Als Kenner der Container-Aktivitäten von McLean in den

Abfertigung des ersten Vollcontainerschiffs in Hamburg, *American Lancer*, am 31. Mai 1968 am Burchardkai

USA und als deutscher Delegierter bei internationalen Konferenzen in Paris und Hamburg hilft er zunächst dabei mit, dass Container auf Standardmaße genormt werden. Denn noch sind unterschiedliche Formate im Umlauf, die eine weltweite Standardisierung des Umschlags erschweren: Alle Lagerflächen, Greifer, Flurfördergeräte und Laderäume müssen schließlich nach den Vorgaben der Metallkisten bemessen werden. Doch bei theoretischen Fragen belässt Eckelmann es nicht: Ein Jahr nach der HHLA, nach harten Verhandlungen um die Konditionen, eröffnet er 1969 seinen eigenen Containerterminal am Predöhlkai. Gleich gegenüber vom Burchardkai. Es ist der Beginn eines intensiven Wettbewerbs um die magische Metallkiste im Hamburger Hafen, der eine nie gekannte Dynamik an Investitionen und Modernisierungen entfalten wird.

Dazu bedarf es noch einer weiteren Grundlage, für die maßgeblich der Name Kern steht: einer neuen Hafenordnung. Der Senator, der auch in der regionalen Industriepolitik unerschrocken ganz neue Wege geht (siehe Seite 138), steht fortan im Zentrum eines Aufbruchs, wie ihn Hamburgs Hafen seit dem Zollanschluss der Stadt 1888 noch nicht erlebt hat.

Der Druck wächst: Mehr Wettbewerb im Hafen

Seit Mitte der sechziger Jahre steht der Hamburger Senat vor einem immer drängenderen Problem: Sein Staatshaushalt kann die teuren Investitionen in den Strukturwandel des Hafens hin zu modernerem Stückgutumschlag und Containerwirtschaft kaum noch finanzieren. Die privaten Umschlagunternehmen wie die Eurokai oder die Lager- und Speditionsgesellschaft andererseits sind zunehmend unzufrieden damit, durch eingeschränkte Umschlagrechte ausgebremst zu werden – anders als etwa die großen Reedereien und vor allem im Gegensatz zur alles dominierenden HHLA, die mit über 4000 Mitarbeitern etwa die Hälfte des gesamten Hafenumschlags abwickelt. Wenn zum Beispiel ein Unternehmen einen zusätzlichen Kunden wittert, für den es Ladung umschlagen will, bekommt es dafür kein Grundstück. Der hafeninterne Wettbewerb ist beschränkt, damit die HHLA nicht lukrative Schiffsabfertigungen verliert: Einnahmen, die sie benötigt, um Verluste aus gemeinwirtschaftlich erwünschten, aber defizitären Abfertigungen auszugleichen. So entsteht an zwei Fronten Druck, die alte Hafenstruktur aufzulösen: Einerseits drängen Private auf unternehmerischen Freiraum und damit mehr Wettbewerb, andererseits zwingt der Strukturwandel beim Stückgutumschlag zu hohen Investitionen in moderne Kaianlagen, die der Staat nicht aufbringen kann.

Auch die vorwärts denkenden Köpfe in der HHLA – Ernst Plate ist zum 1. Juli 1967 aus dem Vorstand ausgeschieden – bereiten sich schon lange auf einen unternehmerischen Wettbewerb vor. Sie suchen neue Herausforderungen, auch wenn sie zugleich den Wettbewerbsdruck fürchten. „Die HHLA musste mal einen Auftrag finden, für den sie sich voll und ganz einsetzen konnte", erinnert sich das damals neue Führungskreis-Mitglied Sohst: „Wir, der junge Vorstand, sagten: Wir wollen mehr sein als nur eine Kaiverwaltung mit Lagerbetrieb." Es sind auch schon einige kleine Kooperationsverträge mit privaten Stauereien angebahnt worden, doch das hat zu massiver Besorgnis der Privatwirtschaft im Hafen geführt: Die HHLA könne

Kismet oder das Missverständnis vom „Ruhrgebiet an der Elbe“

Atomkraftwerke und Überschallflugzeuge: Vor 40 Jahren veröffentlichte der damalige Hamburger Wirtschaftssenator Helmuth Kern seine radikale Vision eines regionalen Wirtschaftsraums an der Unterelbe – samt florierendem Tiefwasserhafen bei Scharhörn.

Skizze zum Wirtschafts - Entwicklungsmod
2. Fassung

Seine Reihenhauswohnung in Othmarschen hat Helmuth Kern mit Bildern und Modellen von Booten dekoriert – Boote, die der Hobby-Segler im Lauf seines Lebens besessen hat und die alle Kismet hießen, durchnummeriert von I bis VIII. „Kismet ist das arabische Wort für Schicksal“, erklärt der 82-Jährige und interpretiert es so: „Vorgefundenes akzeptieren und dann daraus etwas machen.“ Daran hat sich Kern zeitlebens gehalten. Er hat gestaltet, als langjähriger Chef der HHLA zwischen 1976 und 1991 und zuvor in seinem Jahrzehnt als Hamburger SPD-Wirtschaftssenator ab 1966. Gegebenes einfach hinzunehmen war nicht sein Ding. Eines trieb Kern um, seit er nach dem Krieg Parlamentarier geworden war: Kontinuierlich wanderten Industriebetriebe aus Hamburg ab, über viele Jahre hinweg. Als Wirtschaftssenator drehte er diesen Trend zwar durch gezielte Fördermaßnahmen um, doch „das reichte der Opposition immer noch nicht, sie rief nach wirklich großen Unternehmen.“ Kern wollte zeigen, dass großflächige Ansiedlungen auch in Hamburg und seinem Umland möglich waren – und der „Zug der Industrie zur Küste“ nicht nur Bremen oder Rotterdam begünstigte.

Das Konzept dazu veröffentlichte er 1970. Es trägt den sperrigen Titel „Modell für die wirtschaftliche Entwicklung der Region Unterelbe“, wurde aber bisweilen als „Ruhrgebiet des Nordens“ interpretiert und im Nachhinein gerne als leicht überdrehte Vision von einem riesigen Industriegürtel um Hamburg herum bespöttelt. Das lag auch an einem Buchbeitrag von nur 19 Seiten in dem Sammelband „Hamburg auf dem Weg in das Jahr 2000“, der 1970 herauskam. Ein Senats-Mitarbeiter hatte diese von viel Fortschrittsglauben geprägte Zusammenfassung des Niederelbe-Konzepts in Kerns Namen verfasst, und vielleicht hatte der vielbeschäftigte Senator nicht konzentriert gegengelesen. Der Autor setzt die Leser gleich zu Beginn in ein „überschallschnelles Verkehrsflugzeug“ im Anflug auf Hamburg um das Jahr 2000. Schon an der Elbmündung, wo der von Kern propagierte Tiefwasserhafen Realität geworden ist, prickelt der Zeitgeist: „Große Betriebe der chemischen und metallurgischen Industrie, eine große Werft sowie ein Atomkraftwerk entstanden um die alten Inseln Neuwerk und Scharhörn herum …“ Je näher der Super-Jet dem ebenfalls realisierten „Großflughafen Kaltenkirchen“ kommt, desto paradiesischer wird die Aussicht: „Beim Anflug auf den Flughafen können wir noch einen Blick auf den Hamburger Hafen werfen. Keine Smogschicht beeinträchtigt dabei die Sicht.“ Denn obwohl sich hier ebenfalls viel Großindustrie am „seeschifftiefen Wasser“ angesiedelt hat, ist dank Umweltschutz alles im grünen Bereich.

All das als „Ruhrgebiet des Nordens“ aufzufassen, bringt Kern noch heute auf die Palme: „Kaum einer hat

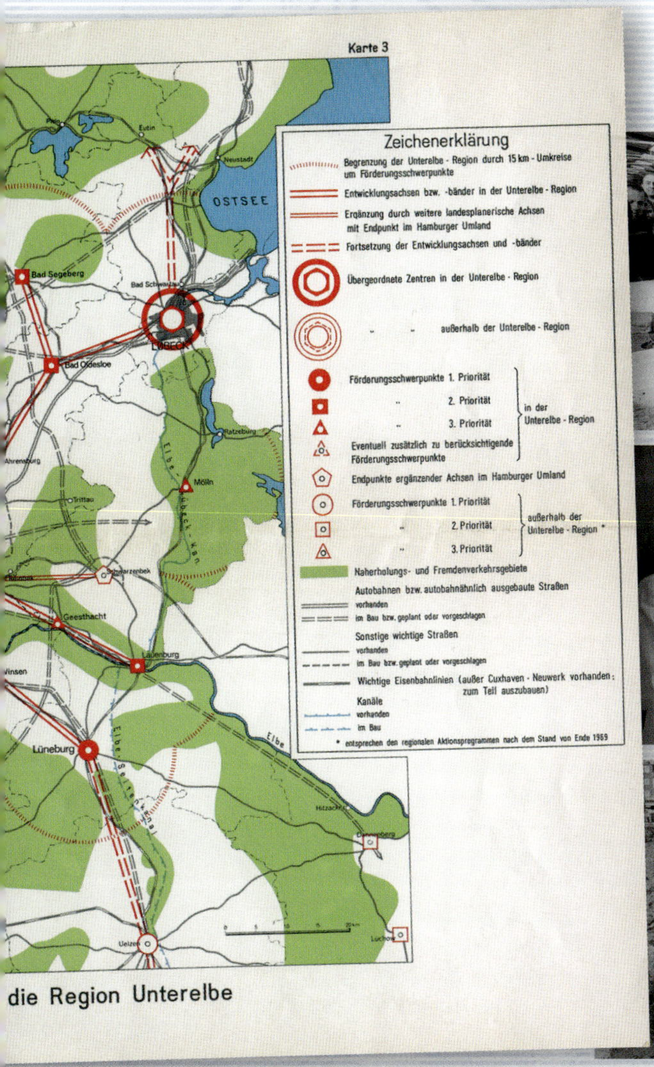

Der Industriepolitiker, der überall zugleich präsent schien: Helmuth Kern bei der Einweihung des Überseezentrums der HHLA 1967 …

… bei der Verabschiedung von Bürgermeister Hans-Ulrich Klose am 25. Mai 1981 …

… und 1969 als Wirtschaftssenator auf einer Baustelle

den zweiten Teil des Beitrags gelesen, wo ganz sachlich das Konzept einer gemeinsamen Regionalpolitik erörtert wird." Grundgedanke schon vor 40 Jahren: Hamburg, Niedersachsen und Schleswig-Holstein als Elb-Anrainer tun so, als gäbe es keine einengenden Ländergrenzen. Zusammen entwickeln sie die Region entlang von Achsen, die strahlenförmig aus Hamburg hervorgehen und an denen „Kristallisationspunkte" von Industriegebieten entstehen. Nicht Hamburg wächst ins Umland, sondern die Niederelberegion wird für alle erschlossen: „Ich wollte die Entwicklung in die Tiefe des Raumes hineintragen." Dazwischen große Grünflächen statt einer einzigen Industrie-Wucherung, wie sie das Ruhrgebiet darstellt. Und gezielte Maßnahmen zur Wasser- und Luftreinhaltung, damals absolut keine Selbstverständlichkeit. Eigentlich also ein fortschrittlicher Denkansatz.

Es gelang Kern und seinen Wirtschaftsförderern sogar, einige Großbetriebe am Hafen anzusiedeln. Die Hamburger Stahlwerke von Willy Korf gehörten dazu – ein vergleichsweise sauberes Elektrostahlwerk, das keinen schwarzen Qualm aus Kohle-Hochöfen ausstieß. Doch aus den Nachbarländern erntete das reiche Hamburg für seine Einladung zum regionalen Denken viel traditionelles Misstrauen. Hatte sich die Stadt nicht mit dem Groß-Hamburg-Gesetz 1937 allerhand vom Umland unter den Nagel gerissen? Hatte Hamburg nicht immer schon die Elbe dominieren wollen? Dann kam die Ölkrise, die Wirtschaft stagnierte, die Visionen gingen aus.

Am Ende wurde relativ wenig von Kerns Modell realisiert. An einer der „Achsen", in Brunsbüttel, entstand immerhin Erdölverarbeitung und Chemieindustrie. In Stade Dow Chemical und die Salzmine, in Hamburg die Vereinigten Aluminiumwerke. Der Hamburger Hafen hat von alledem nur wenig profitieren können. Doch das musste er auch nicht, denn inzwischen setzte machtvoll der Containerverkehr ein, der ihm sein ganz eigenes Wirtschaftswunder brachte. Auch das ist wohl „Kismet".

Ein „Lascher" sichert Container an Deck eines Frachters gegen Verrutschen bei schwerer See – Aufnahme aus den siebziger Jahren

vorhaben, auch die Stauerei im Hafen noch zu übernehmen und die Traditionsbetriebe hinauszudrängen, wird in Hafenkreisen gemunkelt. Die Strukturen sind einfach noch zu starr, um unternehmerische Phantasie zum Wohl des Hafens zu erlauben.

Es gibt aber schon seit 1966 einen ersten modellhaften Pachtvertrag zwischen der HHLA und Kühne & Nagel: Erstmals seit Bestehen der 100 Jahre alten Hamburger Kaibetriebsordnung räumt er einer Privatspedition freie Umschlagsrechte an einer wettbewerbsfähigen Kaistrecke ein, nämlich dem Kamerunkai, wo Kühne & Nagel den Schuppen 63 bauen will. Die neue umfassende Freiheit ist nur über einen Trick möglich: Die Spedition muss dafür das Umschlagsunternehmen Jorderberg kaufen, das schon in den zwanziger Jahren einmal solche Rechte am Kamerunkai hatte – und kann sich fortan auf Gewohnheitsrecht berufen. Mit dieser Entscheidung wird nach einem Jahrhundert das Prinzip des wettbewerbsneutralen Kaibetriebs im Hamburger Hafen de facto aufgebrochen. Kühne & Nagel wirbt dann auch gleich als Erstes die Reederei Wilhelm Wilhelmsen ab, die zuvor ihre Schiffe von der HHLA hat abfertigen lassen.

Die Verunsicherung in der Hafenwirtschaft ist groß. Es darf nicht länger bei Präzendenzfällen und Einzel-Vorstößen für mehr Wettbewerb bleiben. HHLA-Vorstand Sohst geht zum Wirtschaftssenator, um gemeinsam Pflöcke für ein zukunftsfähiges Wettbewerbsrecht im Hafen einzuschlagen: „Mit Helmuth Kern habe ich auf seinem Sofa die neue Hafenordnung entworfen." Das Ergebnis wirkt auf den ersten Blick aberwitzig, denn der Aufsichtsratschef der HHLA, der Kern ja ebenfalls ist, tut dem Unternehmen etwas Radikales an: „Ich entzog ihm alle Hoheitsrechte im Hafen und stellte es in den Wettbewerb."

Am 1. Juli 1970 tritt die neue Ordnung in Kraft. Die privatwirtschaftlichen Pachtkaibetriebe, die früher Flächen von der HHLA mieten mussten oder eben verweigert bekamen, pachten diese nun wieder wie vor 1935 direkt vom hamburgischen Staat – zu den gleichen Bedingungen wie die HHLA. Alle Umschlagsbetriebe haben die gleichen Lager- und Umschlagsrechte. Den Kaitarif im Hafen legt nun die Stadt fest, nicht mehr die HHLA. Zudem ist nun klar: Die Stadt baut nur noch Kaimauern und Hafenbecken, bindet die Kais an die Landverkehrsnetze und Versorgungsleitungen an, ist also für die Infrastruktur zuständig. Die Unternehmen sorgen aus eigener Tasche für Gebäude, Befestigungen, Kräne, Containerbrücken – für die „Suprastruktur". Aber, und das wird der HHLA in Zukunft enorme Spielräume verschaffen: Auch sie ist nun frei, sich in allen Zweigen der Schiffsabfertigung unternehmerisch zu betätigen, etwa im Stauereiwesen und der Logistik. Dazu wird ihr Grundkapital von bislang nur einer Million Mark auf 99 Millionen fast verhundertfacht. „Die HHLA war primus inter pares", sagt der pensionierte HHLA-Manager Clemens Raabe rückblickend. „Mit einem Monopol wäre man in Hamburg nicht weitergekommen. Insofern war das ein Neuanfang für die HHLA, aber ein segensreicher. Denn aus einer Behörde wurde auf einmal ein Unternehmen."

Das Ergebnis der Hafenreform ist geradezu ein Urknall. Kern erinnert sich: „Als wir die Hafenordnung geändert hatten, brach eine tolle Investitonswelle los. In ganz kurzer Zeit investierten alle Hafenfirmen zusammen ein paar Milliarden in den Hafen, der dann explo-

Ein Van-Carrier liefert 1969 einen Container an, der auf den Frachter *American Lynx* der United States Lines verladen werden soll

Ladung mit Überlänge: Eine Giraffe wird im Juli 1966 am Schuppen 45 auf ein Frachtschiff verladen. Nur wenige „Güter“ eignen sich nicht für den Container

sionsartig zum großen Containerhafen wurde. Das war eine Folge der Herstellung gleicher Wettbewerbsrechte und der Privatisierung der Suprastruktur, die gleichzeitig die Stadt enorm entlastete. Das war für mich selbst verblüffend, dass die Privaten so ansprangen.“

Die HHLA darf nun im offenen Wettrennen mit anderen zeigen, dass sie unternehmerisch handeln kann: Schon im November 1968, fünf Monate nach Eröffnung des Burchardkai-Terminals, bieten dort fünf Linien mit Semi- oder Vollcontainerschiffen jeden Werktag eine Abfahrt von Hamburg in die USA an, Verhandlungen über weitere Dienste laufen auf Hochtouren. Es gibt bereits 180000 Quadratmeter an Containerstellflächen sowie Ausbaupläne bis auf 1,8 Millionen Quadratmeter und 20 Schiffs-Liegeplätze. Van-Carrier, hochbeinige Spezialtransportfahrzeuge mit Greifern für Container, tun auf diesen Flächen zwischen Schiff und Lkw Dienst. Noch ist der Monatsumschlag von 5500 TEU – eine TEU oder Twenty Foot Equivalent Unit entspricht einem 20 Fuß langen Standardcontainer – bescheiden, aber bislang trägt ein Schiff ja auch nur etwa 800 der Metallkisten. Das wird sich sehr bald radikal ändern. „Dann kam schnell die zweite Containerschiff-Generation mit bis zu 2000 Stück“, erinnert sich heute Clemens Raabe, damals Chef am Burchardkai. „Und mit der dritten Generation, bis zu 3500 TEU pro Schiff, wurde dann die Asienfahrt lukrativ.“

Das neue „Übersee-Zentrum“ der HHLA kümmert sich um jene rund 25 Prozent der Container, die erst im Hafen mit „Sammelgut“ bepackt werden: Aus allen Teilen des europäischen Hinterlands kommt es hier zusammen, wird in die Container einsortiert und soll

Die Premieren-Bühne

Der Container Terminal Burchardkai (CTB) der HHLA ist der älteste und bis heute größte Terminal im Hamburger Hafen. Hier begann die Erfolgsgeschichte des Containers, die den Hafen veränderte – mit vielen technologischen Innovationen, die Schule machten.

Wenn Geschäftsführer Peter Schwencke aus seinem Büro im dritten Stock auf den Burchardkai schaut, überblickt er bis ans Wasser sein ganzes Reich: die Blöcke aus Tausenden gestapelter Container, dazwischen die hin und her rangierenden Van-Carrier und Portalstapler, die diese Blöcke immerzu mit neuen Kisten um- und umschichten; die Containerbrücken mit den vor- und zurückeilenden „Katzen", deren Greifer über den Frachtern am Kai manövrieren; die Trucks, die Metallkisten in den Hafen bringen und abholen. Und die Bagger. Denn der Burchardkai wird gerade erweitert – und grundlegend umgebaut. Neue Flächen werden aufgehöht und planiert, um noch mehr Kisten stapeln und von A nach B bewegen zu können.

Dabei ist der CTB, wie der Burchardkai kurz genannt wird, mit zehn Schiffsliegeplätzen schon heute der größte Terminal im Hamburger Hafen: 1,5 Millionen Quadratmeter nur für buntes, achteckiges Kistenblech. Bis zu 3500 Lkw werden hier täglich abgefertigt – wenn nicht gerade weniger los ist wie an diesem Donnerstag im Juli 2009, einem Tag in der weltweiten Finanz- und Wirtschaftskrise. Für die Erweiterung des Kais ist das aber eine Chance: „Im Boom bis Mitte 2008 war es eine heroische Herausforderung, hier alles bei 100 Prozent Auslastung umzubauen, ohne dass der Kunde es zu spüren bekommt. Das geht durch die Krise nun einfacher." Schwencke ist keiner, der sich von Einbrüchen der Weltkonjunktur schrecken lässt. Die guten Zeiten werden wiederkommen, und dann muss der Burchardkai für noch mehr Umschlag gerüstet sein.

Das war in all den Jahren der Expansion seit 1968 hier die Philosophie: mit modernster Technik fit sein für die Zukunft. Der Burchardkai führte erstmals im Hafen Containerbrücken ein. Heute verfügt er bereits über fünf Exemplare der modernsten Generation: sogenannte Tandem-Brücken, die zwei 40-Fuß-Container zugleich hintereinander handhaben können. Die Van-Carrier, jene auf zehn Meter hohen Stelzen rollenden Spezialfahrzeuge, die Container mittels „Spreader" genannten Greifern aufnehmen und zu den Stellplätzen befördern: Auch sie hatten hier am CTB Premiere. „Bei deren Entwicklung zusammen mit den Herstellern sind wir weltweit führend", sagt Peter Schwencke.

Am CTB gab es auch bereits elektronische Datenverarbeitung, während überall sonst im Hafen noch vielerlei Formulare und Stempel jeden Transportvorgang begleiteten. Die Kommunikation mit den Van-Carriern lief zunächst über Sprechfunk. Doch es gab zu wenige Frequenzen für so viele Order zur selben Zeit. So etablierte die HHLA Mitte der achtziger Jahre den Datenfunk, eine weitere Weltpremiere: Jeder Van-Carrier hatte in seiner Fahrerkabine eine „Brotbox", ein Kästchen mit alphanumerischer Tastatur und Bildschirm. Dort leuchtete die Nummer

Ein Umschlagplatz im Wandel: Der Burchardkai der HHLA 1971 (links)

des Containers auf, sein Standort und sein Ziel. Ab Mitte der neunziger Jahre wurden diese Positionen dann mit einer Kombination aus dem Satellitenortungssystem GPS und einem Kreiselkompass an Bord der Stelzen-Fahrzeuge bestimmt. „Wir brauchten mehrere Jahre, bis das System auch nachts, bei schlechtem Wetter oder im Funkschatten riesiger Metallkräne funktionierte", sagt Schwencke. Der nächste Meilenstein der Entwicklung wurde um 1997 erreicht: die satellitengestützte „Fahrwegoptimierung" für jeden Van-Carrier. Seither steuern die Auftrags-Computer immer dasjenige der 120 Fahrzeuge an, das gerade den kürzesten Weg hat. Viele dieser Innovationen hat die HHLA ab 2001 auf ihrem modernsten Containerterminal in Altenwerder übernommen und weiterentwickelt.

Peter Schwencke

Doch auch der Burchardkai hält Anschluss an die technologische Spitze. Rund 600 Millionen Euro investiert die HHLA mit einem 2004 aufgelegten Ausbauprogramm in ihre „Premierenbühne" CTB. Das Ziel: Der älteste Containerterminal der HHLA soll grundlegend modernisiert werden. So nahm 2006 der neue Containerbahnhof den Betrieb auf: Parallel zur Kaikante stellen Arbeiter bis zu 700 Meter lange „Containerganzzüge" zusammen; etwa ein Drittel der am CTB angelandeten Container wird per Bahn abtransportiert. Es gibt ein neues Blocklager mit unendlichen Reihen gestapelter Container. Drei – statt in Altenwerder zwei – Portalkräne erledigen hier das Stapeln und Umschichten. Diese Umstellung des gesamten Systems war auch nötig, denn die Liegeplätze sind inzwischen für neueste Großcontainerschiffe ertüchtigt worden. Bei deren Ladekapazität müssen in Spitzenzeiten schon mal 6000 Boxen innerhalb von gut zwei Tagen auf dem Kai bewegt und umsortiert werden. Im Endausbau wird man hier einmal weit über fünf Millionen TEU pro Jahr umschlagen können. Der Burchardkai bleibt für die HHLA das Labor der Umschlagtechnologie – im täglichen Praxisbetrieb.

noch als Mehrzweck-Terminal, und heute als reiner Containerterminal. Die riesigen Lagerblöcke und der Containerbahnhof beanspruchen viel Platz

Transport-Logistik der sechziger Jahre: Terminal Tollerort

1968; Helmuth Kern schickt zusammen mit Bundesbahn-Chef Heinz Maria Oeftering den ersten Containerzug ab Hamburg auf die Reise

„Zwischen Hamburg und der See darf kein Hindernis für Schiffe sein.“ Helmuth Kern

neben Fahrten in den USA bald auch schon Reisen bis nach Australien und Neuseeland oder Japan antreten. Das Bepacken und Kommissionieren verspricht der HHLA höhere Wertschöpfung als der reine Containerumschlag. Für den Bahn-Transport angelandeter Container ins weit entfernte Hinterland wiederum hat sich bereits der „Nachtsprung“ etabliert: Bis zum Morgen erreichen die Kisten auf Zügen der Deutschen Bundesbahn ihre Destinationen in Mitteleuropa. Nicht zuletzt auch reisen Container im küstennahen Hinterlandverkehr auf Deck von „Roll-on-Roll-off“-Schiffen zu europäischen Regionalhäfen. Das Logistiknetzwerk für das neue Transportverfahren wächst täglich. Es könne „kein Zweifel daran bestehen“, schreibt Wirtschaftssenator Kern im „Vorwärts“, „dass der ‚Point of no Return‘ im Containerverkehr überschritten ist“. Schon 1970 schlagen in Hamburg 13 Prozent weniger Hafenarbeiter 53 Prozent mehr Stückgut um als im Jahr 1957. Der Hafen verzeichnet einen Rekordumschlag von 47 Millionen Tonnen – 15 Prozent Plus gegenüber dem Vorjahr. Und einen um die Hälfte gesteigerten Containerumschlag.

Der Container diktiert immer machtvoller Tempo und Verkehr im Hafen. Anfang 1972 erhält der HHLA-Terminal am Burchardkai seinen modernen Containerbahnhof, wo zwei Verladebrücken 80 Container in der Stunde auf die Bahn setzen können. Ein Jahr später nimmt ein Wettbewerber, die Lager- und Speditionsgesellschaft, den Terminal Tollerort für Dienste nach England, Nordamerika und in den Südpazifik in Betrieb. Die Unterelbe, das ist beschlossen, wird um einen guten Meter vertieft, denn bald schon müssen Containerschiffe der dritten Generation durch die Fahrrinne manövrie-

Papierumschlag im Hafenerweiterungsgebiet Dradenau (1969)

Roll-on-Roll-off-Verladung am Schuppen 10 (1969)

ren können. Diese kraftstrotzenden Frachter schaffen die 12000 Seemeilen lange Route nach Tokio in etwa 24 Tagen, ein Drittel schneller als noch wenige Jahre zuvor. Die Binnenschifffahrt als Hinterland-Verkehrsträger des Hamburger Hafens freut sich auf die Vollendung des im Bau befindlichen Elbe-Seitenkanals, weil er den Weg ins Ruhrgebiet um 300 Kilometer verringert.

„Da kann ich meinen Hut nehmen!"

Doch vor allem wartet die gesamte Hafenwirtschaft ungeduldig auf die Vollendung dreier Verkehrsbauwerke, die auch dem rasant wachsenden Verkehr zu Lande endlich Entlastung bringen sollen. Das erste, das im Frühjahr 1973 fertiggestellt wird, ist die Kattwyk-Brücke, die weltlängste und Europas höchste Hubbrücke. Der Güterbahn auf dem Weg zu den Kais verschafft sie eine spürbare Entlastung gegenüber dem bisherigen Umweg über Harburg, weil zwischen den Hafenbahnhöfen Waltershof und Hamburg-Süd zweimaliges Rangieren entfällt.

Stellvertretend für viele Unternehmen bringt HHLA-Vorstand Werner Schröder die Vorteile der beiden übrigen Projekte in einem Interview auf den Punkt: Köhlbrandbrücke und Neuer Elbtunnel, beide 1974 dem Straßenverkehr übergeben. „Der Elbtunnel", erklärt Schröder, „trägt dazu bei, die Verbindung zwischen dem Kern der Stadt und dem westlichen Hafenteil zu verbessern. Die Köhlbrandbrücke verbindet den alten, traditionellen Freihafen mit den aufstrebenden Hafengebieten in Waltershof."

Die majestätische Schrägseilbrücke, mit 135 Meter hohen gespreizten Pylonen und einer Durchfahrtshöhe von 53 Metern, ist mit 3,6 Kilometern die zweitlängste Straßenbrücke Deutschlands. Und sie ist teuer: 160 Millionen Mark. „Wir waren sehr stolz, dass wir dem Bund aufgeschnackt hatten, die Hälfte der Baukosten zu übernehmen, weil sie ja doch ein Zubringer zur Autobahn A7 sei", bekennt der damalige Wirtschaftssenator Kern heute. „Leider waren die Stahlseile nicht rostfrei. Das kam schon während des Baus heraus, meine Beamten wollten sogar die Baustelle jahrelang dichtmachen, bis sie ausgetauscht wären. Ich sagte: ‚Seid ihr verrückt? Da stehen schon die Pylone, und die Brücke ist für zwei Jahre unbenutzbar? Da kann ich meinen Hut nehmen!' Wir nahmen dann lieber die Firmen in Haftung, und sie tauschten die Seile nach zwei Jahren Betrieb aus. Die hatten das Hamburger Küsten-Klima einfach nicht vertragen." Dennoch wird die Köhlbrandbrücke schnell zum neuen Hamburger Wahrzeichen.

Erst einmal nicht nachgebessert werden muss beim Neuen Elbtunnel, der als Autobahn-Elbquerung unter Tage 1974 ziemlich genau jener gedachten Linie folgt, die der „Führer" 1935 für seine Traum-Elbbrücke vorgesehen hatte. Aus gutem Grund aber errichtet die Hansestadt an dieser Stelle kein oberirdisches Verkehrsbauwerk. Kern: „Es ist ein uralter hamburgischer Grundsatz, den alle Senate immer beachtet haben: Zwischen Hamburg und der See darf kein Hindernis für Schiffe sein. Einmal haben wir es leider zugelassen. Bei Stade führen Strommasten Leitungen über die Elbe, wegen des Atomkraftwerks. Damals verlangten wir schon eine abenteuerliche Höhe der Masten und dachten, dann passt jedes denkbare Fahrzeug drunter durch. Pustekuchen! Als die Ölförderung in der Nord-

Elevatoren löschen mit langen Saugrüsseln Getreide aus dem Laderaum eines Frachters, das mehrere Güterzüge füllt

Alfred C. Toepfer, der „Getreide-König" von Hamburg, 1969

Florierender Transit-Handel: Umschlag von DDR-Lastkraftwagen der Marke IFA, die für die Volksrepublik China bestimmt sind, am Burchardkai

see begann, konnten wir die Ölbohrinseln zur Reparatur nicht auf Hamburger Werften bringen."

Zur Jahreswende 1975/76 gibt es etwas zu feiern bei der HHLA: In den ersten acht Betriebsjahren hat der Burchardkai insgesamt bereits eine Million Container umgeschlagen. Die Containerbrücken und Van-Carrier verdrängen immer mehr den konventionellen Umschlag am Burchardkai, für dessen Erscheinungsbild CTB-Geschäftsführer Peter Schwencke in unserer Zeit das Bild einer Jacke wählt: „In dem Maß, wie der Containerumschlag zunahm, wuchs der Terminal in diese Jacke hinein." Hamburg liegt um 1975 längst weit vorn im Containerverkehr mit Ostasien, Australien und Neuseeland (siehe Seite 148) – und ist wichtigster Transithafen für die DDR, die ČSSR und andere Staatshandelsländer des Ostblocks. Ein schlagendes Beispiel dafür ist im November 1975 die größte Getreide- und Futtermittelladung, die je im Hamburger Hafen gelöscht worden ist: 80000 Tonnen bringt die *MS Fernhill* nach 17-tägiger Reise aus dem Golf von Mexiko an die seeschifftiefe Anlage der Neuhof Hafengesellschaft mbH. Der größte Teil dieser Ladung ist für die DDR bestimmt, der Rest für die anderen Ostblockstaaten und Österreich. Importeur und Makler der Rekordladung ist, kaum verwunderlich, der Hamburger Getreide-König Alfred C. Toepfer. Hamburg ist überhaupt ein Zentrum des weltweiten Getreidehandels: Im Hafen gibt es mit einer Million Tonnen die größte Lagerkapazität für Getreide in Europa. „Hamburg, Europas zweitgrößter Hafen, ist für US-Lieferungen von Getreide und Futtermitteln ein entscheidendes Bindeglied im Handel mit der DDR und anderen wichtigen Märkten Osteuropas", schreibt 1976 Jon E. Falck, der stellvertretende Landwirtschafts-Attaché der USA in Bonn.

Der „schnelle Hafen" ist auch deswegen schnell, weil Mitte der siebziger Jahre neben den Vollcontainerdiensten die vielseitigen „Roll-on/Roll-off"-Schiffe, kurz Ro/Ros, für immer mehr Frachtgutverkehr sorgen. Eingeführt hat die HHLA diese Art des Transports bereits 1966 mit der neuen „Rollanlage" am Schuppen 10. Inzwischen entstehen dafür nicht nur am Burchardkai weitere große Anlagen, die spezialisierte Ro/Ro-Reedereien bedienen können: An Deck nehmen deren Schiffe Container mit, unter Deck rollen durch große Tore Bagger, Kräne, Busse oder andere Exportgüter wie bei einer Fähre in die Laderäume. Das Prinzip dieser Misch-Transportschiffe, die vor allem wenig „containerisierte" Häfen in den USA, Australien und Europa anlaufen: Alles, was sich nicht in Container packen lässt, rollt auf Trailern oder auf eigenen Achsen an Bord. Das geht sehr zügig, da keine komplizierten Hieven per Kran nötig sind. Im Bauch des am Chile-Kai liegenden sowjetischen Ro/Ro-Schiffs *Ingenieur Baschikow* stoßen HHLA-Manager und Generalkonsul Valentin Koptelzev mit Krimsekt und Wodka an, als am 5. Oktober 1976 der neue „RoLo"-Terminal 82/83 eröffnet wird: „Ro" für Roll on/Roll off; „Lo" für Lift on/Lift off, Umschlag per Kran.

Es ist diese „ganzheitliche" Perspektive, die der Hamburger Hafen den Reedern bietet und die ihn in ihren Augen so attraktiv macht: Für jede Art von Gut findet sich in diesem bedeutenden Universalhafen die passende technische und logistische Lösung. Mit etwa 50000 Arbeitsplätzen erreicht der Hafen – es ist die

„Hamburg ist für US-Lieferungen von Getreide und Futtermitteln ein entscheidendes Bindeglied im Handel mit der DDR und anderen Märkten Osteuropas.“

Jon E. Falck

Der weitgehend automatisierte Rangierbahnhof Maschen südlich von Hamburg ist der größte in Europa (Foto von 2003)

Die Bahnen der Boxen

Ab den siebziger Jahren saß der Hamburger Hafen wie die Spinne im Netz: in einem immer dichteren Raster von Containerschiff-Diensten, die ihn mit Orten in aller Welt verbanden. Unsere Grafik verdeutlicht, wie die Containerströme über den Globus zunahmen.

Die begehrten Boxen kamen nicht von selbst nach Hamburg. Es bedurfte cleverer Kontaktanbahnung und einiger Überzeugungsarbeit, um die Containerreeder aus aller Welt Hamburgs objektive Standortvorteile entdecken zu lassen. Doch als die Containerisierung des Hamburger Hafens erst einmal angelaufen war, also ab 1968, zeigte sich schnell die ganze Dynamik, die in diesem neuen Stückgut-Transportverfahren steckte. Das erste Containerschiff mit Fahrgebiet Fernost legte im Januar 1972 am HHLA-Terminal Burchardkai an. Es eröffnete den sogenannten Trio-Dienst, der von fünf Reedereien aus drei Ländern betrieben wurde und Hamburg zu seinem ersten europäischen Anlaufhafen machte.

Im Jahr 1975 liefen schon 53 Schiffslinien, die ganz oder teilweise auf Container spezialisiert waren, regelmäßig Hamburg an. Davon waren 22 sogenannte Vollcontainerdienste, die ausschließlich Container und nicht auch noch Stückgut in Säcken oder rollende Lasten in ihren Laderäumen mitnahmen. In dem Jahr eröffnete etwa die Deutsche Nah-Ost-Linie mit zwei Frachtern den ersten Dienst nach Griechenland. Und im Verkehr mit den Ostseehäfen der Sowjetunion war der konventionelle Stückgutverkehr gerade auf „Semi-Containerschiffe" umgestellt worden.

Steiler Anstieg des Asienverkehrs

Vier Jahre später, 1979, waren es dann schon mehr als 100 Container-Linien von und nach Hamburg – davon etwa die Hälfte als Vollcontainerdienste. Ihre Ziele waren Nah- und Mittelost, Ostasien, Australien, Neuseeland, Nordamerika, Karibik und Mittelamerika, Afrika (bis auf den Osten des Kontinents) sowie ganz Europa. Ein schöner Akquisitions-Erfolg gelang der HHLA 1984 durch persönliche Kontakte auf höchster Ebene: Die taiwanesische Reederei Evergreen machte von nun an regelmäßig am Burchardkai Station – als Zwischenstopp ihres für Hamburg ersten Round-the-World-Containerdienstes.

Inzwischen etablierte sich Ostasien mit China, Korea und Japan als ein Hauptziel- bzw. Herkunftsort der Container. Für Australien und Neuseeland, ähnlich wie vielfach in Afrika, wurden zunächst überwiegend Roll-on/Roll-off-Schiffe (Ro/Ro) mit Trailern an Bord eingesetzt. Allerdings ließen sich Ro/Ro-Schiffe nicht so effizient beladen, dass tatsächlich auch der letzte Winkel ausgenutzt wurde. Gerade auf langen Strecken ergaben sich so erhebliche „Stauverluste"; die Roll-Verladung rechnete sich auf Dauer nicht. Deshalb gingen die Containerdienste später auch in diesen Ländern zu Vollcontainerschiffen über.

Für die Zeit ab 1990, also nach der weltpolitischen Wende und dem Ende des Ostblocks, zeigt unsere Weltkarte die weitere Expansion der Transporte in die einzelnen Fahrtgebiete. Extrem nahm dabei der Austausch im Ostseeraum, mit Amerika und mit Asien zu.

Containerumschlag des Hafens Hamburg (in TEU) nach Fahrtgebieten pro Jahr

Im bisherigen Rekordjahr 2008 durchbrach Hamburgs Hafen beinahe die „magische" Grenze von 10 Millionen umgeschlagenen 20-Fuß-Standardcontainern (TEU). Dabei stießen die Terminals und Logistik-Bereiche vielerorts an ihre Kapazitätsgrenzen. Doch im folgenden Jahr schlug die Weltwirtschaftskrise zu: So lag der Containerverkehr zwischen Asien und Europa in den ersten acht Monaten des Jahres 2009 um 22 Prozent unter den Vorjahreswerten. Der Containerumschlag im Ostseeraum ging um über 40 Prozent zurück. Die Zahlen für das Gesamtjahr 2009 lagen bei Redaktionsschluss dieses Buches noch nicht vor.

QUELLE: HAMBURG PORT AUTHORITY 2009

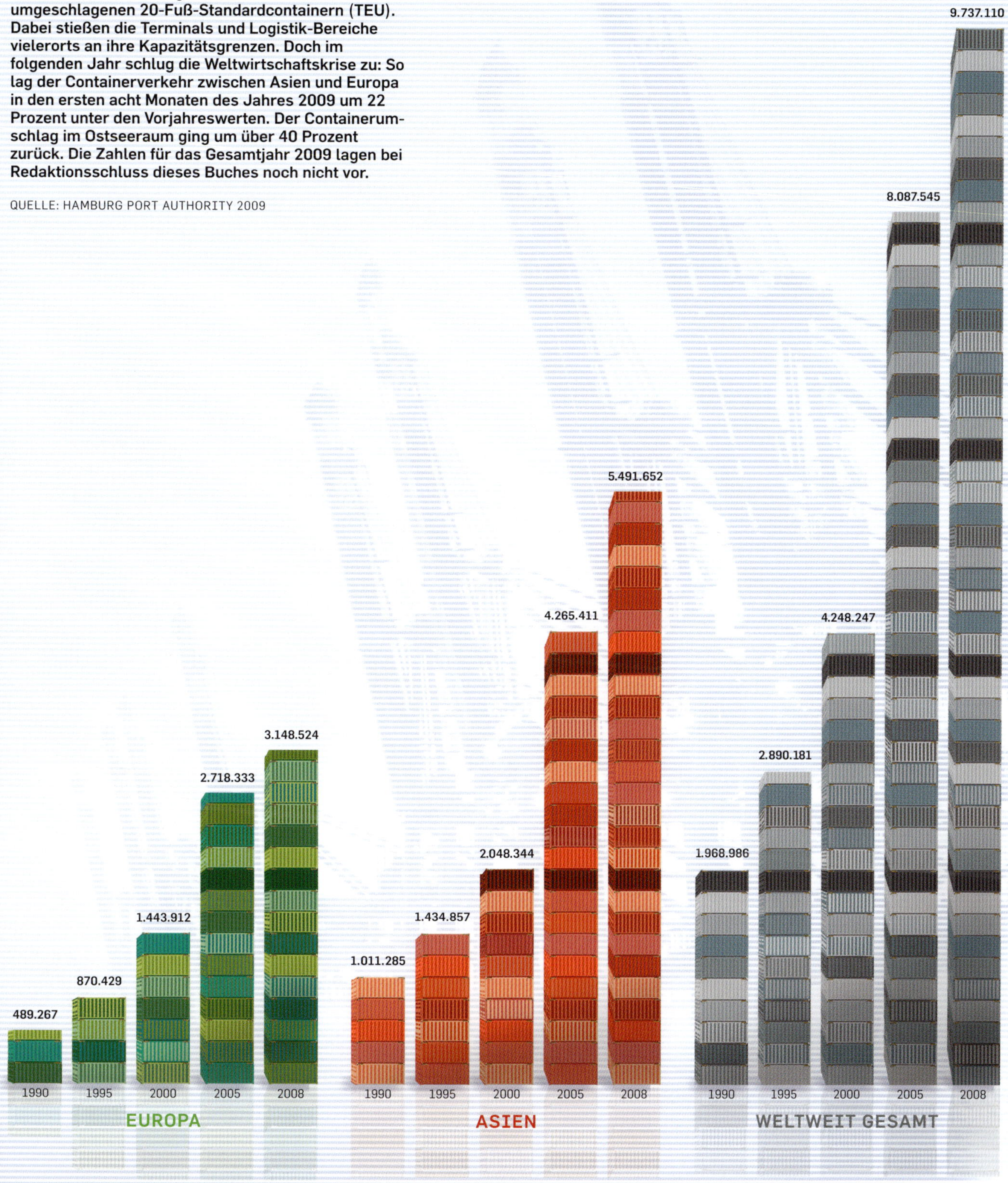

Zeit vor dem großen Werftensterben der achtziger Jahre – einen Allzeit-Rekord an Beschäftigung.

Dazu trägt auch die Eisenbahn bei. Knapp südlich der Hamburger Landesgrenzen ist bei Maschen ein riesiger, weitgehend automatisierter Rangierbahnhof entstanden, mit dem die Deutsche Bundesbahn den Hafen nun noch effizienter an ihr überregionales Gleisnetz anbinden kann. Gerade die Getreidetransporte aus dem Hafen nach Mittelosteuropa werden ja überwiegend per Bahn abgewickelt. Der Hafenbahnhof Hohe Schaar gerät dabei jedoch inzwischen an seine Leistungsgrenzen. Außerdem bewegt die Bahn inzwischen über 100 000 Container pro Jahr zwischen Hinterland und Hafen. Getreide- und Containerboom haben die Zentralisierung der Rangierfunktionen fünf alter Hafenbahnhöfe nötig gemacht: Sie leistet der nun eröffnete größte Güterbahnhof Europas in Maschen. Denn nur durch die effiziente Bildung „zielreiner" Güterzüge können 95 Prozent aller Güterbahnhöfe der DB von Hamburg aus in spätestens 36 Stunden erreicht werden.

Seit der Bürgerschaftswahl von 1974 ist in Hamburg Hans-Ulrich Klose Erster Bürgermeister. Doch der SPD-Politiker und sein Wirtschaftssenator Kern harmonieren nicht. Kern gilt als „Vereinfacher", Klose als „Problematisierer". Beide sind im Landesvorstand Konkurrenten um die Kandidatur zum Bürgermeisterposten gewesen. Kühne Großprojekte wie der Tiefwasserhafen Neuwerk haben keine Lobby unter Klose. Bei der HHLA aber, die sich seit der neuen Hafenordnung nach dynamischen Machern sehnt, ist ein Vorstandsposten vakant. Ein anderer Vorstand, Walter Sohst, wird zur treibenden Kraft einer Initiative, Kern als Chef in die HHLA zu holen. „Ich habe alles dafür getan. In der Unternehmerschaft im Hafen war er alles andere als willkommen, die wollten absolut keinen Vorstandsvorsitzenden der HHLA, der in der SPD war, um Gottes willen nicht!" Doch Sohst leistet in diversen Gremien Überzeugungsarbeit. „Es ging dann gut, und er kam zu uns. Wir brauchten den Einfluss eines Helmuth Kern in Senat und Bürgerschaft, und das erwies sich ja auch als richtig. Ohne ihn hätte es keine neue Hafen-Ära gegeben." 1976 wird der erfahrene Politiker Vorstandschef.

Konfliktherd Altenwerder

Ein von Kern noch als Senator gefördertes Großprojekt geht 1977 in Betrieb: der „Hansaport". Nachdem der bundeseigene Stahlhersteller Salzgitter-Werke zum Jahreswechsel seine Erzförderung stillgelegt hat, wird das Erz für die Hochöfen in Niedersachsen nun von See kommend in Hamburg umgeschlagen. Die Güterbahn sowie Binnenschiffe auf dem neuen Elbe-Seitenkanal bringen es ins 200 Kilometer südlich gelegene Salzgitter. Das Gemeinschafts-Hafenprojekt von Salzgitter AG und HHLA, 110 Millionen Mark teuer, ist mit aufgeschüttetem Sand aus der Elbvertiefung am nicht mehr benötigten Sandauhafen entstanden. Die Stahlindustrie allein soll Hamburgs Massengutumschlag, der gegenüber Antwerpen und Rotterdam ins Hintertreffen geraten ist, schon in den ersten drei Jahren um 20 Prozent steigern.

Die staubende und lärmende Hansaport-Umschlagsanlage grenzt am Südende des Hafens an den Altenwerder Norderdeich. Etwa 320 Wohngebäude und 80

Hansaport, ca. 1978: Ein starker Elektromagnet hebt Erz-Pellets an (links). Das auf Schiffen angelieferte Erz ist für die Salzgitter-Werke in Niedersachsen bestimmt

Ein junger Besetzer auf dem Dach eines Hauses in Altenwerder, das dem Hafen weichen soll

Wirtschaftsbetriebe im beschaulichen Fischerdörfchen Altenwerder sind zugunsten des neuen Hafengebiets, das in Zukunft auch einen weiteren Containerterminal aufnehmen soll, zum Abriss ausgewiesen worden. Die meisten Umsiedlungen der etwa 2000 Betroffenen verlaufen dank städtischer Ausgleichsmaßnahmen reibungslos. Aber andere, die bleiben wollen, wehren sich heftig. Berühmt oder berüchtigt – je nach Sichtweise – wird der Obstbauer Claus Schwartau, der immer wieder Gerichtsentscheidungen gegen den Hafenausbau erwirkt. Auch in Moorburg sind es rund 3000 Menschen, die den Plänen zur Hafenerweiterung Platz machen sollen: je nach Bedarf für zusätzliche Hafenbecken, Umschlagplätze oder Industrieflächen. Nachdem das lange gehegte Projekt eines Tiefwasser-Vorhafens bei Neuwerk 1979 endgültig gescheitert ist, treibt Hamburg umso entschlossener die Hafenerweiterung in Moorburg und Altenwerder voran. Die konträre gesellschaftliche Diskussion und der juristische Widerstand organisierter Anwohner werden jedoch auch diesen Plan noch um viele Jahre verzögern.

An der Schwelle zum neuen Jahrzehnt, 1980, wird einmal schlaglichtartig klar, welche Spätfolgen falsche Weichenstellungen und mangelnder Weitblick bei der Hafenplanung noch nach über 100 Jahren haben können: Das letzte Hafenbecken des Londoner Dockhafens wird geschlossen – tragisches Ende eines Prozesses, der den alten Port of London schon seit den sechziger Jahren schleichend zerfressen hat. Jener Hafen, an dessen Schleusenkammer-Prinzip sich die Hamburger Hafenbauer bei der Planung ihres ersten künstlichen Beckens ab 1850 beinahe orientiert hätten, hat sich als viel zu eng und unflexibel für die riesigen Container- und Massengutschiffe der Neuzeit erwiesen. Die Hafenindustrie ist komplett zu den Hochseehäfen in Southampton und Felixstowe abgewandert. In den „Docklands" herrscht nun Massenarbeitslosigkeit, die Gegend ist verarmt, die Gebäude sind verfallen. Erst in den neunziger Jahren werden die Docklands durch vollständige Umwidmung und Umnutzung als schicke Wohn- und Büroquartiere wiederbelebt werden.

Diese Probleme hat Hamburgs tideoffener Hafen nicht. Doch auch hier muss den sich ständig wandelnden Faktoren der Globalisierung immer wieder Tribut gezollt werden. So geht das Rohöl-Geschäft im Hafen zurück, weil neue Pipelines wie die zwischen Wilhelmshaven und der Hansestadt Tankerfahrten ersetzen und viele ölerzeugende Länder inzwischen reich genug sind, um selbst Raffinerien zu bauen. Auch das von der HHLA seit 1967 betriebene Überseezentrum am Moldauhafen hat sich nicht als langfristig profitable Idee erwiesen. Das Zeitalter des klassischen Stückguts, für das es konzipiert wurde, geht unglücklicherweise schon zu Ende. In den riesigen Pack- und Verteilhallen sind zwar im ersten Jahrzehnt nach Inbetriebnahme allein rund 60 Millionen Packstücke – von Armbanduhren bis zu tonnenschweren Großgeräten – sortiert und an Seeschiffe weitergeleitet worden. Doch seit etwa 1975 ist das Überseezentrum im Abwärtstrend. Peter Schwencke, Anfang der achziger Jahre neu am Container Terminal Burchardkai, erinnert sich: „Die Idee war gut, aber es konnte diese Rolle nicht ausfüllen. Dafür reichten die Zeiten bei der Frequenz an Schiffen nicht. Das Verteilen musste man unmittelbar auf den Termi-

Hamburg, deine Werften

Auf und ab im Tidenhub: Die einst blühende Werftenlandschaft des Hamburger Hafens hat seit den siebziger Jahren nur Krisen und noch schlimmere Krisen gekannt. Der größte und finanzstärkste der Schiffbaubetriebe konnte alle Gezeitenwechsel überdauern – den bisherigen Rekord im Mitschwimmen aber hält ein eher „kleiner Fisch".

Die erste Werftenkrise Hamburgs brach schon Mitte des 19. Jahrhunderts aus. Damals konnten sich die vielen kleinen Hersteller hölzerner Segelschiffe auf dem Grasbrook nicht mehr gegen die englischen Neubauten behaupten – industriell und mit immer mehr Komponenten aus Eisen produziert. Zu lange waren die meisten Hamburger Konstrukteure der Holzbauweise treu geblieben. Auch die Werft von H. C. Stuelcken auf Steinwerder begann 1840 mit einem Holzschiff. Als jedoch der Hamburger Reeder Johann Cesar Godeffroy 1861 die von ihm erworbene Reiherstiegwerft nach Hamburg an die Norderelbe verlagerte, hatte dieses Unternehmen bereits Hamburgs erste Seeschiffe aus Eisen gebaut. Doch nicht einmal der Aufstieg Hamburgs zum Welthafen ab 1866 konnte die konservativen Reeder der Stadt davon abbringen, ihre größer und größer werdenden Dampfer hauptsächlich in England bauen zu lassen. Die deutsche Eisenindustrie war zudem auch noch gar nicht leistungsfähig genug. So blieb die Hansestadt lange Zeit ein international recht unbedeutender Werften-Standort.

Bis zwei Ingenieure 1877 eine weitere Werft auf Kuhwerder gründeten: Hermann Blohm und Ernst Voss. Ihre ersten beiden Schiffe mussten sie mangels Auftrag auf eigenes Risiko bauen, konnten sie aber dann doch an namhafte Hamburger Reedereien verkaufen. Damit war der Bann gebrochen: Plötzlich wollten alle Schiffe von Blohm & Voss. Ihre modernen Docks erstreckten sich bald über das gesamte Kuhwerder Elbufer. Diese Investitionen machten sich schnell bezahlt, denn kurz vor der Jahrhundertwende kamen die ersten Kriegsmarine-Aufträge und die ersten Exporte hinzu.

Doch 1906 zog neue Konkurrenz nach Hamburg: Die Stettiner Vulcan-Werft errichtete eine neue Großwerft auf dem Roß, die ebenfalls prächtige Großdampfer und zudem eindrucksvolle Kriegsschiffe baute. Zwischen Vulcan und B&V entspann sich ein heftiger Kampf um die Vorherrschaft, den die Platzhirsche gewannen: B&V war mit 10 000 Beschäftigten zu Beginn des Ersten

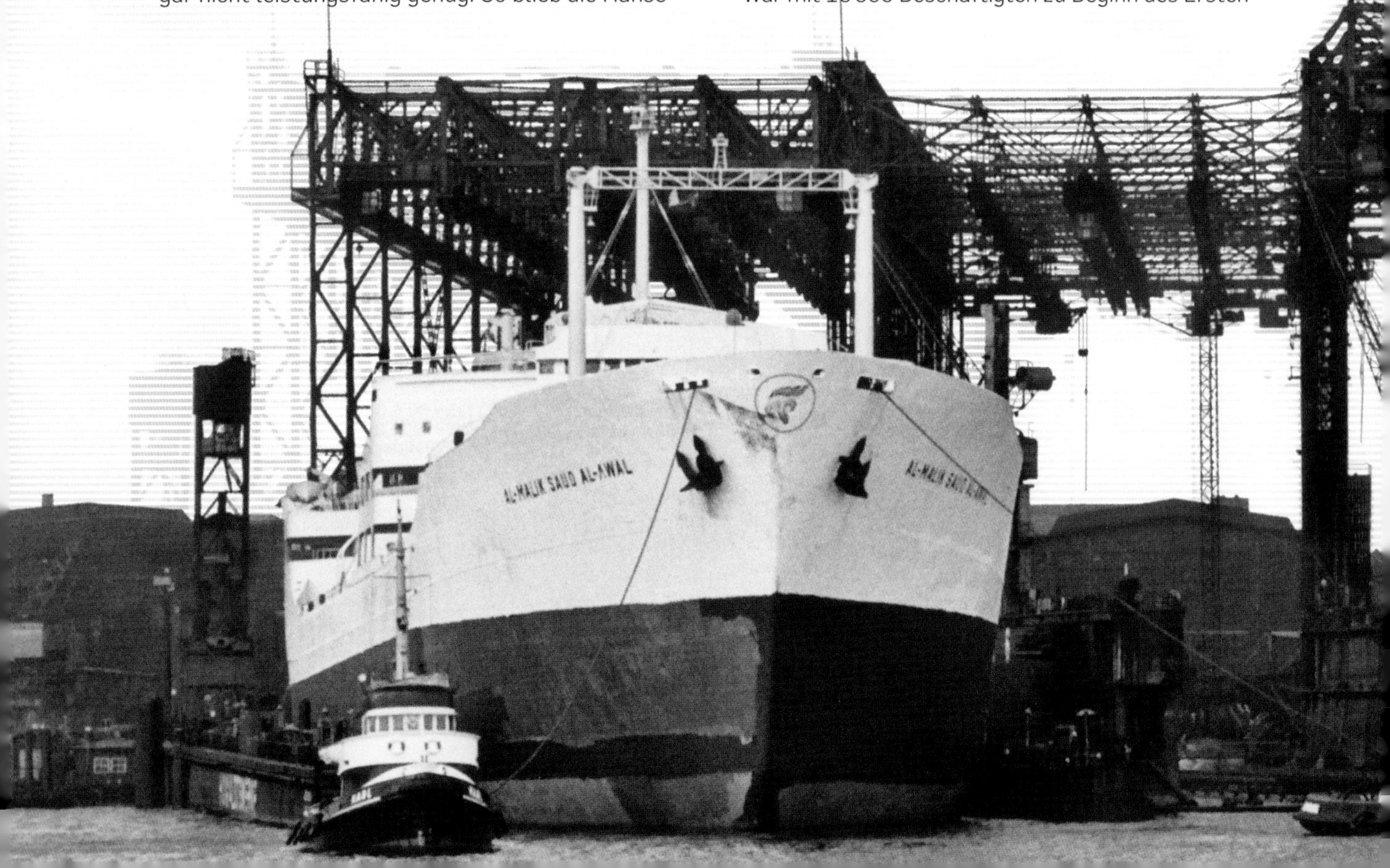

Weltkriegs doppelt so groß wie der Vulcan. Schon in diesem Krieg bauten beide Konkurrenten auch U-Boote. Nach Kriegsende tauchte ein dritter großer Player im Hafen auf: die Deutsche Werft AG, ein Gemeinschaftswerk von Gutehoffnungshütte, AEG und Hapag. Die Deutsche Werft verleibte sich 1927 die traditionsreiche Reiherstiegwerft ein. Durch das Sterben kleinerer Betriebe konnte sich 1929 auch die Kieler Werft Howaldtswerke AG ein Standbein im Hamburger Hafen sichern – und bald die schwächelnde Vulcan-Werft übernehmen.

Asien baut billiger

Eine künstliche Hochkonjunktur brachte das Aufrüstungsprogramm der Nazis ab 1933. Besonders mit Beginn des Zweiten Weltkriegs boomte der Kriegsschiff- und U-Boot-Bau wie nie zuvor – wobei der Einsatz von Zwangsarbeitern bald zum Alltag auf den Werften gehörte (siehe Seite 94). Kein Wunder, dass die britischen Besatzer nach Kriegsende den Schiffbau in Hamburg zunächst verboten und besonders B&V durch Demontagen abstraften. Ab 1951 entfielen jedoch die letzten Verbote – außer für B&V, wo es erst 1954 so weit war. 1955 gründete sich die Werft neu und konnte so doch noch am Schiffbau-Boom der fünfziger Jahre teilnehmen. Sage und schreibe 17 Unternehmen stellten Ende des Jahrzehnts in Hamburg Seeschiffe her, ein nicht wieder erreichter Rekord. Darunter die Werft des Industriellen Willy Schlieker, eines Quereinsteigers der Nachkriegszeit, der sein Unternehmen allerdings durch Discountpreise bei hohen Löhnen ruinierte und 1962 in Konkurs ging.

Nachdem auch Asien den Großschiffbau als lukratives Geschäft entdeckte und staatlich subventionierte Neubauten billiger als die Deutschen anbieten konnte, setzte bei den Werften hierzulande eine Konsolidierung mit zahlreichen Fusionen ein. So kaufte B+V (inzwischen mit „+" statt „&" firmierend) 1966 die Stülcken-Werft, ein Jahr später schlossen sich die bundeseigenen Howaldtswerke und die Deutsche Werft zur HDW AG zusammen. Noch einmal begannen mit der Containerschiff-Konjunktur goldene Zeiten für Hamburgs Werften. Doch die endeten in den Siebzigern: International war man nicht mehr konkurrenzfähig. Nur B+V hielt noch mit und feierte am 5. April 1977 sein 100-jähriges Bestehen – lieferte allerdings am selben Tag auch seinen letzten Frachter aus und fokussierte sich danach ganz auf Kriegsschiffe, Luxusyachten und Reparaturen. Der traurige Rest von HDW hingegen musste sich 1986 von B+V aufkaufen lassen.

Damit war Blohm + Voss als einziger der alten Matadore übriggeblieben. Ein „Kleiner" jedoch hat im Schatten der großen Namen all die Jahre durchgehalten – und das seit 1635: die Sietas-Werft in Neuenfelde. Nach neun Generationen ist sie immer noch in Familieneigentum.

EDV 1970: Die „Steinzeit" der Digitalisierung auf den Terminals brachte bereits enorme Effizienz-Gewinne

O'Swaldkai 1984: Der Mehrzweck-terminal erfüllt den Anspruch Hamburgs als „Universalhafen"

nals anbieten. Da hat uns die Entwicklung überrollt." Die HHLA reagiert 1984 entsprechend. Die Lösung für das Überseezentrum besteht für die nächsten Jahrzehnte in einer Umkehr der Warenrichtung: Es wird nun mehr und mehr zu einem Verteil- und Logistikzentrum für Importwaren, die von hier aus den Zwischenhändlern und Verkaufsfilialen im Binnenland zugestellt werden.

Andere Innovationen schlagen dafür umso erfolgreicher ein – auch auf lange Sicht: Das 1979 vollendete Fruchtzentrum der HHLA am O'Swaldkai etwa läuft nach vierjähriger Weltwirtschafts-Rezession ab 1984 auf Hochtouren. Als Frucht-Umschlagszentrum hält Hamburg dank dieser antizyklischen Multimillionen-Investition hinter Antwerpen Platz zwei in Europa. Besondere Stärke des Standorts: die umfangreichen Kühl-Kapazitäten, die bis zu minus 25 Grad schaffen, und die Sortenvielfalt bei den Tropenfrüchten von Mango bis Kiwi. Nicht nur der nordafrikanische Staat Marokko verschifft immer mehr Clementinen und Orangen über Hamburg. Auch Südafrikas Exporte legen nach Dürrephasen wieder mächtig zu. Der damalige HHLA-Prokurist Clemens Raabe formuliert es im Februar 1984 im „Hamburger Abendblatt" noch etwas sinnlicher: „Bei Zitrus rauscht es jetzt nur so rein!"

Doch der O'Swaldkai ist nicht nur Fruchtumschlagsort. Die HHLA hat hier in wenigen Jahren einen hochmodernen Mehrzweck-Terminal zusammengestellt, der nicht nur eine Ro/Ro-Anlage für Fahrzeuge und Trailer, sondern ab 1983 auch zwei Containerbrücken bietet. Insgesamt ist der O'Swaldkai damals mit 700 000 Quadratmeter Fläche die zweitgrößte Umschlaganlage im Hamburger Hafen. So kann die HHLA – fast 15 Jahre nach Freigabe des Wettbewerbs im Hafen – immer noch fast 40 Prozent allen Stückgut-Umschlags auf sich vereinen. Und das, obwohl auch andere aufrüsten: Die Lager- und Speditionsgesellschaft unter ihrem Direktor Kurt Kalischer etwa hat ihren Tollerort-Terminal für fast 100 Millionen Mark zu einem weiteren großen Containerterminal Hamburgs entwickelt. Der „Platzhirsch" indes bleibt die HHLA.

„Linda" kennt alle Tricks beim Zoll

Die ungeheure Dynamik, die das Containergeschäft dem Hafen bringt, kann um 1983 längst nicht mehr mit der „Zettelwirtschaft" vergangener Tage bewältigt werden – weder in der Verwaltung noch in Buchhaltung oder Kommunikation. Denn oft ist die Ware schneller am Zielort als die zugehörigen, umfangreichen Frachtpapiere. Das zweite „C"-Wort, das sich an den Kais und in den Kontoren einbürgert, ist daher neben dem Container der Computer. Nachdem bereits 1975 eine „Datenbank Hafen Hamburg" geplant war, aber am gegenseitigen Misstrauen der Teilnehmer scheiterte, hat man sich 1981 geeinigt: auf ein gleichberechtigtes Netzwerk für firmenübergreifende, auf einem einheitlichen Standard beruhende Datenkommunikation. „DAKOSY" geht 1983 an den Start. An dieses „DAten-KOmmunikations-SYstem", das die wichtigen Hafen-Informationen allen Teilnehmern gleichermaßen offenlegt, können sich Umschlagsunternehmen, Spediteure, Schiffsmakler, Agenten oder Stauereien gleichermaßen anschließen. So lassen sich Mehrfach-Verbuchungen vermeiden, und alle sind über den je-

„Bei Zitrus rauscht es jetzt nur so rein!"

Clemens Raabe

weiligen Abfertigungsstatus eines Schiffes aktuell auf dem Laufenden – entlang der gesamten Transportkette. Das spart Zeit und bringt Kostenvorteile. Und es gleicht endlich die Vorteile des ewigen Wettbewerbers Bremen aus, wo ein Datenverbund schon seit Jahren besteht.

Aber nicht nur firmenübergreifend wird die EDV zum strategischen Erfolgsfaktor, auch innerbetrieblich. Man muss schließlich nicht jeden Informationsfluss mit Fremdunternehmen teilen. Die HHLA baut deshalb eigene elektronisch gesteuerte Logistik-Systeme auf. Dabei kommen feminin klingende Abkürzungen heraus: „EVA" für „elektronisch gesteuerte Verschiffung von Anlagen", oder „SYLVIA", das EDV-System zur Lagerung und seemäßigen Verpackung ganzer Industrie-Anlagen. Nicht zu vergessen „LINDA": Lager-Information, Distribution und Administration. Dieses offenbar weibliche Elektronengehirn hat alles im Kopf, was mit der Anlandung und Lagerung von Importware im Freihafen zusammenhängt. Linda kann sogar Zinsvorteile herausknausern, indem sie grundsätzlich verzollte Packstücke vor unverzollten mit derselben Artikelnummer zur Auslieferung freigibt.

Angesichts der technischen Revolution im Hafen wandeln sich auch die Berufsbilder. Es sind nicht nur EDV-Fachleute und Informatiker, die jetzt Konjunktur haben. Es sind zum Beispiel auch die Van-Carrier-Fahrer, die Containerbrückenfahrer. Und die „Seegüterkontrolleure". Das ist ein Ausbildungsberuf, der Mitte der achtziger Jahre erst seit einem Jahrzehnt existiert. In ihm sind alte Hafenjobs wie die der Tallymänner (Ladungskontrolleure), Quartiersleute, Lagerhalter, Baum-

Arbeitsplatz eines Containerbrückenfahrers 1980: Die Gondel mit Glasboden schwebt in 40 Meter Höhe über dem zu entladenden Schiff. Joysticks lenken den Greifer

Die Cap San Diego und ich

Am 31. Oktober 1986 kehrte der Stückgutfrachter *Cap San Diego*, in letzter Minute vor der Verschrottung gerettet, als zukünftiges Museumsschiff nach Hamburg zurück. Schiffszimmermann Karsten Schurig (67) ist ein Ehemaliger der Besatzung – und einer der Freiwilligen, die das Andenken an eine große Zeit der Seefahrt bis heute lebendig erhalten.

Der Besucher an Bord findet Karsten Schurig erst lange gar nicht – und dann zusammengekauert in einem der vielen Treppenaufgänge des weiß in der Sonne leuchtenden Schiffs. Die Holzdielen sind schon gesäubert und abgeschliffen. „Und nachher kommt da 'n Schlach Lack drauf", sagt der gebürtige Bremerhavener. Schurig, der gelernte Tischler, Schiffszimmermann und Deckschlosser, hat gut zu tun für einen Ruheständler. Auch der hölzerne Handlauf der Reling könnte schon wieder eine Lackschicht vertragen. „Man muss da immer beibleiben", ist die Philosophie des Mannes im roten Overall, auf dessen Rücken der weiße Schriftzug „Cap San Diego" prangt.

Ein Kreis von Ehemaligen und Freiwilligen, ergänzt um arbeitslose Jugendliche, bleibt da immer bei. Niemand will, dass der „weiße Schwan des Südatlantik" noch einmal so aussieht wie 1986, als der 10 000-Tonnen-Frachter in einer Nacht-und-Nebel-Aktion von

einigen Seefahrt-Enthusiasten aus dem Hongkonger Hafen übergeführt wurde. Zurückgekauft für die Hansestadt Hamburg und damit gerettet vor der sicheren Verschrottung, die ihre fünf ausgedienten Schwesterschiffe der Hamburg Süd schon ereilt hatte. Stückgut, wie die „Cap-San-Schiffe" es transportierten, hatte seine Blütezeit hinter sich. Containerschiffe waren nun gefragt. Die *Cap San Diego* war nach dem Verkauf durch die Reederei Hamburg Süd 1981 zuletzt unter karibischer Billig-Flagge als *Sangria* gefahren. Als sie nun an die Überseebrücke zurückkehrte, sah sich Schurig das Schiff noch einmal an, das er zwischen 1979 und 1981 während mehrerer Südamerikafahrten als technischer Allrounder gewartet hatte. „Ich dachte nur: Mann, Mann, Mann, dein schönes Schiff, das so gut in Schuss gewesen war!"

Sonnenuntergänge auf dem „Palaver-Deck"

Für Schurig verbinden sich viele schöne Erinnerungen mit seinen Südatlantik-Törns, teilweise auch kuriose. Von Hamburg aus, zunächst noch Bremen und Antwerpen anlaufend, schaffte die *Cap San Diego* ja die ganze Bandbreite deutscher Industrie-Exporte in die Häfen Brasiliens, Uruguays und Argentiniens – „ich sag immer: von der Stecknadel bis zur Lokomotive". Doch nicht nur das: „Kommen Sie mal mit", ruft Schurig und führt den Gast zu einem alten Foto an der Wand der Mannschaftsmesse. Es zeigt große Holzboxen auf dem Achterdeck an Steuerbord. „Da waren lebende Kühe für Argentiniens expandierende Rinderwirtschaft drin. Manchmal kam unterwegs ein Kalb zur Welt." Schlimm war der Fall eines wertvollen Zuchtbullen, der sich beim Einschiffen per Kran lebensgefährlich verletzte und wegen des Zeitdrucks – Lotsen und Schlepper in Antwerpen waren schon gebucht – nicht mehr von Bord gebracht werden konnte. „Der Bootsmann und ich haben ihn unterwegs gesund gepflegt. Die Rinderbarone im Hafen von Santos trauten ihren Augen nicht. Sie hatten ihren Prachtbullen schon tot geglaubt." Manchmal waren auch Fässer mit den Produkten der deutschen Chemieindustrie an Deck verlascht, etwa Buttersäure. „Aber bei schwerem Sturm, wenn Brecher über Deck schlugen, nutzte die Lascherei nichts. Dann flogen die Fässer hier an Deck herum. Und dann mussten wir bei Dunkelheit und Seegang den ganzen Kram wieder festmachen. Einer hielt Ausschau nach ‚grünem Wasser an Deck', also nach dem nächsten Brecher, und dann gingen wir kurz in Deckung. Alles, was Hände hatte, fing diese Fässer wieder ein."

Gelegenheit zur Erholung beim Landgang in den Häfen von Santos, Montevideo oder Buenos Aires gab es jedoch in jenen Jahren noch genug. Das Verladen etwa von Kaffee in Brasiliens größtem Kaffeehafen Santos war laut Schurig „Lichtjahre entfernt von dem, was die Containerbrücken der HHLA heute so alles wegschaffen, da muss man ja staunen!" Vielmehr wurden die Kaffeesäcke gebündelt, per bordeigenem Ladegeschirr von den offenen Lastwagen am Kai gehoben und in den Luken verstaut. Setzte dann für 24 Stunden ein Tropenregen ein, musste die ganze Transaktion eben so lange gestoppt werden, denn Nässe und Kaffeebohnen vertragen sich nicht. „Ich war in meiner Freizeit wohl dreimal auf dem Zuckerhut", erzählt der Ex-Unteroffizier der *Cap San Diego*. Auch die Rotlichtviertel der lateinamerikanischen Häfen lernte jeder Seemann kennen. „In Santos, da traf sich alles an der Meile wieder. Die ‚Hamburgo Bar' war die Anlaufstelle der Hamburg-Süd-Fahrer." So wusste Schurig schon, was eine Caipirinha war, als dieses Fremdwort in Hamburg noch niemand kannte.

Es war eben nicht nur harte Arbeit damals. Am Ende mancher Tage auf See saß die Crew achtern auf dem „Palaverdeck", wie es im Bordjargon hieß. Und schaute sich den tropischen Sonnenuntergang an. Karsten Schurig schwingt wieder seinen Pinsel. Heute werden noch eine Menge Touristen die Gangway erklimmen.

„Man muss da immer beibleiben" – Schiffszimmermann Karsten Schurig vor seinem Arbeitsplatz

1. September 1984, erster Round-the-World-Service: HHLA-Chef Kern überreicht dem Kapitän der *Ever Genius*, Chung Yen San, ein Erinnerungsgeschenk

wollküper und Kornumstecher zusammengefasst. Seegüterkontrolleure arbeiten auf Kaiumschlagsanlagen, in Lagerhäusern und auf Freilagern. Sie beaufsichtigen den ordnungsgemäßen und unbeschädigten Übergang kostbarer Ladungen, nehmen Proben, müssen die Eigenarten so unterschiedlicher Güter wie Kaffeebohnen und Elektrogeräte kennen.

Die stolze – und typisch hamburgische – Zunft der Quartiersleute hingegen ist ein Beispiel für Berufsstände, die durch den Wandel der Berufslandschaft nach rund 300 Jahren überrollt werden. In einer weitgehend analphabetischen Zeit hatten sie zur schreib- und rechenkundigen Elite gehört und nach 1888, als die Speicherstadt gebaut war, besonders in diesen von der damaligen HFLG vermieteten Freihafen-Speichern die fachgemäße Einlagerung übernommen. Klangvolle Firmennamen von Quartiersleuten mit hoher Spezialisation haben die Speicherstadt geprägt: Hälsen & Lyon für Tee, Hinrichs & Consorten für Kaffee, Amann & Kneesch für Rohkautschuk und Kakao. Nur wenige überleben, zu modernen Logistikern fortentwickelt, bis ins 21. Jahrhundert. Die neuen Seegüterkontrolleure sind vielseitiger, moderner – und namenlos.

Aber sie tun ihren Job flexibel und effizient, wie jeder, der Mitte der achtziger Jahre noch Arbeit im Hamburger Hafen hat. So jagen sich die Premieren und Rekorde von Jahr zu Jahr: 1984 ist die magische Zahl von einer Million 20-Fuß-Containern im Hafen abgefertigt worden, 15 Prozent mehr als im Vorjahr. Die „Containerisierungsrate", also der Anteil aller in Blechkisten reisenden Stückgüter am gesamten Stückgutumschlag, erreicht 47 Prozent und steigt weiter. Ostasien bleibt Fahrtgebiet Nummer 1 für die Hamburger Containerfrachter: Ein Drittel aller Container ist für diese Region bestimmt oder kommt von dort.

Am 1. September 1984 legt die *Ever Genius* der taiwanesischen Evergreen-Reederei mit 2728 TEU am Burchardkai an und wird gefeiert. Denn sie kommt mit Behältern aus Mittel- und Nordamerika und tauscht sie gegen solche, die für Fernost bestimmt sind – der erste Round-the-World-Service, der Hamburg als Zwischenstopp wählt. Mit 15 Schwesterschiffen wird daraus schnell ein routinemäßiger Dienst im Fünf-Tages-Rhythmus.

Den ewigen Konkurrenten abgehängt

Vom Kielwasser dieser Schiffe wird ein Stück Seehandelsgeschichte unwiderruflich in die Vergangenheit gespült: die Ära der Stückgutfrachter. Wie zum Beweis kehrt die *Cap San Diego*, vor der Verschrottung gerettet, 1986 endgültig nach Hamburg zurück – um Museumsschiff zu werden. Doch wem steht schon der Sinn nach Wehmut, wenn Hamburgs Blick in die Zukunft gewandt ist? Man rollt das Feld der internationalen Hafenkonkurrenz von hinten auf. Was den Hafen Rotterdam angeht, so liegt er mit seinem etwa viermal so hohen Gesamtumschlag von 250 Millionen Tonnen im Jahr 1985 unerreichbar vorn. Auch beim Containerumschlag, der fast dreimal so hoch ist wie Hamburgs. Doch am ewigen Konkurrenten Bremen, das aufgrund seiner Beziehungen zur US-Armee und dem Pionier McLean bereits Jahre früher auf stapelbare Kisten gesetzt hatte, ist die Hansestadt längst vorbeigezogen. „Diesen Vorsprung", frohlockt der damalige HHLA-Chef Kern aus

Das zukünftige Museumsschiff *Cap San Diego* am 20. Oktober 1986 in Cuxhaven. Der Hamburger Senat hat den Frachter, der zuletzt als *Sangria* fuhr, für rund 2,5 Millionen Mark gekauft. Das 25 Jahre alte Schiff sollte eigentlich verschrottet werden. Nun steht es kurz vor der Überführung nach Hamburg

heutiger Sicht, „musste Hamburg erst mal einholen, und dazu haben wir immerhin zwölf Jahre gebraucht. Heute aber schlägt der Hamburger Hafen doppelt so viel um wie die bremischen Häfen."

An der Spitze der HHLA ist Kern zu jener Zeit, in der zweiten Hälfte der achtziger Jahre, dennoch von Sorgen geplagt. Das Staatsunternehmen, größter Player im Hafen, ist in einer besorgniserregenden finanziellen Schieflage. Die Rentenverpflichtungen, die man 1935 im Zuge der Zusammenlegung von Kai und Lager übernommen hatte, drücken mehr und mehr. Mindestens 100 Millionen Mark müsse der Senat bis 1990 für Pensionszahlungen in das Unternehmen pumpen, schreibt das „Abendblatt" alarmiert, und dennoch solle die HHLA um etwa 1000 Mitarbeiter schrumpfen. Kern aber erweist sich einmal mehr als Macher, der auch unpopuläre Entscheidungen nicht scheut: „Der HHLA-Vorstand setzte durch, dass schließlich nicht nur die zukünftigen Betriebsrenten mit Zustimmung der Gewerkschaften verringert wurden, sogar die laufenden Pensionszahlungen wurden herabgesetzt. Es kam auch deshalb zu einer Reihe von Gerichtsprozessen, aber am Ende setzte sich die Erkenntnis durch: Ein Unternehmen darf nicht nur aufgrund seiner Pensionslasten zusammenbrechen. Als ich 1991 bei der HHLA ausschied, schrieb die Firma wieder schwarze Zahlen."

Jubiläum: Der Freihafen wird 100

Noch indes ist es 1988 nicht so weit. Das Jahr steht im Zeichen der Feiern zum 100-jährigen Bestehen des Hamburger Freihafens. Das 15 Quadratkilometer große Areal macht aufgrund der enormen Expansion des Hafens Richtung Westen nach einem Jahrhundert nur noch etwa ein Fünftel der Gesamthafengröße aus. Eingefasst ist er landseitig von einem 17,5 Kilometer langen, 3,50 Meter hohen und mit Stacheldraht bewehrten Zollzaun. Im Schutz dieses Zauns können sich Importeure und Händler ohne Zollkontrollen bewegen, Waren lagern, sie besichtigen und sogar weiterverarbeiten. Der Freihafen ist ein großes Zwischenlager für Güter, die unbürokratisch auf Abruf warten, und damit immer noch attraktiv für die Hafenwirtschaft, die ihn als logistische Basis bis zur Weiterverteilung ihrer Waren nach ganz Europa schätzt. Fast 1000 Unternehmen haben ihren Sitz im Freihafen, knapp die Hälfte des Gesamtumschlags von nahezu 60 Millionen Tonnen wird dort abgewickelt.

Zwar nagt beim Jubiläum schon seit Jahren die EG-Bürokratie an den alten Zollprivilegien des Freihafens; zwar wird sein Status immer umstrittener, je mehr der europäische Binnenmarktprozess mit seiner Freihandels-Philosophie fortschreitet. Doch ohne Zweifel hat die Freihafen-Eröffnung am 15. Oktober 1888, kombiniert mit dem Zollanschluss Hamburgs am 29. Oktober, der Stadt ein Jahrhundert enormer Aufschwünge ermöglicht. Der Freihafen hält die Erkenntnis wach, dass unbehinderter Welthandel einer Seehafenstadt massive Vorteile bringt.

Selbst wenn es nur die halbe Welt ist, die ihr offensteht. Der Zollzaun des Freihafens erhebt sich nicht weit von einer anderen Absperrung, die indes bald fallen wird: Der Eiserne Vorhang, die nur 60 Kilometer entfernte Trennungslinie quer durch Europa, bekommt im Jahr des Freihafenjubiläums Löcher. Die historische Wende hat bereits begonnen. Und sie wird alles verändern.

1995 Platzhalter Wo einst ein Dorf stand, leuchtet das rote Dach der verbliebenen Kirche von Altenwerder. Das Brachland bis zum Elbufer ist seit Jahrzehnten für den Ausbau des Hafens vorgesehen

HYUND

2010 Halteplatz Aus nördlichem Blickwinkel erstreckt sich bis zu den Hallen des Güterverkehrs-zentrums der HHLA Container Terminal Altenwerder. Halbrechts dahinter behauptet sich die alte Kirche

1989–2010

Die Welt wächst zusammen

Das Ende der Ost-West-Teilung gibt dem Hafen sein lange vermisstes Hinterland zurück. Der weltweite Freihandels-Trend verhilft Hamburg – wie hundert Jahre zuvor – zu neuer Blüte

Bevor jedoch die Weltereignisse im „Ostblock" auch den Hamburger Hafen überrollen und alle mühsam erarbeiteten Gewissheiten über seinen Platz in Europas Geographie mitreißen, herrscht noch die scheinbare Ruhe vor dem Sturm – und die wird im Mai 1989 nur durch die aufwändigen Feiern zum 800. Hafengeburtstag unterbrochen. Das norwegische Kronprinzenpaar ist Ehrengast, Bundesaußenminister Hans-Dietrich Genscher anwesend, als Bürgermeister Dr. Henning Voscherau (SPD) an Bord des Museums-Dreimasters „Rickmer Rickmers" das Startkommando gibt: Die Schiffssirenen heulen auf, Feuerwehrboote schleudern Wasserfontänen in den Himmel über der Elbe, Polizei- und Marinechöre intonieren „Ick hev mol 'n Hamborger Veermaster sehn". Erinnert wird in den zahllosen Festansprachen einmal mehr an jenes nicht völlig verbürgte Dokument, mit dem Kaiser Barbarossa den Hamburgern 1189 Brief und Siegel gab, dass ihre Schiffe Zollfreiheit von der Elbe bis in die Stadt genossen. Nicht erinnert wird daran, was sich im ruhmreichen Hafen alles in den „1000 Jahren" unter Hitler zugetragen hat. Im „offiziellen Jubiläumsbuch" der Hansestadt bricht die historische Chronik beim Groß-Hamburg-Gesetz von 1937 ab – und nimmt mit den Worten „Als der Zweite Weltkrieg zu Ende ging ..." den Faden abrupt wieder auf.

Indes ist es die Aktualität, die Ende 1989 die ganze Welt in ihren Bann zieht. Am 9. November öffnet sich die Berliner Mauer – und damit europaweit die seit Jahrzehnten so undurchlässige Grenze zwischen östlicher und westlicher Hemisphäre. Das hat globale Auswirkungen auch für die Handelsströme. HHLA-Chef Kern,

Mai 1989: Die „Auslaufparade“ krönt die Feiern zum 800. Hafengeburtstag. 1189 gewährte Kaiser Barbarossa den Hamburgern Freihandel

Vor dem Hintergrund der Köhlbrandbrücke treffen sich im Hamburger Hafen ankommende und ausgehende Containerzüge. Seit 1991 baut die HHLA das Transportnetz ins Hinterland aus

„Das Hinterland gewinnt an Konturen“

Helmut F. H. Hansen,
Chef der Hamburger Hafen-Werber

der alte Stratege mit den untrüglichen politischen Instinkten, erkennt sofort die Zeichen der Zeit: Der Hafen werde nun „seine historische Position als Zentralhafen für Mitteleuropa zurückgewinnen“, sagt er als Präsident des Unternehmerverbands Hafen Hamburg weniger als eine Woche nach dem Mauerfall. Er sei sicher, dass der Hafen „im Zuge der Konsolidierung der Wirtschaft in der DDR und der ČSSR langfristig einen erheblichen Brocken abbekommt“. Mit anderen Worten: Hamburg erhält sein traditionelles Hinterland im Osten zurück. Das Versprechen klingt so kurz nach dem 9. November vollmundig – das Übermaß, in dem es erfüllt werden wird, kann sich zu diesem Zeitpunkt kaum jemand ausmalen. Noch unmittelbar vor der „Wende“ hat der Senat in seinem Beschluss eines neuen Hafenentwicklungsplans für den Zeitraum bis 1995 nur einen relativ gemäßigten Anstieg des Hafenumschlags von damals 59 auf 69 Millionen Tonnen vorausgesagt.

Die Drähte in den Osten glühen

Doch schon im folgenden Jahr verfestigt sich das neue weltwirtschaftliche Koordinatensystem: Die deutsche Wiedervereinigung im Oktober, die beginnende Loslösung des Baltikums von der implodierenden Sowjetunion, aber auch das Inkrafttreten der ersten Stufe der Europäischen Wirtschafts- und Währungsunion, die uneingeschränkten Kapitalverkehr ermöglicht – all diese Entwicklungen zeichnen das Bild eines neuen, zunehmend grenzenlosen Europa in absehbarer Zukunft. Und obwohl Hamburg und sein Hafen auf ein derart dynamisches Tempo des Wandels im Osten ebenso wenig vorbereitet sein können wie der Rest der Welt, zei-

Werbemotive der HHLA aus den achtziger und neunziger Jahren: Kampf um Marktanteile im neuen Wirtschaftsumfeld nach Öffnung des Ostens

gen sich Senat, Bürgerschaft und Hafenwirtschaft allzu bereit, die sich nun bietenden Chancen mit aller Energie zu nutzen. „Das Hinterland gewinnt an Konturen", schreibt in der „Welt" Helmut F. H. Hansen, Chef der Hamburger Hafen-Werber. So werde „ein sehr großer Teil" der fast acht Millionen Tonnen Stückgut, die Rostock als größter Hafen der DDR 1989 umgeschlagen habe, demnächst wahrscheinlich über Hamburg laufen. Denn die deutschen Ostseehäfen Rostock und Wismar dürften von den großen Reedereien in Zukunft wohl kaum direkt bedient werden. Peter Dietrich, 1990 Vorstand und Vizechef der HHLA, fährt für den Besucher von der New Yorker Wirtschaftszeitung „Journal of Commerce" mit dem Zeigestock den Verlauf der Elbe auf einer Landkarte ab: von der Tschechoslowakei über Ost- nach Westdeutschland. Von diesem alten und neuen Einzugsgebiet, erläutert Dietrich, erhoffe sich Hamburg, ein „Mega-Hafen" der Zukunft zu werden – sobald die Industrien der betroffenen und umliegenden Länder in das neue Netz der Weltwirtschaft integriert seien.

Die Drähte der Hamburger Wirtschaftsstrategen in den Osten glühen. Nicht von ungefähr gibt es schon seit 1987 eine Städtepartnerschaft mit Dresden und sogar schon seit 1957 mit Leningrad, dem zukünftigen St. Petersburg; in Asien steht zudem seit 1986 Shanghai auf der Liste der Partnerstädte, 1989 kommt Osaka in Japan hinzu und als „nah"-östlicher Nachbar 1990 Prag. Die alten Kontakte nach Mittel- und Osteuropa werden nun neu aktiviert und ausgebaut. Auch ohne die dramatischen Ereignisse vorherzusehen, haben sich die Hamburger Stückgut- und Containerterminal-Betreiber schon 1989 präpariert: Weil es inzwischen seit geraumer Zeit mit der Konjunktur bergauf geht, haben sie ihre Investitionen mit 142 Millionen Mark gegenüber dem Vorjahr fast verdoppelt. 1990 erhöht sich der Ansatz noch einmal auf 200 Millionen Mark. Mit fast 58 Millionen Tonnen Seegüterumschlag, darin enthalten die neue Rekordmenge von 1,7 Millionen Standardcontainern, ist Hamburg an der Schwelle zum neuen Jahrzehnt der viertgrößte Hafen Europas nach Rotterdam, Antwerpen und Marseille. Unter den Containerhäfen ist es sogar der zweitgrößte hinter Rotterdam – hier gehört die Stadt an der Elbe auch weltweit klar zur Spitzengruppe. Dabei hat sich der Asien- und Pazifikverkehr als wichtigster Wachstumsmotor etabliert: Vor allem Japan und China sorgen für regen Verkehr an den Terminals. Nur noch zu einem Drittel wird Stückgut konventionell umgeschlagen; zwei Drittel aller Güter sind in Blechboxen verpackt.

Kontinuität des Eisenbahnhafens

Gleichzeitig ist der Hafen auf dem Weg, ein Dienstleistungszentrum zu werden. In dem Maße, in dem die Industrie weniger teure Lagerbestände zu halten bereit ist, müssen die Umschlagsbetriebe selbst für reibungslosen Transport der Güter „just in time" vom Kai zum Handel oder vom Herstellerbetrieb zum Schiff sorgen. Auf dem Seeweg eingetroffene Fertigprodukte und Halbwaren müssen sinnvoll und effizient gebündelt und „intermodal" auf die Weiterreise geschickt werden: per Binnenschiff oder Lkw, am häufigsten und weitesten aber per Bahn – in guter alter Tradition des „Eisenbahnhafens" Hamburg. Und manches Export-Produkt für Übersee wird erst kurz vor der Kaikante endmontiert oder aus

Ein Kai für alle Fälle: Am O'Swaldkai werden auch Güter außerhalb jeder Norm – wie dieser Schiffspropeller für Südkorea - fachgerecht verladen und auf die Reise geschickt

Ruhender Verkehr: Keine Stellplätze sind mehr fr
auf die Verladung warten. Das Fahrzeuggeschä

Einzelkomponenten zu größeren Modulen zusammengesetzt. Das geht nicht ohne immer leistungsfähigere Kommunikations- und Datentechnik. Das ständig fortentwickelte DAKOSY-Netzwerk der Hamburger Umschlagsunternehmen, Schiffsmakler, Spediteure und Behörden ist aus dem Hafen nicht mehr wegzudenken.

Ebensowenig wie das Roll-on/Roll-off-Geschäft. 1990 gibt es schon 16 Ro/Ro-Anlagen im Hafen. Der O'swaldkai hat sich mit der Ro/Ro-Technologie zu einem wahrhaften Universal-Umschlagplatz gemausert. Spezialisiert ist er auf so genannte Con/Ro-Schiffe: Da bei diesem Schiffstyp Güter gleichzeitig an Bord gefahren und mit Containerbrücken an Deck gehievt werden, kann sich die Umschlagsproduktivität zu dieser Zeit auch mit Containerterminals wie am Burchardkai messen. Es ist die hohe Zeit des Ro/Ro- und Con/Ro-Umschlags, eines Zwitters in der Evolutionskette der Industrialisierung globaler Transportketten. In dem Maß allerdings, in dem die „Containerisierung" auch noch in den letzten Winkeln der Welt für die notwendigen Umschlags-Anlagen und eine effiziente Hinterland-Verschickung der genormten Kisten sorgt, werden die Rollrampen bald im Schatten der reinen Container-Terminals stehen. Nur das Massengeschäft mit Pkw und anderen Fahrzeugen für Westafrika, Südamerika oder den Mittleren Osten wird weiterhin den Ro/Ro-Spezialisten vorbehalten bleiben.

Prognosen sind einem populären Scherz zufolge immer dann besonders schwierig, wenn sie die Zukunft betreffen. Doch speziell die beginnenden neunziger Jahre sind für die Propheten der Hafenwirtschaft kompliziert, denn aus Westen wie Osten wirken starke Veränderungs-Kräfte: Wie geht es weiter mit dem rasanten Zusammenwachsen der ehemaligen feindlichen Wirtschaftsblöcke? Und welche Folgen wird der innere Reformprozess der EG mit Kurs auf einen liberalisierten Binnenmarkt haben? Klar ist nur: Mit Sicherheit stehen die sogenannten Nordrange-Häfen – Rotterdam, Antwerpen, Bremerhaven und Hamburg – vor einem weiter zunehmenden Konkurrenzkampf auf vielen Ebenen. Aber Hamburg stellt sich diesem Kampf. Zwar werden nach einer Untersuchung des Instituts für Seeverkehrswirtschaft und Logistik zu dieser Zeit 42 Prozent des deutschen Übersee-Exports über die Grenzen gebracht und erst vom Ausland aus verschifft. Zwar kann der Hamburger Hafen nach wie vor nicht gegen das Massengutaufkommen der Niederländer und Belgier ankommen, die mit dem Rhein als Binnenwasserstraße den idealen Verkehrsträger für die Transporte der Schwergüter vom und zum Ruhrgebiet haben. Doch der Ostseehafen Lübeck hat vorgemacht, wie man sich selbst als vermeintlich „Kleinerer" auf seine Stärken besinnt: Dank des Wirtschaftsbooms in Schweden und Norwegen hat er sich zu einem der größten Fährhäfen des Ostseeraums gemausert.

Ein Meilenstein kommt in Sicht

Hamburgs Stärke dagegen liegt erstens in seinem flexiblen und dienstleistungsstarken Charakter als Universal-Hafen, der jede Art von Kundenbedarf befriedigen kann und beste Verbindungen nach Übersee wie nach Osteuropa hat. Zweitens liegt sie eindeutig beim Umgang mit Containern. Hier ist die HHLA weiter dabei, den Vorsprung des Burchardkais als modernster Termi-

enn Pkw und Kleintransporter
hört ebenfalls zum O'Swaldkai

Rollender Transport als effiziente Art des Güterumschlags: Schwerfahrzeuge auf der Rampe eines Con/Ro-Frachtschiffs

Ein Meilenstein, dessen Modernisierungs- schub nur mit dem Sandtorhafen 1866 oder der Speicherstadt 1888 zu vergleichen sein wird

1991: Helmuth Kern übergibt die „Schlüsselgewalt" bei der HHLA an seinen Nachfolger Peter Dietrich (rechts)

nal weit und breit auszubauen (siehe Seite 142). Wer nämlich seine Terminals frühzeitig auf die Industrialisierung der weltweiten Transportketten vorbereitet, der behält die Nase im Wettrennen der Nordrange-Häfen um Innovationen und Produktivität vorn. Nebenbei sammelt die HHLA auf diesem Experimentierplatz wertvolle Erfahrungen, die sie ein Jahrzehnt später noch brauchen wird: beim Bau des nächsten Containerterminals, des modernsten der Welt. Es soll ein Terminal werden, wie es Hafenplaner nur erträumen können, wenn man ihnen Gelegenheit gibt, auf freier Fläche von null an zu planen: die gebaute Summe jahrzehntelanger Umschlags-Erfahrungen, die ideal durchdachte Logistikanlage – ein Meilenstein, dessen Modernisierungsschub nur mit dem Sandtorhafen 1866 oder der Speicherstadt 1888 zu vergleichen sein wird.

Die zukünftige Fläche dafür – mit dem ehemaligen Dorf Altenwerder – ist längst als Hafenerweiterungsgebiet ausgewiesen. Doch noch immer läuft teils vor, teils hinter den Kulissen die Auseinandersetzung um die letzten zu räumenden Häuser und Höfe. Allerdings wird das Argument der Ausbau-Gegner, diese Flächen würden doch gar nicht vom Hafen benötigt, immer schneller vom Zug der Zeit überrollt. Sie werden benötigt. Im weit entfernten Hinterland des Ostens arbeitet die HHLA bereits unermüdlich an einer Vernetzung, die in wenigen Jahren wahre Container-Lawinen auf Hamburg zurollen lassen wird.

Für Peter Dietrich, inzwischen Vorstandschef der HHLA, ist es 1991 eine der ersten Herausforderungen in der neuen Position, die nunmehr offenen Grenzen nach Osten zum entscheidenden Schachzug zu nutzen:

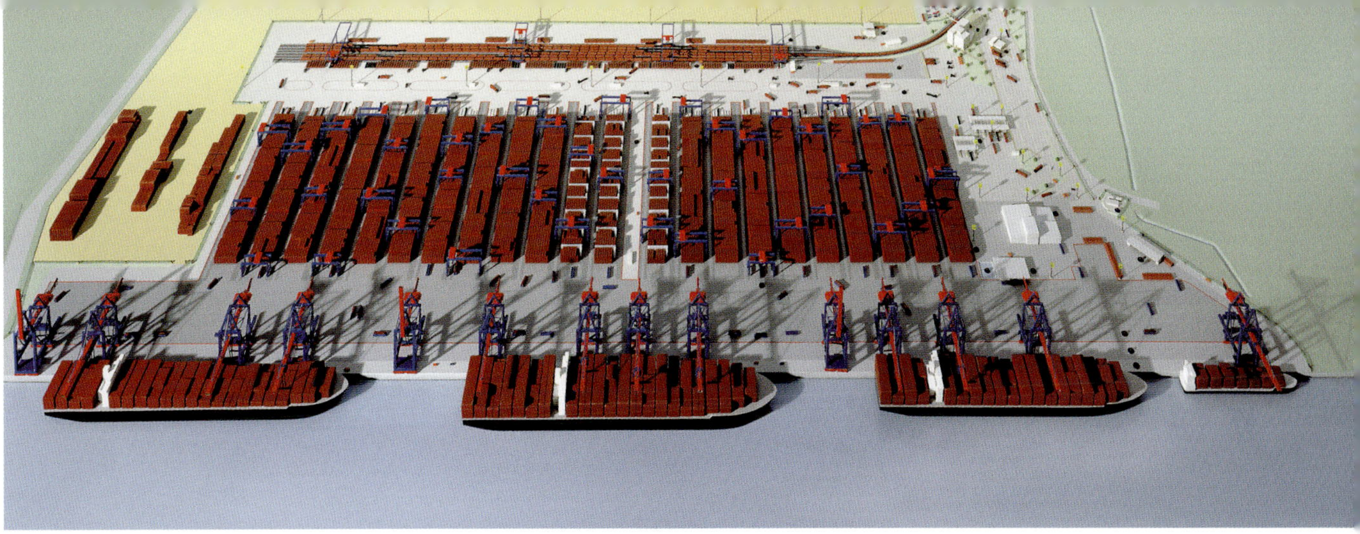

Ein Planspiel wird Wirklichkeit: der HHLA-Container Terminal Altenwerder als Modell vor Baubeginn. In der Bildmitte dominieren die „Lagerblöcke" der Boxen. Im Hintergrund der Containerbahnhof mit Direktanschluss ans mittel- und osteuropäische Hinterland

zum Aufbau eines Hinterland-Verkehrsnetzes, das den erwartbaren Industrie-Boom in den Märkten Osteuropas über die kommenden Jahre und Jahrzehnte mit entsprechenden Transportkapazitäten an den Hamburger Hafen koppeln kann. Der frühere Vize Dietrich, vom Strategen Kern über Jahre zum Nachfolger aufgebaut, stammt aus der Oberlausitz, dem historischen „Dreiländereck" von Sachsen, Böhmen und Schlesien.

Die Schienennetze sind das Plus des Ostens

Die wirtschaftshistorischen Bezüge Mittel-Ostdeutschlands haben sich ihm schon von daher tief eingeprägt: Warum, so besinnt man sich im Traditionsunternehmen HHLA, ist denn Hamburg ein klassischer „Eisenbahnhafen"? Weil schon im 19. Jahrhundert – zunächst über Berlin – die Anbindung der Hafenbahn an das Schienennetz Richtung Osten gesucht und dann konsequent ausgebaut wurde. Und wenn es etwas gibt, mit dem die früheren Ostblockländer wie Polen, die Tschechoslowakei oder Ungarn punkten können, dann sind es nicht ihre Straßennetze – die wenigen „Schnellstraßen" sind mit Schlaglöchern übersät, über Land gibt es allenfalls Kopfsteinpflaster-Buckelpisten. Nein, der Trumpf des Ostens sind die gut ausgebauten und weitverzweigten Eisenbahnnetze.

Natürlich sind diese Netze nicht in optimalem Zustand. Auch sie sind teilweise marode, die Lokomotiven veraltet und die Mitarbeiter der Staatsbahnen nach vier Jahrzehnten Sozialismus nicht ausreichend motiviert. Als strategischer Partner sind die Staatsbahnen dennoch erste Wahl: Sie haben die Eisenbahn-Infrastruktur und verstehen sich darauf, Lokomotiven samt Güterwaggons rollen zu lassen. Die HHLA wiederum hat das Zukunfts-Know-how: Sie weiß, welche Bedürfnisse Industriekunden haben, wenn Warenströme gebündelt und Container zeitlich optimal mit den Seeschiffen an weit entfernten Kais vertaktet werden müssen. Wenn man also mit einer Staatsbahn der ehemals sozialistischen Welt ein Gemeinschaftsunternehmen gründen könnte – dann würde das „Tor zur Welt" entscheidend Richtung Osten geöffnet. Das wäre auch eine entscheidende Stärkung jenes Hamburger Standortvorteils gegenüber dem scheinbar so dominanten Hafenkonkurrenten Rotterdam. Denn die Attraktivität eines Hafenstandortes spiegelt sich nicht nur darin, wie das Schiff die Kaikante erreichen kann. In dieser Beziehung hat Hamburg bekanntlich das leidige Problem immer wieder notwendiger Elbvertiefungen, während Rotterdam sich stets seiner „von Natur aus 19 Meter tiefen Fahrrinne" brüsten kann. Aber was die Anbindung an das Hinterland angeht, kann Rotterdam vergleichsweise wenig aufweisen. Die Vertreter des Hamburger Hafens hingegen haben frühzeitig Angebote für einen effizienten und zügigen Schienentransport entwickelt.

Es gibt noch einen zweiten Grund, warum die Hafenmanager an der Elbe ab 1990 mehr unternehmerische Freiheit durch Joint Ventures mit dem Osten anstreben: Die Deutsche Bundesbahn steht Anfang der neunziger Jahre noch kurz vor der grundlegenden Bahnreform, die sie bis in unsere Zeit dramatisch verändern wird. Noch ist auch sie eine „Staatsbahn", ein eingefahrener Beamtenapparat, der keine Kundenbedürfnisse, sondern „Beförderungsfälle" bearbeitet – und zudem noch die problematische DDR-Reichsbahn zu erben im Begriff

Das System Altenwerder

Der Container Terminal Altenwerder (CTA), eröffnet 2002, gilt als innovativster und leistungsstärkster Terminal der Welt. Unsere Übersicht zeigt die wesentlichen Abläufe und Schnittstellen in dieser durchorganisierten, weitgehend automatisierten Kisten-Welt – in der sich alle Technik den Bedürfnissen der rund 600 Menschen unterordnet, die dort arbeiten.

2. Teamwork für „Katzen"

Insgesamt 15 Containerbrücken sind entlang der Kaimauer installiert. Ihre Ausleger ragen 61 Meter weit aufs Wasser hinaus – weit genug, um bereits die Containerfrachter der kommenden Generation abfertigen zu können: Schiffe der „Super-Post-Panmax"-Klasse, die wesentlich breiter sind als die Schleusenbecken des Panamakanals. Diese Schiffe sind für eine Tragfähigkeit von 15 000 TEU ausgelegt, wobei die Container in bis zu 21 Reihen nebeneinander liegen. Der Brückenführer in der „Hauptkatze" genannten Krangondel nimmt einen Container mit dem „Spreader" – einem Greifer an Stahlseilen – von Bord und stellt ihn auf die „Laschplattform". Dort nimmt die führerlose „Portalkatze" am unteren Ausleger der Containerbrücke die Box automatisch auf und setzt sie lasergesteuert auf einem von 84 Automated Guided Vehicles (AGV) ab.

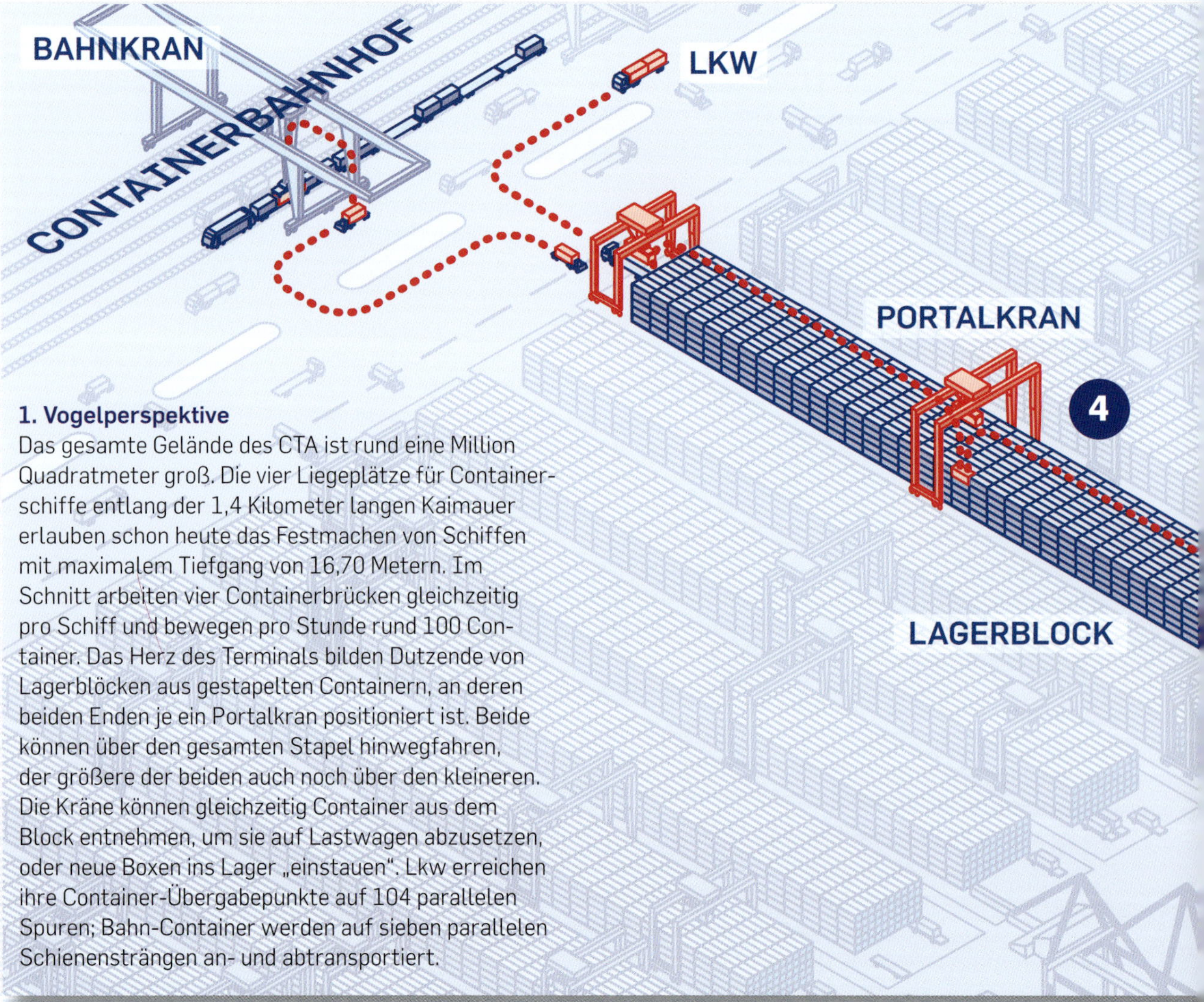

1. Vogelperspektive

Das gesamte Gelände des CTA ist rund eine Million Quadratmeter groß. Die vier Liegeplätze für Containerschiffe entlang der 1,4 Kilometer langen Kaimauer erlauben schon heute das Festmachen von Schiffen mit maximalem Tiefgang von 16,70 Metern. Im Schnitt arbeiten vier Containerbrücken gleichzeitig pro Schiff und bewegen pro Stunde rund 100 Container. Das Herz des Terminals bilden Dutzende von Lagerblöcken aus gestapelten Containern, an deren beiden Enden je ein Portalkran positioniert ist. Beide können über den gesamten Stapel hinwegfahren, der größere der beiden auch noch über den kleineren. Die Kräne können gleichzeitig Container aus dem Block entnehmen, um sie auf Lastwagen abzusetzen, oder neue Boxen ins Lager „einstauen". Lkw erreichen ihre Container-Übergabepunkte auf 104 parallelen Spuren; Bahn-Container werden auf sieben parallelen Schienensträngen an- und abtransportiert.

3. Geisterfahrer

Die AGV werden von einem Zentralrechner sekundengenau bereitgestellt. Sie rollen führerlos dahin und orientieren sich auf ihrer Manövrierfläche mit Hilfe eines Netzes von rund 19000 in den Boden eingelassenen Transpondern, elektromagnetischen Orientierungspunkten. Mit ihrer Hilfe sorgt der Rechner für den optimalen Fahrweg der AGVs. Die Fahrzeuge können sich somit gegenseitig ausweichen, überholen – und bei Bedarf selbsttätig zur Tankstelle fahren. Sie ersetzen die von Menschen gefahrenen „Van-Carrier", die etwa auf dem Container Terminal Burchardkai im Einsatz sind. Ihr Einsatzgebiet endet an den zentralen Lagerblöcken aus gestapelten Containern, wo sie ihre Box an die Portalkranbrücken übergeben – oder von dort zurück zur „Katze" der Containerbrücke bringen.

4. Tetris mit Containern

Jeder Container, der in den zentralen Lagerblöcken liegt, ist im System durch seine Codenummer überall auffindbar. Die Computer der beiden Portalkräne an jedem Lagerblock behalten so jederzeit den Überblick, welchen sie von wo nach wo versetzen sollen – und ob ein AGV, ein Lkw oder die Güterbahn die nächste Box weiterbefördert. Auf den Lkw darf das automatische System den Container aber aus Sicherheitsgründen nicht selbst abstellen: Ein menschlicher Kranführer erledigt das mit Hilfe von Videobildern und Joystick von einem weit entfernten Arbeitsplatz aus. Rund 2500 Lkw und 25 Züge pro Tag sorgen für den Boxen-Nachschub zwischen Terminal und europäischem Hinterland. Und wenn einmal wenig zu tun ist, stapeln sie die Container im Vorgriff auf die nächste Verladung um.

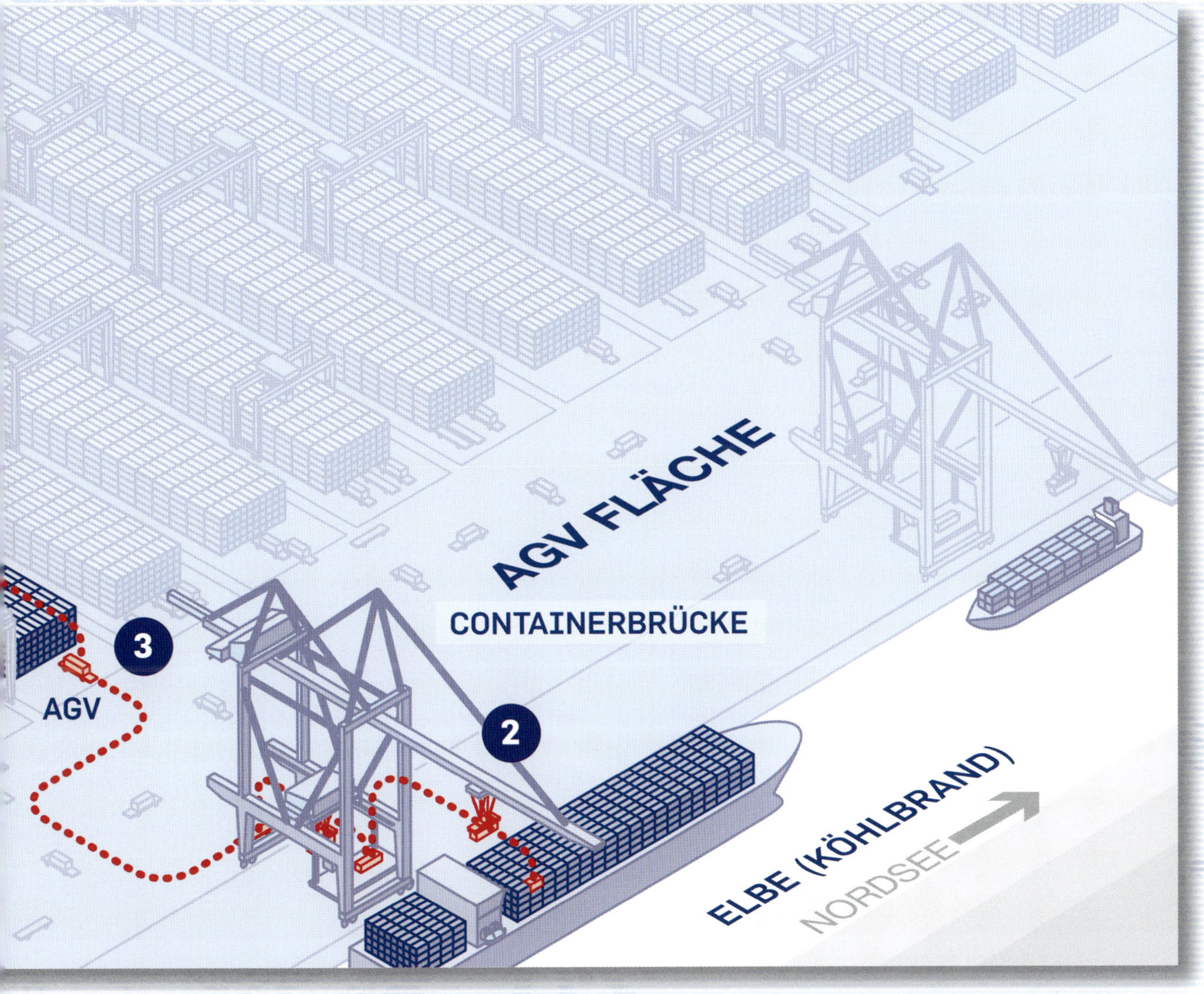

Die HHLA brennt auf die Eintrittskarte in den Osten

Symbol des Aufbruchs: Ein Stück der Sperranlagen zwischen Ost und West ist gefallen und eröffnet Perspektiven – auch für den Hafen

Polzug-Chef Walter Schulze-Freyberg schickt im Januar 1992 den ersten Containerzug von Hamburg nach Warschau

ist, wo es noch viel antiquierter zugeht. Als die HHLA die Idee einer Container-Beförderung nach Polen zunächst an die Bundesbahner heranträgt, erntet sie dort wenig Begeisterung und Aufgeschlossenheit. Allenfalls in Bezug auf die Anbindung der wachsenden Märkte Skandinaviens durch eine Anbindung an die Reichsbahn entwickelt Bahnchef Heinz Dürr auf einer Veranstaltung des Unternehmensverbands Hafen Hamburg 1991 Phantasie: Das sei von strategischer Bedeutung, da zukünftig ein Teil des Transitverkehrs von Norden nach Osteuropa wieder über die deutschen Ostseehäfen abgewickelt werden dürfte.

Um hingegen das künftige Potenzial von Containertransporten auf der Schiene Richtung Osteuropa als Zukunftsmarkt zu erkennen, reicht die Phantasie in der deutschen Staatsbahnzentrale damals nicht aus. Die Bundesbahn tut ihr Bestes, um die Aufbruchstimmung der Hafen-Strategen im Sande verlaufen zu lassen. Denn sollte die Idee wider Erwarten doch funktionieren, fürchtet der Beamtenapparat insgeheim, sich mit neuen Partnern jenseits der deutschen Grenzen auseinandersetzen zu müssen – und damit den Verlust der bis dahin allumfassenden Kontrolle über das Schienennetz. Es müssen also enorme Widerstände überwunden werden. Die HHLA aber brennt auf die Eintrittskarte in den Osten. Die Zeichen der Zeit sind günstig, denn am politischen Horizont zeichnet sich schon eine auf mehr Wettbewerb zielende Bahn-Liberalisierung ab. Doch schon jetzt will das Hafenunternehmen ein Transportnetz aufbauen, das weniger abhängig von der damals noch unflexiblen Deutschen Bundesbahn ist. Für die HHLA ist der Schritt ins osteuropäische Ausland die erste Liberalisierungsmöglichkeit im Schienenverkehr – wenn auch auch nur im internationalen Verkehr, denn für Transporte innerhalb Deutschlands bleibt die Bundesbahn mit ihrem staatlich garantierten Monopol vorerst Alleinherrscher.

Ein Bündnis der Optimisten

Die erste Unternehmens-Konstruktion, die diese Absicherung bringt, gelingt am 17. Dezember 1991: Die Polzug Polen-Hamburg Transport wird gegründet. In diesem Gemeinschaftsunternehmen halten anfänglich die HHLA und die polnische Staatsbahn PKP je 40 Prozent, die Spedition Egon Wenk das restliche Fünftel. Die polnischen Bahner bewegen den Fahrzeugpark auf staatlichem Netz, die HHLA bringt das Hafen- und Terminalwissen ein, der Spediteur sein Spezialwissen über den polnischen Markt und die Kenntnis von Land und Leuten. So wird es bis zum altersbedingten Ausscheiden Wenks sieben Jahre später bleiben, wenn die inzwischen reformierte Deutsche Bahn an seiner Stelle einsteigt – als gleichberechtigter Partner von PKP und HHLA mit je einem Drittel der Anteile. Am 29. Januar 1992 fährt der erste Containerganzzug von Hamburg nach Warschau. Kurz darauf auch von Bremerhaven, denn das ist seit Kriegsende der Hafen mit den besten Kontakten nach Nordamerika. Nur 26 bis 30 Stunden sind die Züge im Schnitt zwischen Hamburg und Polen unterwegs; damit können Lkw-Transporte schon wegen der extrem langen Wartezeiten an den Autobahn-Grenzstationen nicht konkurrieren. So gehören bald schon große Reedereien wie Hapag-Lloyd, Evergreen und P&O zu den Polzug-Kunden – und Hamburg wird

SENU
5047 03 5
SENATOR
ZIM

Eine wichtige Rolle als große Verkehrs-Drehscheiben spielen Binnenterminals wie der Metrans-Terminal Prag Uhříněves. Die HHLA-Tochter Metrans bindet Tschechien, die Slowakei und Ungarn auf dem Schienenweg an Hamburg an

zu Polens westlichstem Seehafen, wie „Die Welt" es formuliert.

1993 entsteht der erste eigene Verlade-Terminal für den „intermodalen" Verkehrsträgerwechsel zwischen Bahn und Lkw in Pruszków bei Warschau. Und schon wenig später wird in Slawków eine Schnittstelle zum russischen Breitspur-Eisenbahnnetz geschaffen. Von da an ist die Ukraine in Reichweite von Polzug – und das ist noch lange nicht das Ende der Ost-Routen, die einmal in so entlegene Regionen wie Aserbaidschan oder Usbekistan führen werden. Als Wappentier wählt sich Polzug das polnische Wisent: „schnell, stark, ausdauernd, sicher und zuverlässig". In einer neueren Image-Broschüre erklärt ein Comic-Wisent dem anderen: „Und weil Polzug so ökologisch transportiert, schützen sie auch unseren Lebensraum." Womit die HHLA wortwörtlich eine Umwelt-Bewegung in Gang gebracht hat.

Der Erfolg von Polzug zieht nicht viel später ein zweites Joint Venture nach sich: die Metrans. Ausländische Investoren haben die staatliche tschechoslowakische Speditionsgesellschaft Čechofracht übernommen, doch mit deren Container-Transporttochter Metrans können sie nichts Rechtes anfangen. HHLA-Chef Dietrich und seinen Leuten gelingt es, das für sie strategisch entscheidende Bahn-Unternehmen mehrheitlich zu erwerben – mit der Güter-Tochter der Deutsche Bahn AG und der ursprünglichen tschechischen Geschäftsführung als weiteren Gesellschaftern. In der Folgezeit wird sich die Konstruktion mehr als bewähren: Vier bis fünf Containerganzzüge pro Tag fahren bald zwischen dem Hamburger Hafen und dem Hinterland-Terminal Prag-Uhřiněves. Das tschechische Ma-

Operationsgebiete der HHLA-Intermodalgesellschaften heute. Die vier Unternehmen erschließen das Hinterland der deutschen Seehäfen für den Containertransport. Individuelle Bedarfslösungen reichen bis weit nach Zentralasien hinein

nagement, das die Region bis nach Rumänien und Bulgarien wie seine Westentasche kennt, zieht mit großer unternehmerischer Selbständigkeit alle Register, um weitere Terminals in Zlín für die tschechisch-slowakische Grenzregion und in Dunajská Streda zu eröffnen. Von Dunajská Streda aus wird der ostslowakische und der ungarische Raum angebunden. Und alles Frachtgut bündelt sich dabei im Hamburger Hafen, viele hundert Kilometer entfernt.

Das lässt die Konkurrenz nicht kalt. Nicht ohne Genugtuung erinnert sich Dietrich heute: „Auch der eigentlich weiter entfernte Hafen Rotterdam wollte unbedingt die tschechisch-ungarische Wachstumsregion anbinden und subventionierte Züge, um uns bei den Transportkosten zu unterbieten. Wir gingen vor Gericht, aber es kam nicht zum Prozess. Die Holländer stoppten vorher ihre Subventionen und gaben auf, weil sie keine Chance sahen, mit diesem Wettbewerbsverstoß durchzukommen. Das waren schon Schlachten mit Haken und Ösen."

Jahre später, nachdem aus der Bahnreform die Deutsche Bahn AG hervorgegangen ist und Polzug sowie Metrans sich erfolgreich als Container-Carrier auf der Schiene etabliert haben, werden die Kräfteverhältnisse schon anders aussehen: Nun kann die HHLA selbst die mächtige Deutsche Bahn überzeugen, dass eine strategische Zusammenarbeit für beide Seiten Vorteile bringt. Anfang 2002 erwirbt die HHLA 50 Prozent der DB-Tochter TFG Transfracht. Die TFG ist ein bedeutender Akteur im sogenannten Kombinierten Verkehr mit Deutschland, Österreich und der Schweiz. Nach Westen reicht das „Revier" der HHLA damit ab 2002 bis

Der „Albatros Express" der TFG Transfracht. Die TFG transportiert Container durch Deutschland, Österreich und die Schweiz

zur Rheinschiene – der natürlichen Hinterland-Grenze des Eisenbahnhafens Hamburg. Im Gegenzug erhält die Deutsche Bahn rund ein Drittel der Anteile von Polzug und Metrans.

„Töchter" sind gewöhnungsbedürftig

Die Gründung solcher strategischen Beteiligungen und anderer Tochtergesellschaften wird zum Markenzeichen der Ägide Peter Dietrichs bei der HHLA. Das hat sich schon bei seinem Einstieg in das Unternehmen angedeutet: 1976, gerade von Kern zur HHLA geholt, ist er gleich Entwickler und Gründungsgeschäftsführer einer der ältesten und bis in unsere Zeit erfolgreichsten „Töchter" des Hafen-Unternehmens: der Hamburg Port Consulting (HPC). Dieses Unternehmen berät zunächst die aufstrebenden Häfen der OPEC-Staaten wie Saudi-Arabien oder Nigeria, die sich vor Im- und Exporten kaum retten können, in Managementfragen und betrieblichen Abläufen. HPC wird zu einer der gefragtesten internationalen Beratungsfirmen für Hafen-Lösungen. Doch noch 1985, als Dietrich HHLA-Vorstand wird, gehört die Gründung von Tochtergesellschaften nach dem Vorbild der HPC nicht zur altehrwürdigen Unternehmenskultur an St. Annen: „Wir waren zunächst ein Fremdkörper in dieser noch weitgehend von ehemaligen Staatskai-Beamten geprägten HHLA, in welche die Wirtschaftsbehörde immer wieder direkt eingreifen zu können glaubte – was das Aktiengesetz gar nicht erlaubte", sagt HPC-Gründer Dietrich. Erst unter seiner Führung gewöhnt man sich langsam an die „Gründer-Zeit". Erst durch Tochtergesellschaften nämlich wird die HHLA überhaupt expansionsfähig, können vielerlei neue Aktivitäten im Hafen-Umfeld erschlossen werden. Allen voran das Intermodal-Geschäft mit Mittel- und Osteuropa. Je mehr Europas Produktionsbasis nach Osten wandert, desto mehr erblüht nun der Hamburger Hafen.

Unterdessen zieht der Senat 1991 einen beruhigenden Schlussstrich unter einen Konflikt, der seit Jahren um die historische Speicherstadt schwelt: Er stellt sie als Ganzes unter Denkmalschutz. Damit ist eindeutig klargestellt: Der größte Lagerhauskomplex der Welt, dieses 1,5 Kilometer lange, neugotische Backsteinensemble mit seinen zahllosen Türmen, Zinnen, Staffelgiebeln und Kupferdächern, Keramiken und Glasursteinen – er wird nicht etwa verkauft, wie es manche Mieter und Bürger schon gefürchtet haben. Auch das prunkvolle „Rathaus des Hafens", der 1903 fertiggestellte Sitz der HHLA „Bei St. Annen", ist nicht in Gefahr.

Doch klar ist ebenso: Die Zeit der Speicherstadt als Ort der Hafen-Lagerei ist längst vorbei. Nachdem hier in den fünfziger Jahren noch einmal reger Betrieb geherrscht hat und letzte Neubau-Blocks sogar noch bis 1962 hinzugekommen sind, haben die Änderungen in der Lagerwirtschaft sowie der Container-Boom der Speicherstadt den auf Pfählen gegründeten Boden entzogen. Ab den siebziger Jahren sind Lagerflächen und Warenbestände anderswo angesiedelt worden – dort, wo Gabelstapler und Regalbediengeräte effizient manövrieren können. Zudem ist die teure Handarbeit an den Winden und Sackkarren, ohne die es hier nicht geht, im Großmaßstab unbezahlbar geworden. Die klassischen Speicherstadt-Waren wie Kaffee, Tee, Gewürze, Tabak oder Kautschuk werden auch bereits in Contai-

Neue Nutzer der Speicherstadt: Vom Gruselkabinett für Touristen ...

... über inspirierende Arbeitsplätze für Werber und Kreative ...

nern transportiert. Dennoch gibt es kaum Leerstand: Viele Teppichhändler aus orientalischen Ländern haben Einzug gehalten und ihre Lager eingerichtet. So ist aus der Speicherstadt eine Art Denkmal in Betrieb geworden.

Die Unruhe unter den verbliebenen Quartiersleuten und Mietern ist Mitte der achtziger Jahre entstanden. Denn im Senat haben zu dieser Zeit Umwandlungspläne bis hin zum Abriss einzelner Blocks kursiert; von der „Öffnung der City zum Hafen und der damit verbundenen Stadterneuerung" ist die Rede gewesen. Auch von Büros und Wohnungen, die womöglich die letzten Lagerbetriebe verdrängen könnten. An einem Musterblock ist sogar schon die Entkernung der dickwandigen Bauten, der Einbau von Oberlichtern und Fahrstühlen ausprobiert worden. Deshalb prangen ovale Aufkleber mit der Forderung „Kein Verkauf der Speicherstadt" an den Wänden und Laternen der Umgebung – eine wütende Kampagne der möglichen Betroffenen ist ins Rollen gekommen.

Der Denkmalschutz besiegelt 1991, dass der große Ausverkauf der Speicherstadt nicht stattfindet. Allerdings wird sich – unterstützt durch den Vermieter HHLA – in den kommenden Jahren der Charakter des Lagerhauskomplexes noch deutlicher wandeln. Zwar ist der Grund und Boden immer noch offizielles Hafengebiet – es gibt also nach wie vor Nutzungs-Einschränkungen und Auflagen, die der Lage am Wasser geschuldet sind. Doch die Hamburger, bislang vom Zollzaun aus diesem Teil der Stadt zumeist ferngehalten, werden nach der Rückverlegung der Freihafen-Zollgrenze in den südlichen Hafen die Straßen und Fleete für sich entdecken und in Beschlag nehmen: als kulturell höchst vielfältige Backstein-Landschaft am Wasser. Über die Jahre werden sich hier – Tür an Tür mit den verbliebenen traditionellen Handelsfirmen – Kreative, Agenturen und Gastronomiebetriebe ansiedeln, Museen, Theater und Freizeitattraktionen. Darunter die größte Modelleisenbahnanlage der Welt, eine „Erlebnis-Kaffeerösterei", eine Geschichts-Geisterbahn namens „Hamburg Dungeon", das Deutsche Zollmuseum und – nur konsequent – das Speicherstadtmuseum. Zusätzlich intensiviert durch eine klug inszenierte nächtliche Beleuchtung der Speicherstadt (siehe Seite 182), wird all das Scharen von Touristen anlocken. Sogar einige Wohnungen wird es in diesem traditionsreichen Quartier geben, wo das Wohnen nach der Vertreibung von fast 20000 Einwohnern über 100 Jahre lang tabu gewesen ist.

Europa funktioniert anders

Und es dauert 1991 nicht mehr lange, bis im Verborgenen Planungen für etwas Gigantisches in der unmittelbaren Nachbarschaft dieses historischen Ortes beginnen. Etwas, das die ehrwürdigen Backsteinbauten der Speicherstadt in dramatische architektonische Kontraste einbetten wird: ein kompletter neuer Stadtteil.

Zu Beginn der neunziger Jahre wird jedoch auch schmerzlich klar, wie eng in der zusammenwachsenden Welt die Planungshorizonte nach wie vor bisweilen sind – und wo es überall noch hakt in den Integrationsprozessen. Es ist paradox: Da einigt sich halb Europa am 7. Februar 1992 auf den Vertrag von Maastricht, der die politische und ökonomische Integration zur „Europäischen Union" bedeutet. Keine Binnengrenzen mehr,

... und historisch-informatives Flair im Speicherstadtmuseum ...

... bis zu anspruchsvoller Gastronomie reicht die Bandbreite

keine Zuständigkeits-Konflikte, keine Kirchturmpolitik einzelner Mitglieder, die nur das als anstrebenswert verfolgen, was im eigenen Sichtfeld liegt – das sind erklärte Ziele. Doch wenn es ernst wird, muss in Deutschland mit seinem föderalen Flickenteppich am Ende doch wieder auf umständlichste Weise der Ausgleich über Landesgrenzen hinweg gesucht werden, um vergleichsweise bescheidene Fortschritte zu erzielen.

Der Stadtstaat Hamburg ist hierbei in seiner Hafenpolitik besonders benachteiligt, da er oft genug die Interessen anderer Elb-Anlieger zu berücksichtigen hat. Die von der Weltwirtschaftskrise gelähmte hamburgisch-preußische Hafengemeinschaft von 1928 oder der letztlich fast fruchtlose Versuch einer grenzenlosen Regionalpolitik von Wirtschaftssenator Kern 1970 sind beredte Beispiele. Auch das jahrzehntelange Ringen um den Hamburger Tiefwasserhafen Neuwerk, das am Ende auch am Widerstand Niedersachsens scheiterte, ist noch gut in Erinnerung. Doch noch einen weiteren Stachel im niedersächsischen Fleisch gilt es zu ziehen.

So gibt Hamburgs Erster Bürgermeister Henning Voscherau am 25. Februar 1992 bei einer Feierstunde in den altehrwürdigen Hapag-Hallen des Cuxhavener Amerikahafens „Hamburgs letzte Kolonie", wie es die Presse nennt, an seinen niedersächsischen Parteifreund, den Ministerpräsidenten Gerhard Schröder zurück – nach jahrelangem Streit mit der Vorgängerregierung Albrecht (CDU). Rund sechs Jahrhunderte ist das Gebiet des Amerikahafens im Besitz Hamburgs gewesen, zuletzt als winzige, heruntergekommene Exklave im ansonsten niedersächsischen Landeshafen. Der kann nun endlich erweitert werden. Dafür haben sich aber

„Ich will den Rohstoff Dunkelheit bewahren“

Er bringt Glanz in die historische Speicherstadt: Der Hamburger Lichtkünstler und Theatermacher **Michael Batz** („Hamburger Jedermann“) hat den Hafen schon oft mit Lichteffekten verzaubert. Besonders effektvoll ist die regelmäßige nächtliche Illumination der alten Speicher auf dem Grasbrook – organisiert vom Verein „Licht-Kunst-Speicherstadt e.V.“

Was brachte Sie dazu, in der düsteren nächtlichen Speicherstadt Licht-Akzente zu setzen?

Wir wollten 1999 mit Schauspielern die Geschichte erzählen, wie Mozarts Librettist Lorenzo da Ponte im Jahr 1801 in Hamburg festsaß. Er war mit einer Gruppe Opernsänger auf dem Weg von Italien über Hamburg nach London, aber der Hafen war eingefroren, und sie mussten hier wochenlang warten. Für unser Stück sollten fünf Barkassen durch die eigens dafür erstmals erleuchtete Speicherstadt fahren. Dazu musste man unter der Poggenmühlenbrücke hindurch, aber das ging nicht wegen eines hölzernen Sperrbalkens des Zolls, der dort seit 111 Jahren im Schlick lag. Alle hielten mich für verrückt, dass ich den fortschaffen wollte, aber die Zollverwaltung beseitigte ihn tatsächlich, und das Amt für Strom- und Hafenbau entschlickte auch noch den Fleet, nachdem ich beim damaligen Chef Ulrich Hensen vorgesprochen hatte. Der Barkassenkapitän wollte es nicht für möglich halten, dass er nun durch den Zollkanal fahren und dann rechts abbiegen und unter der Brücke durchfahren konnte – erstmals seit 111 Jahren! Nachdem die Aufführung und die Illumination ein Erfolg wurden, gründeten wir dann den Verein Licht-Kunst Speicherstadt e.V.

Warum beträgt die durchschnittliche Lichtstärke Ihrer Speicherstadt-Installation nur 27 Watt?

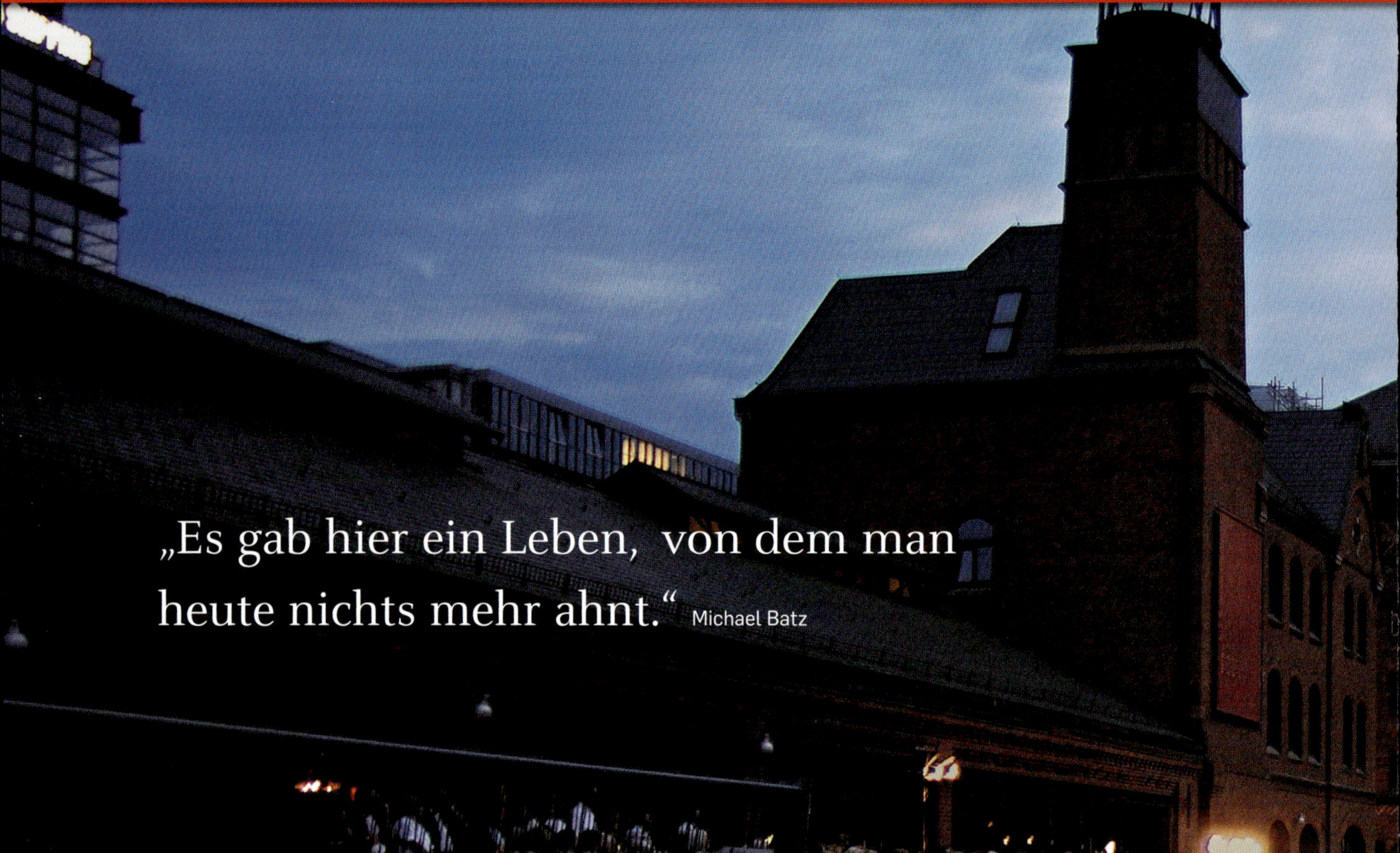

„Es gab hier ein Leben, von dem man heute nichts mehr ahnt.“ Michael Batz

Die Speicherstadt sollte die Qualität eines imaginativen Ortes behalten. Je mehr ich mit Licht Sichtbarkeit herstelle, desto mehr tendieren Denkbarkeit und Vorstellbarkeit gegen null. Irgendwann ist alles nur noch bunt und laut. Wenn ich aber einen Freiraum für Imagination und Bildfindung suche, dann kann ich den nur mit schwachem Licht erzeugen. Und das hat im Zusammenspiel mit der Architektur, den Brücken und vor allem dem Wasser ja auch ganz gut funktioniert.

Glauben Sie daran, dass Häuser ein Karma haben? Und welches wäre das Karma dieser Speicherhäuser?

Ja, gewisse Häuser haben ein Karma, vor allem, wenn sie noch aus Stein gebaut sind. Stein schafft Schatten, Reflexionen, Verläufe. Das haben wir in der heutigen transparenten Architektur aus Glas und Stahl nicht mehr: Zwischen Innen und Außen gibt es keinen Unterschied, keine Diskretion mehr. Die Speicherstadt war vom Gründungsentwurf her eine relativ funktionale Lagerhausanlage. Dann hat man noch während der Planungen gemerkt: Mit reiner Funktionalität wird man hier keine urbane Atmosphäre herstellen. Damals beklagte der Bürgermeister Johannes Versmann die „langweiligen“ Architekturentwürfe, und so wurden sie durch Türmchen und Ornamente aufgelockert. All dieser Zierrat sollte im Licht blitzen und dem „Schatzkästlein des Hamburger Kaufmanns“ Glanz verleihen. Im Licht des Sonnenuntergangs sollte hier so etwas wie die wagnerische Inszenierung einer pseudo-mittelalterlichen Stadt mit vielen Winkeln, Giebeln und Portalen stattfinden. Nicht zufällig ist die Eröffnung 1888 mit Wagner-Klängen gefeiert worden.

Warum haben Sie den „Hamburger Jedermann“ in die Speicherstadt verlegt?

1989 war die Mauer gefallen, und es verging kein Tag, an dem nicht gejubelt wurde, dass Hamburg nun aus seiner Randlage wieder in die Mitte Europas gerückt sei und die Märkte des Ostens nun wieder lockten. Jegliche kaufmännische Zurückhaltung wurde plötzlich fallen gelassen, alles redete nur noch von Boom und Milliardeninvestitionen. Mir kam es so vor, als zeigte nun das Geld sein Gesicht. Und so kam die Idee, den Protagonisten, also den hamburgischen Kaufmann, an den Ort seiner sagenhaften Reichtümer zu setzen. Das ist ja die Geschichte des Jedermann, wie sie Hugo von Hoffmannsthal nach sehr viel älteren Motiven aus England oder Holland nacherzählt hat: Gott ist wütend über die Sünden des Menschen, er schickt den Tod, um den Menschen zu bestrafen, und am Ende muss der

Open-Air-Aufführung des „Hamburger Jedermann": Seit 15 Jahren besuchen Gäste aus ganz Deutschland das Theater-Event

„Jedermann" nach vielen Verwicklungen sterben, aber seine Sünden werden ihm vergeben. Es war das erste Mal, dass hier systematisch Kunst in die Speicherstadt einzog. Der damalige HHLA-Chef Peter Dietrich erlaubte uns spontan, uns hier einen Ort für die Aufführung auszusuchen.

Wir sprachen bereits über das Karma von Häusern. Man kann sich nachts schon ein wenig gruseln im spärlichen Licht der Speicherstadt. Was glauben Sie: Könnte es hier spuken?

Jedenfalls habe ich sie nie als unangenehmen Spuk-Ort empfunden. Wohl als Ort diverser Phantasmen. Es gab hier Leben, von dem man heute nichts mehr ahnt. Ich höre die Echos der Rufe, von „Hiev op!" bis „Kaffee, Kaffee, Kaffee!" Ich sehe immer noch die Ewer- und Schutenführer hier durch die Fleete staken. Dieser Ort ist viel reicher an Bildern, wenn man sich auf ihn einlässt, wenn man den Rohstoff Dunkelheit nicht verbraucht und wegleuchtet, sondern ihn bewahrt und ihm nachsinnt.

Der Hafen wächst nach innen – durch Landgewinnung: Das untere Bild zeigt als Beispiel die Becken von Süd-West-Hafen und Indiahafen im Jahr 1977, das obere den Zustand im Jahr 1992. Auf den zugeschütteten Flächen entstehen Lager und Speditionen

die Niedersachsen verpflichten müssen, auf den Aufbau eines eigenen Containerhafens zu verzichten. Denn das ist der Stachel in Hamburgs Fleisch gewesen.

Dass man sich nun gegenseitig fürs Erste die Stacheln gezogen hat, wird Niedersachsen und Hamburg jedoch schon in naher Zukunft nicht davon abhalten, sich aufs Neue zu entzweien, wenn es um den nächsten geplanten Tiefwasserhafen gehen wird. Der Dritte im Bunde bei diesem Spiel wird übrigens Bremen sein. Alte Rivalen in einem Boot? Ein interessantes Experiment.

Doch die nächste Großbaustelle der Realpolitik ist vorerst das leidige Thema der Elbvertiefungen. So sicher wie Ebbe und Flut kommt es alle paar Jahre auf den Tisch, mit jedem neuen Zyklus indes scheint sich inzwischen der Widerstand organisierter Interessen und Bedenkenträger inner- und außerhalb Hamburgs zu verstärken. Eigentlich bringt der Boom der Weltwirtschaft nach dem Ende der großen Blöcke viel Freude. Aber eben auch den Trend zu noch größeren Frachtschiffen mit noch mehr Tiefgang – die möglichst auch bei Ebbe eine Handvoll Wasser unter dem Kiel brauchen. Im Jahr 1994 ist bereits seit Längerem daran gedacht, den Strom zwischen Hamburg und der Elbmündung so auszubaggern, dass Schiffe mit 12,80 Meter Tiefgang jederzeit und mit 13,80 Metern zumindest bei Flut den Hafen verlassen können. Zu der Zeit liegen diese Werte noch jeweils etwa einen Meter niedriger, mehr erlaubt die Elbe nicht. Man rechnet zwar auch für die absehbare Zukunft damit, dass typische Containerschiffe „nur“ 3000 bis 5000 TEU tragen werden. Doch die großen Container-Reedereien haben bereits Schiffe der nächsten Generation auf dem Reißbrett, die einmal

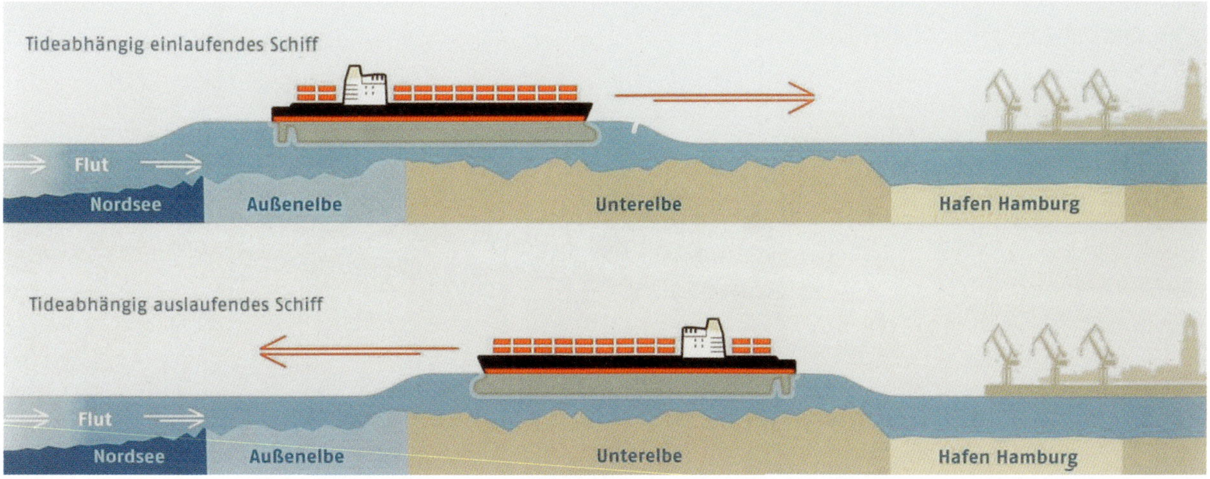

Baggern für Unabhängigkeit: Die Unterelbe ist flacher als der Hafen, sodass Schiffe nur auf der Flutwelle „reiten" können

8000 TEU tragen können sollen. Es wird dauern bis zu deren Auslieferung, doch man will gerüstet sein. HHLA-Chef Dietrich und Ulrich Hensen, Leiter der Strombauabteilung der Hafenbehörde, äußern in Interviews Zuversicht: Schon 1996 sollen alle Genehmigungen und Mittel vorliegen, um dann mit den Baggerarbeiten in der Unterelbe beginnen zu können.

Der „Schlepperkrieg" trifft auch die Terminals

Sie erscheinen damit einigermaßen optimistisch. Denn zunächst einmal gilt es Umweltverträglichkeits-Untersuchungen zu überstehen. Eine Flutwelle von Gutachten und Gegengutachten, Protesten und Einsprüchen von Bürgern bei Gericht läuft auf Hamburgs Hafen zu. Mitte 1995 rechnen die Planer mit einem Abschluss der Arbeiten bis Ende 1997. Aber auch das ist noch zu gutgläubig. An Weihnachten 1999 erst werden die Elbe und Hamburgs Hafen bereit sein für die Containerriesen der Zukunft.

Es fließt also noch viel Wasser eine weniger tiefe Elbe hinab, während sich das vereinigte Europa 1995 bereits auf 15 Staaten erweitert. Österreich, Schweden und Finnland stoßen zur EU – der gemeinsame Wirtschaftsraum erweitert sich damit um Länder, die der Hamburger Hafen und die HHLA schon lange „auf dem Zettel" haben. Gerade der Skandinavienverkehr war es ja, der sich vor der Wendezeit zum Ersatz für das verlorene Hinterland im Osten entwickelt hatte. „Bis zum Fall der Mauer", so der damalige HHLA-Chef Dietrich, „hatten wir sehr davon profitiert, dass wir Skandinavien als neues Hinterland für den Feederverkehr gewonnen hatten. Denn die großen Containerschiffe sind nicht in die Ostsee gefahren." Selbst wenn diese Schiffe vom Tiefgang her den Nord-Ostsee-Kanal befahren können, der die Reeder auch noch beträchtliche Kanalgebühren kostet: Die Frachtgutmengen lohnen den Aufwand nicht. So hat sich der Nordseehafen Hamburg als Drehscheibe, als Transithafen etabliert: Großschiffe bringen die Container aus Übersee, kompaktere „Feeder"-Schiffe verteilen sie von hier aus auf die kleinen Ostseehäfen. Eine ganze Reihe von Feeder-Reedereien lebt von diesem Geschäftsmodell – und der Hafen-Umschlag auch.

Die EU-Erweiterung von 1995 bringt aber nicht nur die Arrondierung der Ostsee-Region. Sie ist auch der letzte Schritt vor der Integration der wichtigsten Länder Mittel-Osteuropas in den gemeinsamen Markt: Das alte Hamburger Hafen-Partnerland Österreich ist nun der Trittstein der EU nach Ungarn, Tschechien und in die Slowakei – wo die HHLA überall schon fleißig „Schienen legt". Und nicht nur das: In Polen und Tschechien webt sie fleißig weiter an ihrem Netz von Hinterland-Containerterminals, um den intermodalen Güterverkehr auf Schiene und Straße voranzubringen.

Ist also alles eitel Sonnenschein im neuen Europa, das dem Hamburger Hafen fast nur Freude und immer mehr Verkehr bringt? Leider nein. Denn der europäische Binnenmarkt mit seiner Niederlassungs- und Dienstleistungsfreiheit bedeutet auch hemdsärmlige Konkurrenz, wo vorher künstliche Schutzwälle standen. Exemplarisch bringt das der Hamburger „Schlepperkrieg" zum Ausdruck. Als ungebetener Gast taucht die niederländische Schlepper-Reederei Kotug Anfang 1996 mit vier Booten – alle mit deutscher Besatzung

„Schlepperkrieg": Kotug-Boote bugsieren den Containerfrachter *Regina Maersk* an den Burchardkai (links); wütender Protest (rechts)

– im Hafen an der Elbe auf. Sie unterbietet die Preise des seit vier Jahrzehnten etablierten „Schlepper-Kartells" von fünf einheimischen Unternehmen mit insgesam 16 Fahrzeugen locker um ein Viertel – das kann sie sich leisten, weil der niederländische Staat ihr Geschäft neuerdings mit Steuervorteilen subventioniert. Es kommt zu Aufruhr, sogar zu Verfolgungsfahrten unter Schleppern mit wagemutigen Manövern. Jobs stehen schließlich auf dem Spiel, für manchen auch die Hafenehre. Aber das Kartell ist gezwungen, seinerseits die Preise zu senken, denn die Verträge mit den Reedern fliegen den Niederländern nur so zu. Jahrelang zieht sich der Streit. Es kommt sogar zu einer spektakulären Blockade des Frachters *Regina Maersk*, der von einem Kotug-Schlepper zum Burchardkai gezogen wird: Am Kai entladen ihn HHLA-Mitarbeiter aus Solidarität mit den Hamburger Schleppern nur „nach Vorschrift" – als der Containerfrachter mit siebenstündiger Verspätung ablegt, bleiben rund 100 Container an Land zurück. Endgültig beigelegt wird der „Schlepperkrieg" erst, als die EU-Kommission 2002 die Subventionsentscheidung rückgängig macht und alle wieder nach denselben Regeln spielen.

Neben zunehmender Konkurrenz im Hafen kommt es aber auch zu Fällen von Konsolidierung: So übernimmt die HHLA im August 1996 mit dem Segen des Bundeskartellamts den Container Terminal Tollerort (CTT) vom Kokurrenten Gerd Buss. Buss hat ihn seinerseits von der Lager- und Speditionsgesellschaft übernommen, sodass die Anlage auf dem nordwestlichsten Zipfel der Elbinsel schon eine bewegte Geschichte hinter sich hat. Und sie hat kein klares Profil: eine Art Vielzweck-Umschlaganlage, aber zugleich schon mit

Neuer Containerbahnhof am CTT: Kapazität verfünffacht

Rahmenstaplern, neuesten Van-Carriern und Stapelkränen auf Container zugeschnitten. Moderne Computersoftware ist zwar vorhanden, aber sie läuft nicht. Auf Besucher mit fachlich geschultem Blick wirkt der Terminal wie ein unfertiges Puzzle: Die Teile sind mehr oder weniger vollzählig, einige sogar überzählig, doch sie fügen sich nicht zu einem stimmigen Gesamtbild. Die HHLA-Experten jedoch sehen das große Potenzial der Anlage. Sie machen sich an das Modernisieren der Strukturen – mit bestem Erfolg: Damals hält es noch kaum jemand für möglich, dass der CTT nur ein gutes Jahrzehnt später einmal eine Umschlagskapazität von rund einer Million TEU aufweisen wird. Dabei hat er in Richtung Roßhafen sogar noch erhebliche Erweiterungsmöglichkeiten.

Die Stadt rückt an die Elbe

Zukunftsvisionen braucht Hamburg auf beiden Seiten der Elbe. Deshalb klopft im Jahr 1993 ein Mann an die Tür des Büros von Bürgermeister Voscherau. Der Mann, als Sohn eines Architekten von Haus aus mit einiger Kenntnis der Städtebauhistorie ausgerüstet, hat im Gepäck einen Stapel Overhead-Folien. Es ist Peter Dietrich, der HHLA-Chef. Seinem Parteifreund Voscherau sagt er hinter verschlossener Tür: „Wir haben zwei Probleme, Henning: Hamburgs Hafen braucht in Altenwerder einen neuen Containerterminal, und zwar schnellstens, um die zusätzlichen Mengen bewältigen zu können. Und die Innenstadt muss auf neuen Flächen wachsen können. Beides verlangt hohe Infrastruktur-Investitionen, für die der Spielraum des Haushalts nicht ausreicht. Könnte man nicht ... ?"

Nach dieser Eröffnung entwickeln die beiden Männer im Verlauf der Overhead-Präsentation und in weiteren Gesprächen, zunächst nur unter vier Augen, einen kühnen Plan: Die Stadt rückt an die Elbe! Die Flächen zwischen Speicherstadt und Fluss wandeln völlig ihr Gesicht! Von der Hafenwirtschaft hin zu einem neuen Stadtteil, in dem sich kulturelle Angebote mit modernen Wohn- und Dienstleistungsquartieren mischen. Durch den Verkauf der dafür notwendigen Flächen, die ihr ohnehin gehören, an entsprechende Investoren könnte die Stadt die Einnahmen generieren, mit denen sich nicht nur die Infrastruktur-Anbindung der HafenCity, sondern auch der Terminal Altenwerder auf der anderen Flussseite stemmen lässt. Und am Nordufer entsteht eine neue Hafen-City mit maritimem Flair am Wasser, die Hamburg noch attraktiver macht. An deren „Pforte" wirkt die alte Speicherstadt als besonderer Publikumsmagnet.

Voscherau, wie Dietrich mit instinktiver Witterung für die Zukunftschancen der Stadt ausgestattet, ist elektrisiert. Es wäre ein Jahrhundertprojekt! Man spricht über rund 100 Hektar, die eine Erweiterung der öffentlich nutzbaren Innenstadt um 40 Prozent bedeuten würden. Und die Idee entspricht genau dem internationalen Zeitgeist: Andere Hafenstädte, wie etwa Boston oder Barcelona, haben sich bereits wieder dem Wasser zugewandt oder sind im Prozess dieser Verwandlung. Hamburg hingegen ist genau genommen schon seit fast 130 Jahren, seit dem Bau des ersten künstlichen Hafenbeckens 1866, städtebaulich von der Elbe getrennt. Doch die ersten Hafenanlagen mit ihren zahlreichen Kai-Liegeplätzen waren noch im Zeichen langer Lie-

Am 7. Mai 1997 präsentiert Bürgermeister Voscherau im Übersee-Club einer staunenden Öffentlichkeit Hamburgs Pläne für eine „Hafen-City“

Die Verfügbarkeit attraktiver Flächen zum Wohnen und Arbeiten am Wasser ist ein wichtiger Faktor im Wettbewerb Hamburgs mit europäischen Konkurrenten

gezeiten und kleiner Schiffsgrößen entstanden – das Gegenteil der Infrastruktur, die das moderne Hamburg in Zeiten des Containerumschlags benötigt. Es ist also nur zeitgemäß, diese Gebiete baldmöglichst umzuwidmen. Bürgermeister Voscherau weiß: Die Verfügbarkeit geeigneter Flächen für Dienstleistungen und attraktives Wohnen, zumal auch noch am Wasser, sind ein wichtiger Faktor im Wettbewerb mit europäischen Konkurrenten von Berlin bis Brüssel.

Da stellt sich allerdings ein Problem: Die Flächen gehören zwar der Stadt, sind für sie aber alles andere als frei verfügbares Brachland. Dort sitzen und arbeiten langjährige Pächter: Das Unternehmen Bruns & Sump, das gerade in eine Expansion investieren will, zwei Terminals des Zellulose- und Papierkonzerns Cellpap, der Afrika-Terminal der Firma Buss – und nicht zuletzt das Kraftwerk Hafen der Hamburger Elektrizitätswerke mit seinem weithin sichtbaren, rund 150 Meter hohen Schornstein.

Diese Flächen für den Zweck des Baus einer Hafen-City zu erwerben, wird das Geschäft der eigens gegründeten Gesellschaft für Hafen- und Standortentwicklung, GHS – einer 100-prozentigen HHLA-Tochter. Sie geht in den folgenden Jahren daran, den Hafenfirmen ihre Rechte und Immobilien abzukaufen. Nach langwierigen und komplexen Verhandlungen gelingt es der GHS am Ende, alle fraglichen Grundstücke unter ihre – und damit die städtische – Kontrolle zu bringen. Selbst die HEW, in deren Aufsichtsrat Dietrich seit Jahren sitzt, gibt ihr Kohlekraftwerk auf; sie erhält zum Ausgleich ein Grundstück der HHLA unter der Köhlbrandbrücke, wo sie ihre geplante Müllverbrennungs-

Hafen im Werden: Erste Bauarbeiten auf dem Gebiet des zukünftigen HHLA Container Terminals Altenwerder, um 1999

anlage errichten kann. Unterdessen erwirbt die GHS in Altenwerder die letzten „Schikanegrundstücke“, wie sie intern genannt werden: die Flurstücke der wenigen verbliebenen Kämpfer gegen den Containerterminal.

Das Erstaunliche dabei ist: Die „geheime Staatsaktion“ bleibt der Öffentlichkeit in der Stadt von „Spiegel“ und „Stern“ bis zum Schluss verborgen. Erst als alles so weit vorangetrieben ist und parallel ein städtebaulicher „Masterplan“ für den neue Hafen-Stadtteil entwickelt wurde, lässt Bürgermeister Voscherau die Katze aus dem Sack: Am 7. Mai 1997 präsentiert er im ehrwürdigen Übersee-Club vor einem exklusiven Zirkel, darunter Bundespräsident Richard von Weizsäcker, das Konzept einer Hafen-City für Hamburg. Die ersten Reaktionen der Öffentlichkeit sind durchaus geteilt. Nur langsam freunden sich die konservativen Hamburger mit der Idee an, dass ihre Stadt in einem kühnen Wurf ihr Gesicht so entscheidend verändern soll. Schnell treten, wie bei allen großen Entwürfen, Architekturkritiker auf den Plan. Doch letztlich kommt der förmliche Politikprozess ins Rollen, der die Hafen-City als zunehmend begehrte „Perle“ der Stadt auf den Weg bringt – und aus der Hafenerweiterung in Altenwerder nach rund 40 Jahren Realität machen wird.

Ein beispielloser Boom steht bevor

Eine andere, im Vergleich zum Aufbau einer Hafen-City fast an die Strapazen des Sisyphos erinnernde Arbeit dauert nahezu ein Jahr, aber dann ist es geschafft: Zwischen dem 22. Februar und 14. Dezember 1999 wird die Elbe endlich tiefer ausgebaggert. Tideunabhängig erlaubt sie nun einen Tiefgang von 12,80 Metern; bei Flut ist es noch ein Meter mehr. Rund 30 Millionen Mark hat es sich Hamburg kosten lassen, dass fortan Großcontainerschiffe der neuesten Generation den Hafen jederzeit erreichen und verlassen können. Die jahrelange Verzögerung, durch die Hamburgs Hafen sein Wachstumspotenzial nicht voll hat ausschöpfen können, ist nun wettgemacht – fürs Erste.

Und nun ist es, als ob – ein gewagtes Bild in einem offenen Tidehafen! – gigantische Schleusentore geöffnet worden sind. Wohl niemand im Hafen sieht diese Entwicklung in seinen kühnsten Träumen voraus, aber: Das folgende Jahrzehnt wird in Hamburgs Hafengeschichte als Phase eines beispiellosen Booms eingehen, der alle Skalen sprengt und für Probleme ganz eigener Sorte sorgt: Kapazitätsgrenzen, gegen die nur noch kühne Investitionsprogramme unter Mobilisierung allen verfügbaren Kapitals helfen werden. Mit der Elbvertiefung geht der Containertransport nach Hamburg ab Weihnachten 1999 „durch die Decke“, wie es ein Hafenmanager im Rückblick formuliert. Schon im August zeichnet sich ab, dass besonders der Verkehr mit Asien drastisch zunimmt. Der Anteil Asiens am Behälterumschlag des Hafens liegt jetzt schon bei über 50 Prozent. Die Elbvertiefung und der begonnene Bau des Container Terminals Altenwerder haben sich längst nach Fernost herumgesprochen. Die beiden großen Reedereien Rotchinas, Cosco und China Shipping, wollen Hamburg zu ihrem „Hub“ für Europa ausbauen. Auch deren Wettbewerber Evergreen, ältester Container-Kunde der HHLA, freut sich über den besseren Zugang zu den Hafenanlagen. Dass die dänische Großreederei Maersk, Inhaberin der weltgrößten Containerschiffe, ih-

Hamburgs Schokoladenseite, der Jungfernstieg, zu Beginn des 21. Jahrhunderts: Wo hundert Jahre zuvor die Oberschicht noch unter sich blieb, genießt nun bunt gemischtes, konsumfreudiges Volk die Sonne. Für Kontinuität steht nur der Alsterpavillon

Auf der goldenen Welle

Nach 100 Jahren zurück am Jungfernstieg (siehe S. 56), diesmal im Jahr 2000: Erneut ist Hamburg eine lebenssprühende, brodelnde „Boomtown". Anders als ein Jahrhundert zuvor liegt kein imperialer Größenwahn in der Luft – nur die dritte Welle der Globalisierung hat Stadt und Hafen erfasst. Auf ihr surfen viele in ein Traumland grenzenlosen Wachstums.

Was ist denn hier los? Wir sind wieder am Jungfernstieg, Hamburgs Flaniermeile am Alsterufer, aber im Vergleich zum Besuch vor 100 Jahren herrscht unglaublicher Verkehr! Wo im Jahr 1900 höchstens die allerersten Automobile als Sensation zu bestaunen waren, reiht sich jetzt, im September 2000, ein lärmender Konvoi von 120 Bussen der Hamburger Hochbahn einmal rund um die Binnenalster. Mit dieser Leistung wollen die Busfahrer ins Guinness-Buch der Rekorde, nebenbei Geld für einen guten Zweck einsammelnd.

Und Menschen in nadelgestreiften Business-Anzügen flitzen über das Trottoir – auf silbernen Klapprollern, die sich „Kickboards" nennen. Diese jungen Leute sind bemerkenswert: Viele von ihnen haben kürzlich eigene Firmen gegründet, sogenannte Start-ups. Oft gleich als Aktiengesellschaften, und die meisten befassen sich irgendwie mit dem Internet. Nach der Entgrenzung der Welt durch den Fall des Eisernen Vorhangs vor einem Jahrzehnt verschafft im Jahr 2000 das World Wide Web zusätzliche Freiheitsgefühle. Hamburgs Wirtschaft erlebt eine Gründerwelle: Allein im Vorjahr sind in Hamburg 18 217 Firmen gegründet worden – bisheriger Rekord. Seit drei Jahren liegt Goldgräberstimmung in der Luft, ein neuer Kitzel, der sich „E-Commerce" oder „New Economy" nennt. Selbst für den Hamburger Hafen gibt es schon Internetlösungen: Die virtuelle Seefrachtgut-Börse GloMap etwa bringt Ladung und Schiffe in offener Auktion zusammen.

Fast jeder dieser jungen Programmierer weiß, was Stock Options sind, oder er hat selber welche, denn in barer Münze bezahlen können viele der luftigen Start-ups ihre „High-Potentials" kaum. Die aber träumen vom Reichtum und geben sich zwischendurch daddelnd vor ihren Computermonitoren dem „Moorhuhn"-Fieber hin. Doch die meisten Goldgräber der

Dotcom-Generation ahnen noch nicht, dass ihre Business-Blase bald platzen wird: Die ersten Börsenkurse rauschen mangels Substanz schon krachend in die Tiefe. Gut, dass es wenigstens noch etwas Solides gibt am Jungfernstieg, auf das Verlass ist: den Alsterpavillon, der schon im Jahr 1900 ein Klassiker war. Inzwischen steht Pavillon Nummer sechs, erbaut 1952 auf dem erhaltenen Sockelgeschoss des im Krieg zerstörten Vorgängers. Hier lassen sich nun die dynamischen Rollerfahrer nach ihrem Vierzehnstundentag den „Sundowner" schmecken.
Die Jungfernstieg-Society und die Hamburger Geschäftsleute, all die Reeder, Schiffsfinanzierer und Schiffsmakler, sind ja Genüssen allgemein nicht abgeneigt. Man geht gern ins gerade 100 Jahre alt gewordene Schauspielhaus, wo in diesen Wochen der neue Intendant Tom Stromberg antritt, und ins benachbarte Thalia, wo sein Kollege Jürgen Flimm nach 15 Jahren soeben Abschied genommen hat, um in Bayreuth den „Ring" zu inszenieren. Oder man macht gleich eine Kreuzfahrt, das Statussymbol der Besserverdienenden. Im Hamburger Hafenclub ist soeben die neue Ausgabe des „Complete Guide to Cruising & Cruise Ships" vorgestellt worden – mit einem Paukenschlag: Die erst im Vorjahr in Dienst gestellte *MS Europa* der Hamburger Reederei Hapag-Lloyd wird darin in einem Ranking zum „besten Kreuzfahrtschiff der Welt" gekürt.

Immer noch ist es ein kurzer Spaziergang bis an den Hafenrand, der sein Gesicht gegenüber dem Jahr 1900 allerdings völlig verändert hat: An der langgezogenen Promenade liegen gerade mal ein paar Sportboote und zwei Museumsschiffe, die *Rickmer Rickmers* und die *Cap San Diego*. Wird denn im Hafen überhaupt nicht mehr gearbeitet? Der Alte Elbtunnel, den es vor hundert Jahren noch gar nicht gab, spuckt zum Schichtwechsel nicht mehr Massen grau gewandeter Hafenarbeiter aus. Dafür fährt die Fähre Nummer 62 von Finkenwerder Büromenschen über den Fluss in die Innenstadt und an den Jungfern-

stieg. Das dauert eine halbe Stunde und geht schneller als mit dem Auto, wenn die drei Tunnelröhren des Neuen Elbtunnels mal wieder verstopft sind. Röhre Nummer vier, die Entlastung verspricht, ist allerdings schon fast fertig.

Doch der Eindruck, es herrsche Stille im Hafen, trügt gewaltig: Die Docks von Blohm + Voss verdecken lediglich den Blick auf die Containerterminals am anderen Elbufer, wo seit der deutschen Wiedervereinigung vor zehn Jahren immer neue Frachtgutrekorde purzeln: Erstmals werden im Jahr 2000 über vier Millionen Standardcontainer umgeschlagen, insgesamt bewältigt der Hafen 85,1 Millionen Tonnen ein- und ausgehende Güter. Noch 1989, im Jahr der weltpolitischen Wende, waren es „nur" 57,3 Millionen. Und im Jahr 1900, das angesichts der Dynamik seit dem Mauerfall fast prähistorisch anmutet, gerade mal 14,4 Millionen.

Aber es geht ja in der neuen Weltwirtschaft auch überall so rasant voran, dass die Stadt kaum noch nachkommt mit dem Modernisieren, Erweitern und Neubauen: Die HHLA steckt 600 Millionen Mark in die gut voranschreitenden Bauarbeiten für ihren hochmodernen Container Terminal Altenwerder. Die neue Airbus-Werft, für die das Mühlenberger Loch zugeschüttet wird und auf deren kilometerlanger Start- und Landebahn einmal der Airbus A 380 rollen soll, hat eine wichtige politische Hürde genommen: Die Grün-Alternative Liste (GAL) hat in der rot-grünen Koalition im Grundsatz schon zugestimmt. Im Volkspark steht die Planung für eine neue Mehrzweck-Halle, die 15 000 Menschen bei Konzerten und Sportveranstaltungen Platz bieten soll. Und die letzte der früheren Auswandererhallen auf der Veddel soll mit Bundeshilfe zum Museum werden, planen SPD und GAL.

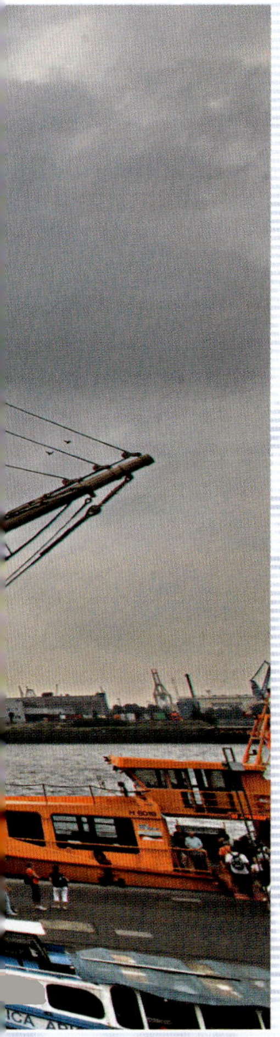

Schwimmende Museen: Der Großsegler *Rickmer Rickmers* an den Landungsbrücken, im Hintergrund die weiße *Cap San Diego*. Moderne Hafenarbeit geschieht immer öfter unsichbar für die Touristen

Seit 1989 ist die Einwohnerzahl der Boomtown Hamburg von 1,63 auf 1,72 Millionen gestiegen. Auch die Erwerbstätigkeit in der Stadt ist zuletzt, seit Mauerfall und Wiedervereinigung, erheblich gewachsen: von 740 600 Beschäftigten im Jahr 1989 auf 799 500 zur Jahrtausendwende, das sind fast 60 000 zusätzliche Jobs in gut einem Jahrzehnt. All das verdankt Hamburg auch seinem Hafen, wo Container um Container vom Schiff auf Bahn oder Lkw umgesetzt wird – und umgekehrt. Es ist für Hamburg die dritte Welle der Globalisierung, nach dem ersten Welthandels-Boom im Barock, der von Segelschiffen getragen wurde, und nach der Hafen-Expansion um 1900, die ganz im Zeichen des Dampfschiffs stand. Und die Stadt genießt ihren Aufschwung mit fast südländischer Lebensfreude.

Ihr unerschütterlicher Optimismus hat den Hamburgern recht gegeben. Selbst die verrückten Dinge, die das längst in der Geschichte versunkene Ernst Drucker Theater am Spielbudenplatz im Jahr 1900 auf dem Plakat seiner Revue „Hamburg im Jahr 2000" prophezeit hat, sind teilweise in Erfüllung gegangen: Immer mehr Bürger tragen tatsächlich kleine Sprechapparate mit sich herum, auch der „Centralbahnhof" ist längst Realität. Gut, die Schwebebahn von Hamburg nach Konstantinopel ist leider nicht gebaut worden, nicht einmal der Transrapid nach Berlin. Aber dafür beschließen Senat und Bund im Jahr 2000 den Ausbau der ICE-Strecke in die Hauptstadt – für eine Fahrzeit von nur noch 90 Minuten. Es ist die alte Reichsbahnstrecke über Wittenberge, die ausgebaut wird. Die erste Fernverbindung, an die der Hamburger Hafen im 19. Jahrhundert Anschluss hatte.

Der Hafen eilt von Rekord zu Rekord – bis die Sektlaune plötzlich kurz verfliegt

ren Schwerpunkt und damit den größten Asien-Dienst unterdessen wegen kürzerer Reisezeiten von Hamburg nach Bremerhaven verlegt hat, trifft den Hafen an der Elbe zwar hart. Doch der Verlust wird mehr als ausgeglichen: Das mächtigste Konsortium der internationalen Containerschifffahrt, zu dem die Hapag-Lloyd zählt, hat sich für Hamburg als Haupthafen seiner Asienverkehre mit Nordeuropa entschieden. Die „Grand Alliance" umfasst fünf internationale Reedereien mit mehr als 100 Schiffen. Und vier von fünf Diensten machen nun am Burchardkai der HHLA fest.

So werden in Hamburg 1999 erstmals mehr als 81 Millionen Tonnen Frachtgut umgeschlagen. Im Jahr darauf, in dem die deutsche Wirtschaft so viele Waren exportiert wie noch nie zuvor, sind es schon 85,1 Millionen Tonnen. Darunter 4,3 Millionen Standardcontainer, ein Plus von rund zehn Prozent nach 13,6 Prozent 1999. Man gewöhnt sich an zweistellige Zuwachsraten im Hafen. Auch dem Massenguttransport kommt die Auskofferung der Elbe sehr entgegen. Die neuen Eisenerztransporter der Krupp-Seeschifffahrt beispielsweise gelangen nun mit mehr als 130 000 statt zuvor nur maximal 100 000 Tonnen Erz aus Brasilien in den Hansaport.

Der Hafen eilt von Rekord zu Rekord – bis die Sektlaune plötzlich für kurze Zeit verfliegt, als am 11. September 2001 die Seismographen der Weltwirtschaft heftig ausschlagen. Es zeigt sich jedoch schnell: Die Terroranschläge in den USA schaden am meisten dem internationalen Luftfahrtgeschäft. Häfen hingegen erweisen sich als sehr viel „terrorresistenter" als Airports. Zwar haben auch sie ein latentes Sicherheitsproblem;

Giganten unter sich:
Am Burchardkai der HHLA (rechts) und am Predöhlkai von Eurogate herrscht von 1999 bis 2008 Hochbetrieb

7. Mai 2001: Die ersten beiden Containerbrücken aus China auf dem Weg zum HHLA Container Terminal Altenwerder

25. Oktober 2002: Das Museumsschiff *Cap San Diego* (ganz links) mit Premierengästen liegt zur Eröffnung des CTA am Ballinkai

Knopfdruck für den neuen Terminal: Von links die Parlamentarische Staatssekretärin Angelika Mertens (SPD), Bürgermeister Ole von Beust, Hapag-Lloyd-Chef Michael Behrendt, HHLA-Chef Peter Dietrich, Wirtschaftssenator Gunnar Uldall

zwar verändert auch der Hamburger Hafen in der Folge sein bis dahin „offenes" Gesicht. Doch gerade die schnelle Reaktion von Stadt und Hafen auf die neuen Anforderungen schafft sogar einen zusätzlichen Bonus im internationalen Konkurrenzkampf: Rasch und vorbildlich werden die Sicherheitsmaßnahmen des International Ship and Port Facility Security Code (ISPS) umgesetzt, der als Folge der Angriffe zur Terrorabwehr entwickelt worden ist und ein genaues Monitoring aller Schiffsladungen sowie die hermetische Abriegelung von Sicherheitsbereichen im Hafen vorsieht. Hamburg vermittelt Reedern weltweit ein Gefühl von Sicherheit.

Die Rekordjagd geht weiter

Auch deshalb geht nach dem kurzen Schock des 11. September die Rekordjagd im Hafen bald atemlos weiter: Im Jahr 2002 ist Hamburg mit 5,4 Millionen TEU bereits die Nummer 9 unter den Containerhäfen der Welt, noch vor dem alten Rivalen Antwerpen. Nun kommt es umso mehr auf modernste Umschlagtechnik an den Kais an, um der anrollenden Gütermengen noch Herr zu werden. Wie dieser Service aussehen kann, das hofft die HHLA schon Anfang 2002 in Altenwerder zu demonstrieren. Der neue Containerterminal, der jahrzehntelang nur als Vision existierte und mehr als eine halbe Milliarde Euro gekostet hat, ist im Grunde fertig (siehe Seite 172). Doch wie das so ist mit den modernsten Technologien der Welt: Kinderkrankheiten müssen erst überwunden werden. Dazu dient eine intensive Testphase. Erprobt werden dabei etwa die geisterhaften Automated Guided Vehicles (AGV): Die führerlosen Fahrzeuge sollen die Container selbsttätig vom Kai zum Lagerblock bringen und so die von Menschen gefahrenen Van-Carrier ersetzen, die etwa auf dem Burchardkai in großer Zahl unterwegs sind. Dabei sollen sich die Vehikel gegenseitig die Vorfahrt einräumen oder auch überholen können. Auf ihrem Manövriergelände gibt es zu diesem Zweck ein dichtes Netz von Transpondern. Sie ermöglichen es den AGV, ihre jeweils aktuelle Position und damit ihren Kurs zu bestimmen. Nur reflektieren die im Boden steckenden Transponder das Licht und locken so Krähen und Elstern an, die sie aufpicken und irgendwo wieder fallen lassen. Erst als das bemerkt wird und die Transponder „vogelfest" verankert sind, hören die bis dahin enervierenden, mysteriösen AGV-Kollisionen schlagartig auf.

Unterdessen hat sich auch ein starker Partner für den „CTA", so die heutige Kurzbezeichnung des Terminals, gefunden: Die Hapag-Lloyd steigt mit ins Boot und beteiligt sich mit 25,1 Prozent an dem HHLA-Großprojekt. Sie bringt die Grand Alliance gleich mit. Ein Traumstart, der offiziell am 25. Oktober 2002 gefeiert werden kann: Am „Ballinkai", wie der Standort des Terminals zu Ehren des legendären Hapag-Generaldirektors getauft worden ist, geht das Museumsschiff *Cap San Diego* mit viel Prominenz an Bord längsseits. Vom Relikt einer anderen Ära des Hafenumschlags aus beobachten die Festgäste, wie die Containerbrücken die Ladung des riesigen Hapag-Lloyd-Frachters *Hamburg Express* löschen. „Das war sehr bewegend", sagt der damalige HHLA-Chef Dietrich im Rückblick. Kein Wunder, hat sich doch nach 41 Jahren und jahrzehntelangem Ringen die Weitsicht des Hafenerweiterungs-Gesetzes von 1961 erwiesen, als Altenwerder erstmals zukünftigem Wachstum gewidmet worden war.

Der Hafen erreicht die für das Jahr 2015 erwarteten Umschlagsmengen schon 2003

Die Kapazität des Hamburger Hafens ist nun fürs Erste so zukunftssicher, dass ein Verzicht nicht besonders weh tut: der Abschied von einem neuerlichen Tiefwasserhafenplan vor der Küste. Nach jahrelanger Diskussion verzichtet Hamburg 2002 darauf, zusammen mit Bremen und Niedersachsen in Wilhelmshaven den „Jade-Weser-Port“ zu realisieren. Denn ein Ja zu Wilhelmshaven müsste von den Reedern wohl unweigerlich als eine Absage an die weitere Entwicklung von Hamburg als Containerhafen aufgefasst werden – und es ist dem Hamburger Senat nicht zuzumuten, den Ast abzusägen, auf dem die ganze Stadt sitzt. Eine mögliche Dreier-Koalition der „Nordlichter“ ist damit gescheitert. Dass Hamburg neuerdings unter CDU-Führung regiert wird, in Niedersachsen und Bremen aber die SPD beteiligt ist, hat mit zum Ausstieg beigetragen. Es bleibt dabei: In Hafenfragen ist jedem Standort das Hemd näher als die Jacke. Europäische Einigung hin oder her.

Durch den politischen Erdrutsch vom Oktober 2001 hat sich Hamburg tiefgreifend verändert: Bei der Bürgerschaftswahl ist die seit 1957 regierende SPD abgewählt worden, und mit ihr auch ihr grüner Koalitionspartner. CDU, Schill-Partei und FDP bilden die neue Regierung, die sogenannte Bürgerkoalition. Maßgebliche Senatoren im Kabinett Ole von Beust, darunter vor allem Finanzsenator Dr. Wolfgang Peiner und Wirtschaftssenator Gunnar Uldall, setzen sich energisch für die Privatisierung von Staatseigentum ein. Das ist eine drastische Abkehr von der jahrzehntelang gepflegten SPD-Politik in der Hansestadt. Die Wende basiert auch auf der allmählich einsetzenden Erkenntnis, dass das andauernde, dramatische Wachstum des Containerumschlags – man gewöhnt sich an zweistellige Zuwachsraten – nur mit neuen Finanzierungs- und Investitionsspielräumen sowie mehr unternehmerischer Flexibilität zu bewältigen sein wird.

Hoher Finanzbedarf im Dauer-Aufschwung

Die HHLA ist indes bereits seit der Hafenreform 1970 grundsätzlich in Position gebracht, um mehr „Markt zu wagen“ und sich zunehmend auf ihre privatwirtschaftlich geprägten Wurzeln zu besinnen: als AG, die von privatem Kapital erst ermöglicht wurde und schon 1885 gewinnorientiert war. Auch deswegen tritt im April 2003 ein neuer Vorstandschef an: Klaus-Dieter Peters, ehemals Vorstand des Logistikers Schenker, verfügt über einen scharfen Blick für die zukünftigen Herausforderungen der Logistik – und steht für jene privatwirtschaftliche Unternehmenskultur, der es nun den Boden zu bereiten gilt. Zur HHLA ist Peters gerade deshalb gekommen, weil sich hier grundlegende Weichenstellungen mit großer Tragweite anbahnen. So hat das Unternehmen eigentlich vorgehabt, durch den neuen Container Terminal Altenwerder den in die Jahre gekommenen Burchardkai zu entlasten, um ihn dann in aller Ruhe zu modernisieren und zu erweitern. Doch das rasant immer weiter steigende Containeraufkommen lässt keine Atempause und keine Kapazitätsreserve: Der Terminal Burchardkai wird sehr bald und unter Volllast erweitert werden müssen.

Im selben Jahr noch gibt sich die HHLA eine moderne, nach Sparten organisierte Konzernstruktur. Das dient bereits dazu, eine Privatisierung vorzubereiten, die Unternehmen und Stadt gleichermaßen zugute

Enorme Investitionen in die Zukunft des Hafens: Leitstand des HHLA Container Terminals Tollerort mit digitaler Informationstechnologie

kommen soll: Beiden stehen enorme Investitionen bevor, um wirtschaftlich konkurrenzfähig zu bleiben. Denn wer seinen Hafen am schnellsten ausbaut, der wird unter den Wettbewerbern der europäischen „Nordrange" die Nase vorn behalten. Das Vorbild Altenwerder hat es gezeigt: Hamburg kann zu den Gewinnern unter den Hafenstädten werden, wenn genügend Geld in die Hand genommen wird. Auf den Senat kommt etwa die nächste Elbvertiefung zu, aber auch Bau und Erhaltung von Kaimauern, Zufahrtstraßen und Versorgungsnetzen im Hafen – ganz abgesehen vom immer unerträglicher werdenden Investitionsstau bei der Hafenbahn. Das alles wird aus Haushaltsmitteln allein aber nicht zu leisten sein. Woher sollen die Mittel dann kommen, wenn nicht aus einem Teilverkauf der HHLA – eines der werthaltigsten Unternehmen des Hafens?

Das Unternehmen selbst benötigt ebenfalls mehr wirtschaftliche Schlagkraft und Flexibilität. Nur, wenn sein Management möglichst bald selbst an den Kapitalmärkten tätig werden kann, lässt sich das 2004 anlaufende 600-Millionen-Euro-Programm stemmen, mit dem der Burchardkai bei laufendem Betrieb ausgebaut und modernisiert werden soll. Zumal der Goldrausch im Hamburger Hafen ununterbrochen weitergeht: 4,6 Millionen Standardcontainer, ein Plus von mehr als 17 Prozent, schlägt allein die HHLA im Jahr 2004 um. Der Hafen insgesamt hat schon im Jahr zuvor sechs Millionen TEU übertroffen – eine Zahl, die laut Langfristprognosen aus der Zeit Mitte der neunziger Jahre erst im Jahr 2015 erreichbar gewesen schien.

Das alles ist nur noch mit modernster Logistik, mit perfekten Abläufen bei Umschlag und Hinterlandtrans-

Ein Ort wie eine Insel

Mitten im Hamburger Hafen gibt der letzte Seemanns-Club Menschen aus aller Welt Gelegenheit, Kontakt mit ihresgleichen und den Lieben daheim aufzunehmen. Vor allem aber vermittelt er Eindrücke davon, was uns im „globalen Dorf" des Welthandels außer Warenströmen und Logistikketten sonst noch miteinander verbindet.

Dieser Ort ist eine Insel. Dabei liegt er auf einer Landzunge im westlichen Hafen, zwischen Köhlbrandbrücke und Eurogate-Containerterminal. Dort steht, unmittelbar an der Zollgrenze des Freihafens und den rostigen Schienen der Hafenbahn, ein schmucker, zweistöckiger Rotklinkerbau mit Giebeldach. Das ist der Duckdalben – der Internationale Seemanns-Club der Deutschen Seemannsmission Hamburg-Harburg. In einer Zeit, in der Containerschiffe in ein dichtes Logistik-Netzwerk eingebunden sind und Seeleute längst nicht mehr tagelang Landgang haben, um sich in den Reeperbahn-Kneipen von St. Pauli zu vergnügen, ist der Duckdalben das letzte Refugium für eine Art von Seefahrer-Idylle. Ein Platz zum Innehalten und Durchschnaufen für ein paar Stunden, für temporäre Geborgenheit bis zur Weiterreise über die Weltmeere, für religiöse Toleranz der Kulturen. Aber auch ein Ort, an dem die Moderne und die Globalisierung über rückwärtsgewandte Hafenromantik triumphieren.

Zeit-Management statt Hafenromantik

Der Name Duckdalben steht für älteste Hafentradition – so alt, dass unterschiedliche Theorien über seine Bedeutung kursieren. Fest steht nur, dass Duckdalben jene hölzernen und mit Tauen verschnürten Pfahlbündel sind, die vor Einführung der Kaimauern 1866 in den Hafenschlick gerammt wurden, damit Schiffe daran festmachen konnten. Eine solche Pfahlgruppe steht als Wahrzeichen direkt vor dem Eingang des Clubs. Die einen sagen, die Bezeichnung gehe auf den Herzog von Alba zurück, den Duc d'Albe. Er habe in den

Vereinte Nationen: Seeleute aus den verschiedensten Ländern verbringen einen Abend im originell dekorierten Duckdalben

Häfen der ehemals spanischen Niederlande solche Pfahlbündel als Liegeplätze anbringen lassen. Andere behaupten, Duckdalben leite sich vom niederländischen Wort für Pfahl ab, nämlich Dalbe. Und „ducken" stehe für „neigen, tauchen".

Wie dem auch sei: Betreten wir den Club mit den Augen eines Seemanns des 21. Jahrhunderts, Besatzungsmitglied eines Containerschiffs, sagen wir, aus Singapur. Sein Zeit-Management-Horizont sieht etwa so aus: „Heute ist Sonntag? Oh, dann muss dies Hamburg sein!" Wo bekommt er bei seinem auf Stunden befristeten Landgang, bei dem er sich nicht weit vom Schiff entfernen kann, eine preiswerte warme Mahlzeit? Wo kann er mal kurz neue Gesichter sehen und dennoch über Seefahrt fachsimpeln? Wo kann er Kontakt mit den Lieben daheim aufnehmen? Und wo sein Gebet verrichten, den Riten seiner Religion und Kultur entsprechend? Im Duckdalben! Der Club ist mit modernster Computertechnik ausgestattet, einem Chat-Room, in dem unser Mann per „Skype" und Internet-Video-Telefonie Frau und Kinder in der Heimat beim Gespräch vor Augen hat. Kaffee, Tee und Kekse stehen bereit, aus Spenden finanziert. Bis vor einigen Jahren wurde der Duckdalben vom Hamburger Senat unterstützt, doch die Zuschüsse fielen Kürzungen zum Opfer.

Im Obergeschoss befindet sich der Andachtsraum. Neben dem Eingang hängt hinter Glas ein gereimtes Gotteslob:

> *„Er hat das Meer so weit bestellt*
> *als schönsten Teil der ganzen Welt.*
> *Und tat damit seine Weisheit kund,*
> *auf dass nicht ein jeder Lumpenhund,*
> *mit denen die Erde so reichlich gesegnet,*
> *dem braven Seemann dort draußen begegnet."*

Sie ist wohl manchmal recht derb, die Religiosität der Seefahrer. Vorbildlich völkerverbindend hingegen ist die Idee dieses Andachtsraums, der seinesgleichen sucht: Für jede große Weltreligion gibt es, ganz ohne Trennwände, eine eigene Ecke: für die Christen, die Moslems (mit Gebetsteppich), die Juden, die Hindus (mit Statue des elefantenköpfigen Gottes Ganesh), die Shintoisten – überall sind die jeweiligen heiligen Schriften aufgeschlagen, mancherorts glühen Räucherstäbchen. Die Vereinten Nationen der Spiritualität.

Im Gästebuch haben sich viele Seeleute aus aller Welt eingetragen. Am 1. Januar 2008 etwa hinterließen Offiziere und Crew der *MV Rickmers Dubai* in

Philippinische Seeleute vertreiben sich die Zeit mit einer Partie Billard

Im multireligiösen Gebetsraum (links) herrscht Toleranz ohne Trennwände. Ein Telefonat mit zu Hause gehört im Duckdalben dazu

englischer Sprache einen Neujahrsgruß: „Danke für das warme Willkommen und die Möglichkeit, hier sein zu dürfen. Danke, Gott, einfach dafür, dass Du uns liebst. Deine Diener sind sicher und geborgen in Deinem Haus. Mögest Du alle Seeleute auf den Meeren leiten, sodass sie ihre Familien wiedersehen und nach Hause zurückkehren können." Und ein anonymer Autor hat einige Seiten weiter hinten geschrieben: „Schön, dass die Kirche auch mal tolerant sein kann!"

Der Duckdalben macht die Globalisierung durch Seefahrt und Häfen auf ganze eigene Weise begreifbar. Er führt vor Augen, wie Asien, Europa oder Südamerika heute im selben Sekundentakt ticken, verbunden durch die Beziehungs-Netzwerke des Handels.

Kaum irgendwo besser als hier wird aber auch klar, wie Hamburg seine Hände ausstreckt, um die Welt zu umarmen.

„Logistik" statt „Lagerhaus": Mit einem originellen Slogan kommuniziert die HHLA 2005 den Bedeutungswandel ihres „L"

port zu bewältigen. An die neue Ausrichtung wird 2005 auch der Firmenname angepasst: Das „L" in „HHLA" steht nun für „Logistik" statt „Lagerhaus". Denn tatsächlich ist inzwischen der Container das eigentliche, höchst mobile „Lagerhaus" für Stückgüter im Hafen. Und die Logistik, dieser so facettenreiche Begriff, hält die HHLA inzwischen bis tief nach Osteuropa in Atem: Der Konzern ist seinem Wesen nach inzwischen ein international orientierter Akteur wie viele Börsen-Unternehmen auch. Nur dass er immer noch zu 100 Prozent der Stadt gehört.

Die Stadt aber ist dabei, alte Zöpfe abzuschneiden: Am selben Tag des Jahres 2005, an dem das „L" seine Bedeutung ändert, wird aus dem ehrwürdigen Amt für Strom- und Hafenbau der Wirtschaftsbehörde die „Hamburg Port Authority" (HPA). Als öffentlich-rechtliche Anstalt soll sie mit gleichfalls modernisierten Strukturen die Hafenentwicklung flexibler und effizienter gestalten können als der frühere Behördenapparat. Zudem erhält sie so die Möglichkeit, die Kapitalmärkte für dringend nötige Investitionen in den Hafen und die Hafenbahn nutzen zu können.

Die Wachstums-Euphorie nimmt derweil kein Ende: Hamburg hat 2005 bereits 8,1 Millionen TEU (plus 15,1 Prozent) umgeschlagen und rangiert in der Tabelle der Welt-Containerhäfen inzwischen schon auf Platz 8 – vor Dubai und unmittelbar hinter dem mächtigen Hafen von Rotterdam. Einer unter Ökonomen kursierenden Faustregel zufolge gilt beim Container-Zuwachs dieser Jahre der „Faktor 3": Er ist im allgemeinen ungefähr dreimal so stark wie das Weltwirtschafts-Wachstum. Der anhaltende Mega-Boom des Containers und seine Konsequenzen haben inzwischen auch das Bewusstsein von Öffentlichkeit und Politik voll erreicht. „Der Investitionsbedarf ist wie bei einer Richterskala nach oben hin offen", sagt Wirtschaftssenator Gunnar Uldall. Zwei Milliarden Euro wollen die Hansestadt, HHLA und Eurogate in den kommenden Jahren in die Hand nehmen, um den Hafen weiter auszubauen.

Zum Beispiel Flachbildschirme

Auch anderswo setzt der Zeitgeist auf Expansion. Im Mai 2004 hat sich die EU in Richtung Osten erweitert: Vor allem die wichtigen Zukunftsstandorte Polen, Ungarn, Tschechien, die Slowakei und die baltischen Staaten sind dem Binnenmarkt beigetreten. Und der Hamburger Hafen profitiert davon unmittelbar. Er wächst nun sogar schneller als die Konkurrenz in Rotterdam oder Bremen, weil in Hamburg Container einen höheren Anteil am Hafenumschlag haben und die zunehmende Verlagerung von Produktionsbetrieben nach Osteuropa weiter wachsende Güterströme mit sich bringt – Güter, die in Hamburg umgeschlagen werden.

Bestes Beispiel ist die Geschichte von den Flachbildschirmen. Der Bedarf an Großbildschirmen wächst rasant in Europa, doch die EU erhebt an ihren Außengrenzen hohe Importzölle, was die asiatischen Weltmarktführer vor Schwierigkeiten beim Marktzutritt stellt. Die lassen sich umgehen, indem die Elektronikkonzerne aus Südkorea oder Thailand gleich selbst im neuen EU-Mitgliedsland Polen produzieren. Schon 2005 kommen so aus Polen 1,5 Millionen der gefragten Mattscheiben, ein Zehntel des EU-Bedarfs – mit stark steigender Tendenz. Das geht nur dank leistungsfähi-

Der 2006 eröffnete Containerbahnhof am Burchardkai erlaubt die Verladung von bis zu einer Million TEU pro Jahr

Für den Stadtstaat Hamburg kommt dieser Börsengang zu einem historisch kaum besser zu treffenden Augenblick

In eigener Sache: Eine ganze Fassadenwand des HHLA-Verwaltungsgebäudes am Burchardkai wird im Jahr 2007 zur Werbefläche für den Börs

HHLA-Chef Klaus-Dieter Peters läutet am 2. November 2007 in Frankfurt das Börsenzeitalter des Unternehmens ein. Links Finanzvorstand Dr. Roland Lappin

…g. Tausende Mitarbeiter zeichnen in der Folge „ihr" Papier

ger Transportlogistik, wie sie von Polzug bereitgestellt wird: Komponenten für die Endmontage aus ganz Ostasien gelangen über den Hamburger Hafen per „Blockzugverkehr" auf die Polzug-Terminals nahe der Produktionsstätten in Polen, wobei die Bahngesellschaft selbst die Zollformalitäten erledigt. Und auch den Export eines Teils der fertigen Geräte in alle Winkel der Welt unterstützt Polzug im kombinierten Verkehr mit Bahn- und Lkw-Transporten bis zum Seehafen.

Beim Hamburger Mutterkonzern von Polzug wird es derweil ernst mit der Privatisierung: HHLA-Chef Peters sieht sich mit Plänen des Senats konfrontiert, die Mehrheit des städtischen Unternehmens an ihren bedeutendsten Logistik-Partner zu verkaufen – die Deutsche Bahn AG. Diese Lösung erweist sich jedoch als politisch nicht durchsetzbar. Bis Mitte 2007 soll stattdessen ein Bieterverfahren unter mehreren Kandidaten wie Deutsche Bahn, Hochtief oder Dubai Ports World den Investor ermitteln, diesmal für eine Minderheitsbeteiligung von maximal 49,9 Prozent. Doch auch dieser Plan wird schließlich fallengelassen. Der Senat entscheidet sich für die Lösung, die der HHLA-Vorstand von Beginn an favorisiert hat: Das Unternehmen geht, und auch das nur mit 30 Prozent ihres Stammkapitals, an die Börse. Damit sind am Ende auch jene Mitarbeiter des Konzerns zufrieden, die gegen einen einzelnen, womöglich übermächtigen Investor protestiert hatten.

Der große Moment kommt am Morgen des 2. November 2007: Im regulierten Börsensegment des Prime Standard liegt die HHLA-Erstnotiz bei 59 Euro, elf Prozent über dem offiziellen Ausgabekurs. Ein erfolgreicher Börsenstart für den Konzern, dessen Kapital seit 78 Jahren vollständig in staatlicher Hand gelegen hat. Für den Stadtstaat Hamburg kommt dieser Börsengang zu einem historisch nahezu idealen Augenblick, nämlich auf einem Höhepunkt des Aktienbooms: Nicht davor und bislang auch nicht danach hätte ein Börsengang so viel Geld in die Stadtkasse gespült. Es sind insgesamt rund 1,2 Milliarden Euro, die nun für den weiteren Ausbau des Hamburger Hafens zur Verfügung stehen. Offenbar traut die Anlegerwelt dem Börsenneuling zu, auch in Zukunft auf einer Erfolgswelle zu reiten. Ab diesem Moment allerdings ist Hamburgs größter Hafen-Player, der nach wenigen Monaten aufgrund seines Börsenwerts in den MDAX aufsteigt, nicht mehr nur von Ebbe und Flut abhängig – sondern auch vom heftigen Auf und Ab der Weltfinanzmärkte.

Schlimmster Sturm der Nachkriegszeit

Die „Seetauglichkeit" der neuen, teilprivatisierten HHLA auf den Weltmeeren der Finanzmärkte wird kaum ein Jahr nach dem spektakulären Stapellauf an der Börse erstmals geprüft – und das im schlimmsten Sturm der Nachkriegsgeschichte. Nach der Insolvenz des US-Investmenthauses Lehman Brothers am 15. September 2008 mit einer nachfolgenden Kette von Milliardenausfällen und staatlichen Rettungsaktionen brechen Investitionen und Handelsströme weltweit dramatisch ein; im Hamburger Hafen sinkt der Pegelstand der Konjunktur bis zur ersten Jahreshälfte 2009 in nie gekanntem Tempo, nachdem man sich über Jahre an zweistellige Zuwachsraten im Containerverkehr gewöhnt hatte. Leider erweist sich die Wachstums-Faustregel vom „Faktor 3" bei Containern auch umgekehrt als zutreffend – für Talfahrten. Das empfindliche Börsenbarometer fällt entsprechend.

Rekord-Besuch im Waltershofer Hafen: Die *CMA CGM Androme*

Verladung von Luxus-Personenwagen am O'Swaldkai: Wahre „Parkhäuser auf See" können bis zu 8000 Fahrzeuge an Bord nehmen und von Hamburg aus nach Amerika, Westafrika oder in den Nahen Osten verfrachten

t Platz für 11 400 Standardcontainer wird an den Kai bugsiert

Dutzende von Hafen-Unternehmen, darunter auch die HHLA, müssen Kurzarbeit anmelden. Wer im Frühsommer 2009 eine Hafenrundfahrt macht, entdeckt mitten in der Elbe Feederschiffe, die ohne Beschäftigung aufliegen. Hamburg leidet besonders unter dem Rückgang der Zubringerverkehre in den Ostseeraum, wohin bis zu 40 Prozent weniger Ladung transportiert wird als vor dem Einbruch der Weltwirtschaft.

Doch der genaue Blick lässt bei der Rundfahrt noch anderes zutage treten, das bereits auf kommende, wieder bessere Zeiten verweist. Denn die Krise, so zeichnet sich ab Sommer 2009 ab, wird nicht ewig dauern. Zu dynamisch sind die Antriebskräfte der Globalisierung, um einfach so auf lange Sicht lahmgelegt zu werden. In einigen Hafenbecken ist nicht einmal von der aktuellen Krise etwas zu spüren. Am O'Swaldkai etwa fällt der Blick von der Hafenbarkasse aus auf den riesigen, modernen Kühlfrachter der US-Firma Dole, der gerade am O'Swaldkai anlegt, um Tausende Tonnen Bananen zu löschen. Auch ein Ro/Ro-Frachter der Grimaldi-Lines, die *Grande Brasil*, liegt gerade am Kai, um endlos erscheinende Kolonnen von Autos zu verladen. Das kastenförmige Schiff, ein „Parkhaus auf See" für rund 3500 Fahrzeuge, scheint seinen Schatten über die ganze Breite der Elbe zu werfen.

Hier, am O'Swaldkai, bleiben die Umschlagmengen stabil. Hier entlädt die HHLA in ihrem Frucht- und Kühlzentrum jährlich eine Million Tonnen Obst und bringt über ihre Mehrheitsbeteiligung Unikai Lagerei und Speditionsgesellschaft mbH 150 000 Fahrzeuge auf den Weg nach Südamerika, Westafrika und in den Mittleren Osten. „In den vergangenen zwei Jahren",

Hamburgs Hafen umfasst
7236 Hektar. Allein die
Wasserflächen entsprechen
mit 3000 Hektar der Größe
einer mittleren Stadt.
Deutschlandweit hängen fast
260 000 Arbeitsplätze
von diesem Standort ab

Was die Touristen nicht sehen

Der Hamburger Hafen? Natürlich denkt man zunächst an Kräne, Kaimauern und Container. Doch den Erfolg des Hafens machen auch all jene Kompetenzen aus, die nicht auf den ersten Blick erkennbar sind: eine verborgene Welt des Wissens.

Der eigentliche „Treibstoff" des Hafens verbirgt sich unter vielen unscheinbaren Dächern im Umfeld der Kais und Terminals: maritimes Know-how. Die unterschiedlichsten Fähigkeiten und Dienstleistungen sind hier auf dichtem Raum zu einem Kompetenz-„Cluster" geballt, das in Europa höchstens noch von Rotterdam übertroffen wird. Man könnte ein halbes Alphabet der Spezialisierungen und Branchen durchbuchstabieren: von „A" wie Ausbilder bis „Z" wie Zertifizierer. Nur die Vielfalt dieser Tätigkeiten, die nebenbei viele Tausend Arbeitsplätze bedeuten, hält den Hafen in Betrieb – und wettbewerbsfähig.

Ein Alphabet wenig beachteter Künste

Um mit den Ausbildern anzufangen: Ob Logistik-Wissen auf höchstem Niveau oder Sicherheits-Lehrgänge für Schiffsmannschaften – jede Kunst im Hafen will gelernt sein. Aus- und Fortbildungsinstitute aller Branchen besorgen genau das.

Ausrüsterbetriebe wiederum machen die Schiffe mit passenden Komponenten und notwendigem Zubehör erst „flott", sodass sie beispielsweise auf hoher See Sprit sparen oder von der neuesten Navigationstechnologie profitieren.

Beratungs- bzw. Consultingunternehmen sorgen für den Wissenstransfer, durch den hafennahe Branchen oder Betreiber von Terminals stets auf dem aktuellen Stand der Technik und des Managements agieren können.

Diverse Informationstechnologie-Anbieter haben sich darauf spezialisiert, den Informationsaustausch der Hafenunternehmen in Echtzeit zu gewährleisten oder einzelnen Playern die maßgeschneiderte Software zur Verfügung zu stellen, die nur sie benötigen – bis hin zu Buchungssystemen für Kreuzfahrt-Veranstalter.

Organisationen wie etwa der Zentralverband der Deutschen Seehafenbetriebe, der in Hamburg ansässig ist, bündeln die Meinungen und Strategien zahlreicher Einzelteilnehmer am Hafengeschehen, verschaffen ihnen eine Lobby und machen sie so politikfähig.

Reeder gehören natürlich zu den traditionellen und bekanntesten Akteuren im Hamburger Hafen: Ohne diese „Zugpferde" des Seehandels würde es nicht die den Globus umspannenden Liniennetze geben, auf deren Routen die Frachtschiffe Waren aus aller Welt in die Hansestadt bringen.

Schiffseigner betreiben ganze Flotten dieser Schiffe, ob Containerfracher oder Spezialschiffe für Chemikalientransporte – was sie wiederum nicht ohne Schiffsfinanzierer könnten; Geldinstitute und Fonds, die als Teil der Kapitalmärkte Multimillionenbeträge für den Schiffbau akquirieren.

Und wer vermittelt den beauftragten, finanzierten, neu gebauten und verleasten Schiffen die passende Ladung, kauft und verkauft die Fahrzeuge weiter? Das tun Schiffsmakler und Agenten, die als überwiegend mittelständische Unternehmen zu Dutzenden in Hamburg ansässig sind.

Nicht zuletzt gehören Umweltdienstleister auf die Liste, die dafür sorgen, dass der Hamburger Hafen trotz zeitweise extrem hoher Auslastung möglichst frei von Belastungen wie Altöl- oder Schiffsdieselrückständen bleibt.

Wartungs- und Reparaturbetriebe sind unverzichtbar, um jedes mögliche Ersatzteil vom Computerchip bis zum Schiffspropeller kurzfristig zu überprüfen oder fachmännisch einzubauen.

Die Hamburger Werften, deren Zahl durch Krisen und Konsolidierungen sehr überschaubar geworden ist, sorgen mit zum Teil jahrhundertelanger Tradition immer noch für Schiffsneu- und -umbauten auf modernstem Niveau.

Wissenschaftliche Institute – etwa die Hamburgische Schiffbau-Versuchsanstalt – arbeiten schon heute an der Seefahrt von übermorgen: mit umweltfreundlicheren, energieeffizienteren und noch wirtschaftlicheren Baustoffen und Technologien.

Womit wir beim „Z" wie Zertifizierer wären: Ohne einen „TÜV", der die Sicherheit und Seetauglichkeit der Meeres-Giganten überwacht und so die Grundlagen für eine Versicherbarkeit gegen Unfälle schafft, wäre der Hamburger Hafen nicht komplett. Und dabei sind aus Platzgründen viele Berufe noch gar nicht erwähnt. Es ist eben eine weite, verborgene Welt hinter den Kulissen der Kräne und Containerbrücken.

Allein im ersten Halbjahr 2009, das doch ganz im Zeichen der Weltkrise steht, machen 344 Frachter fest, die länger als 330 Meter sind

Parallele Strukturen: Die Containerbrücken von HHLA und Eurogate symbolisieren mit ihrem Wiederholungsmuster den industriellen Charak

Bananen am laufenden Meter: Blick ins Frucht- und Kühlzentrum der HHLA am O'Swaldkai

es modernen Hafen- und Hinterlandumschlags

sagt Unikai-Geschäftsführer Michael Sieck, „haben wir den O'Swaldkai stark umstrukturiert, arrondiert und modernisiert. Wir haben Gleise rückgebaut, alte Schuppen abgerissen, Verkehrswege zusammengefasst – und dadurch 80000 Quadratmeter Flächen für das Ro/Ro-Geschäft hinzugewonnen." Auch eine supermoderne, vollautomatisierte Klimahalle für die temperierte Lagerung von Bananen wurde im Sommer 2009 fertiggestellt. Mehr Umschlag- und Lagerplatz an Land, der mehr Tonnage auf dem Wasser entspricht.

Die Rekorde als größte Schiffe im Hamburger Hafen aber halten bislang der Erzfrachter *Paradise N* mit gut 320000 Tonnen, der im März 2005 am Hansaport festgemacht hat, die Containerschiffe *CMA CGM Andromeda* mit Platz für 11400 Standardboxen und *Marit Maersk* mit 367 Metern Länge, beide 2009 zu Gast – und natürlich die 345 Meter lange Kreuzfahrt-Königin *Queen Mary 2*, schon Stammgast in Hamburg. Allein im ersten Halbjahr 2009, das doch ganz im Zeichen der Weltkrise steht, machen 344 Frachter fest, die länger als 330 Meter sind.

Die Hafenwirtschaft hat das vorausgeahnt und bereits kurz nach 1999 begonnen, die nächste Elbvertiefung zu fordern – um einen Meter auf mindestens 13,50 Meter bei Ebbe. Die Vertiefung ist indes (außerhalb Hamburger Gebiets) Sache des Bundes, wobei Hamburg etwa 80 Millionen der bis zu 400 Millionen Euro Kosten für die Baggerarbeiten selbst tragen will. In Berlin aber regiert bis 2005 eine SPD-geführte Koalition mit grünem Umweltminister. Wenn überhaupt, dann hat für Jürgen Trittin der Bau des Tiefwasserhafens in Wilhelmshaven Priorität. Das Bremer Institut für See-

Der Beginn der nächsten Elbvertiefung ist durch „weiteren Prüfungsbedarf" der EU kaum vor 2011 zu erwarten

verkehrswirtschaft und Logistik (ISL) hingegen kommt 2004 im Entwurf eines Gutachtens für eben jenen Minister zu dem Schluss, dass „der gesamtwirtschaftliche Nutzen" der weiteren Vertiefung von Außenweser und Unterelbe „außer Frage" stehe. ISL-Professor Dr. Manfred Zachcial sieht in seinem Gutachtenentwurf sogar „umweltrelevante Vorteile" der Vertiefung: Schiffe, die in den deutschen Häfen Bremen und Hamburg und damit bereits tief im Binnenland anlegen, ersparen dem nordwesteuropäischen Hinterland Tausende von Lkw-Fahrten, die bei einer Anlieferung im Nordsee-Hafen von Rotterdam anfallen würden.

Diese Einsicht braucht mancherorts ihre Zeit. Das zeigt sich auch an einem Berg von 7200 Einwendungen gegen die 2002 offiziell beantragte Elbvertiefung: Die Erörterungsgespräche bei der Planfeststellungsbehörde beginnen im März 2009 – und führen zu weiterem Prüfungsbedarf gemäß der „Flora-Fauna-Habitat-Richtlinie" der EU. Der Beginn der Ausbaggerung ist demnach kaum vor 2011 zu erwarten. „Die ständigen Verzögerungen bei der Fahrrinnenanpassung aufgrund der deutschen und europäischen Planungs- und Genehmigungsprozesse sind unseren Kunden schlichtweg nicht mehr zu vermitteln", kommentiert Klaus-Dieter Peters als Präsident des Unternehmensverbands Hafen Hamburg trocken.

Unterdessen stößt im Spätherbst 2009 ein 13000-TEU-Frachter zur Flotte der französischen Reederei CMA CGM. Zur Erinnerung: Zehn Jahre zuvor, bei der bis dahin letzten Elbvertiefung 1999, sind 8000-TEU-Schiffe fast noch Utopie. Die Zukunft kommt bisweilen schneller als gedacht.

Die gewaltigen Brücken des HHLA Container Terminals Altenwerd

beiten an einem Containerschiff der Reederei OOCL. Auch bei einbrechender Dunkelheit geht der Umschlag weiter – rund um die Uhr

373 Zuku

2010 Zuversicht Wer seinen Optimismus sogar als Schiffsnamen dokumentiert, wie bei dieser Barkasse im Hamburger Museumshafen, dem ist vor kommenden Herausforderungen nicht bange

CTA
03
22
06
P&O
02

2020 Hell-Sicht Eine Langzeitbelichtung lässt die selbstfahrenden Automated Guided Vehicles am HHLA Container Terminal Altenwerder Lichtspuren malen. Symbol für eine leuchtende Zukunft des Hafens?

Über 2010 hinaus
Herausforderungen und Visionen

Die Globalisierung bleibt auch in Zukunft treibende Kraft für die Entwicklung des Hamburger Hafens. Er muss diesen Wandel vorausschauend gestalten: als innovativer Jobmotor – und zunehmend „grüner" Welthafen.

Noch ist die Krise der Weltwirtschaft, die im September 2008 so dramatisch ausbrach, nicht zu Ende, auch wenn sich hoffnungsvolle Signale mehren. Doch in eben jenem Jahr 2008 hat es der zweitgrößte Containerhafen Nordeuropas geschafft, fast zehn Millionen Standardcontainer (TEU) umzuschlagen – fast fünfmal so viele wie 1990, unmittelbar nach der Wiedervereinigung Deutschlands. Insgesamt waren es rund 141 Millionen Tonnen Stück- und Massengüter, die den Hamburger Hafen erreicht oder verlassen haben, deutlich mehr als doppelt so viel wie 1990. Dann allerdings kam das Krisenjahr 2009: Der Einbruch im Handel mit den Boom-Staaten Mittel- und Osteuropas sowie Asiens, also den wichtigsten Partnerregionen Hamburgs, bewirkte einen dramatischen Rückgang des Containerumschlags um mehr als ein Viertel auf ein Jahresergebnis um die sieben Millionen TEU. Weil aber die Grundtendenz zur globalen Arbeitsteilung ungebrochen ist, bleibt das 7236 Hektar große Hafengebiet – allein die Wasserflächen entsprechen mit 3000 Hektar der Größe einer mittleren Stadt – ein Kraftwerk der Volkswirtschaften Deutschlands und Europas: unter anderem als größter Exporthafen Tschechiens und Österreichs.

Diese Ausnahmestellung hat sich in den Jahren seit der Einweihung des ersten künstlichen Hafenbeckens 1866 mit Unterbrechungen, aber doch folgerichtig entwickelt, wie unsere Zeitreise durch die Hafengeschichte gezeigt hat. 2010 ist die HHLA, die das Jahrhundertprojekt Speicherstadt realisierte und seither den Seehandel in Hamburg so entscheidend mitgeprägt hat, 125 Jahre alt. Doch der Blick bleibt auf die Zukunft

Rangiergleise des Hafenbahnhofs Alte Süderelbe: Über diesen Knotenpunkt werden auch die großen Containerterminals beschickt

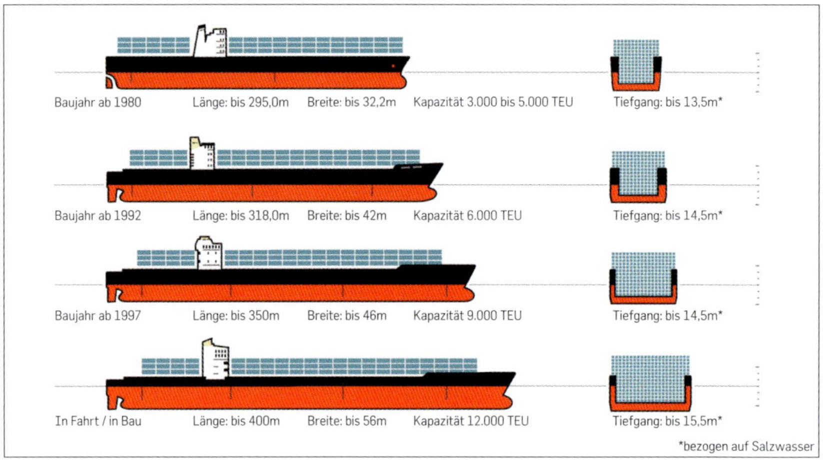

Größenentwicklung bei Containerfrachtern: Die neuesten Schiffe haben mehr Tiefgang, als selbst der geplante Elbausbau bei Ebbe erlaubt

gerichtet: Hafen-Strategen müssen weit vorausdenken. Wie die Kapitäne riesiger Containerschiffe können sie nicht „auf Sicht“ fahren, sondern müssen dem Hafen so lange wie möglich im Voraus die richtigen Impulse geben, um „Kollisionen“ zu vermeiden. Dazu gehört zunehmend die Perspektive „Green Port“: Der Hafen tritt verstärkt in den Dialog mit Anliegern, Umwelt- und Naturschützern, um die Notwendigkeit seines weiteren Wachstums möglichst optimal mit den Bedürfnissen von Ökologie und Nachbarschaft zu verbinden. Dabei geht es um Reizworte wie CO2-Emissionen, Elbvertiefung, Feinstaub- oder Lärmbelastung, bei denen der Hafen im öffentlichen Diskurs steht und zum Teil auch vom Wohlwollen der Öffentlichkeit im demokratischen Staat abhängt. So wie sich Umwelt- und Anlieger-Interessensgruppen zunehmend formieren und organisieren, so versucht auch der Hafen Lobbyarbeit zu leisten, um Verständnis für das notwendige Miteinander von Ökonomie und Ökologie zu fördern. Ein wesentliches Element dabei ist die „Initiative Zukunft Elbe“, der neben der Wirtschaftsbehörde der Stadt Hamburg und dem Bundesverkehrsministerium auch die Handelskammer Hamburg, die Hamburg Port Authority und der Unternehmerverband Hafen Hamburg e.V. angehören. Offen wirbt die Initiative für den weiteren Elbausbau, ignoriert dabei aber auch nicht die Belange der Umwelt.

Ökologie wird zum Faktor

Denn es reicht nicht aus, wenn die Hamburger Hafenwirtschaft glaubhaft versichert, ein weiteres Verzögern der Elbvertiefung gefährde den Wirtschaftsstandort. Das ist ein Argument, das im Hafen selbst völlig selbstverständlich klingt – jenseits des unternehmerischen Lagers jedoch schnell als Indiz für „Profitgier“, „Verantwortungslosigkeit“ oder „Raubbau an der Natur“ gelten.

Die Initiative Zukunft Elbe geht hier einen Schritt weiter und führt für die Elbvertiefung nicht nur wirtschaftliche, sondern gerade auch ökologische Argumente ins Feld. Nicht nur werden die 156 000 Arbeitsplätze betont, die der Hafen direkt und indirekt in der Metropolregion Hamburg sichert; oder die 258 000 Jobs, die deutschlandweit gerade auch im Mittelstand von ihm abhängen. Vielmehr wird darauf verwiesen, dass ein einziges Containerschiff mit 8000 Standardboxen an Bord – heutzutage ist das nicht besonders viel – dieselbe Menge an Ladung befördert wie 160 Güterzüge oder aber 6400 Lkw. Wenn diese Lastwagen nicht von Rotterdam nach Deutschland rollen müssen, weil das Schiff die Container fast 130 Kilometer die Elbe hinauf ins Binnenland nach Hamburg trägt, erspart das dem Land Staus, Lärm und vor allem Tonnen an CO_2. Allein im ersten Halbjahr 2009 haben 5524 Frachter in Hamburg festgemacht, ein Großteil von ihnen Containerschiffe. Ihre Ladung auf Landstraßen- und Autobahn-Verkehr umzurechnen ergäbe ein Horrorszenario.

In Hamburgs schwarz-grünem Koalitionsvertrag ist zudem festgeschrieben, dass die Tideelbe – die gezeitenabhängige Unterelbe – umweltverträglich ausgebaut werden soll. Ihr im Vergleich etwa zum Rhein noch naturnäherer Charakter soll durch die Maßnahmen nicht gefährdet werden. Seit der Elbvertiefung 1999 bewahrt

Auf dem Elbdeich bei Jork im Alten Land beobachten Spaziergänger ein Frachtschiff auf seinem Kurs Richtung Hamburg. Die Politik muss die Interessen von Anliegern, Natur und Hafen ausgleichen

ein riesiger Sandriegel in der Deutschen Bucht die Elbe vor zusätzlicher Sturmflutgefahr durch erhöhte Strömungsgeschwindigkeit. Bei der nächsten Elbvertiefung soll dieser Sandgürtel noch ausgebaut werden.

Ebenso umweltverträglich ist das Hinterland-Transportsystem des Hamburger Hafens mit seinem riesigen Eisenbahnnetzwerk, das gut zum Anspruch von Hamburg als „Klimahauptstadt 2011" passt. Auch die Bahn nämlich transportiert emissionsarm und hält die Straßen frei von Güterverkehr – auf langen Strecken ist sie obendrein billiger pro Tonne Ladung als jeder Lastwagen, wie der Hafenbahn-Veteran und Lehrbeauftragte Reinhard Höfer errechnete: „An der Fachhochschule Lübeck haben wir mal die Kosten eines Containerzugs mit denen des Lkw-Transports von Containern verglichen. Ab Fahrstrecken von 450 Kilometern und einer Menge von 60 Standardcontainern am Haken der Lok liegt die Bahn günstiger. In diesem Entfernungsbereich verlaufen heute 70 bis 80 Prozent der Containertransporte auf der Schiene."

„Ab Strecken von 450 Kilometern und 60 Standardcontainern am Haken der Lok liegt die Bahn günstiger als der Lkw."

Reinhard Höfer, Ex-Hafenbahn-Chef

Einer der größten Binnenhäfen

Nebenbei ist Hamburg einer der größten deutschen Binnenhäfen hinter dem Marktführer Duisburg-Ruhrort: Mit umweltschonenden Binnenmotorschiffen wurden 2008 rund 12,2 Millionen Tonnen Güter von und nach Hamburg transportiert. Vor allem Kraftstoffe und Heizöl, Kohle und Koks, aber auch land- und forstwirtschaftliche Produkte machen die Masse der Binnenschiffgüter aus. Allerdings spielt der Containertransport per Binnenschiff die Elbe hinauf ins Hinterland, trotz deutlich steigender Tendenz, zurzeit noch

Helfer am Himmel: Der Mehrzweckfrachter *Beluga SkySails* spart mit Hilfe eines „Zugdrachens“ an einer 300 Meter langen Leine auf hoher See bis zu 30 Prozent an Treibstoff

Wirtschaftssenator Axel Gedaschko: „Durch die Umstellung auf schwefelarmen Treibstoff während der Liegezeit werden die Belastungen für die Umwelt im Hafen massiv reduziert."

eine eher geringe Rolle: 119000 TEU waren es 2008. Doch diese Zahl könnte in Zukunft steigen: Wenn die Oberelbe nur an wenigen Stellen mit längeren Buhnen versehen würde, ließe sich an 345 Tagen im Jahr eine durchgehende Fahrrinnentiefe von 1,60 Metern erzielen. Dann könnte das Binnenschiff auf der Elbe die anderen Verkehrsträger zu Lande deutlich mehr als bisher ergänzen oder entlasten – und dabei im Vergleich zu Lkw-Transporten Treibstoff und Emissionen einsparen. Auch den Hamburger Hafen wollen der Senat und die Port Authority „binnenschifffreundlicher" gestalten. Eine entsprechende Studie dazu liegt schon vor.

Maritimes Know-how

Der Hafen als riesiger Industriestandort verursacht auch selbst ökologische Probleme. Feinstaub ist eines davon. Die riesigen Frachtschiffe haben bislang stark schwefelhaltige Kraftstoffe verbrannt und das Stadtgebiet mit ihren Emissionen belastet, wenn sie zum Laden und Löschen am Kai lagen. Doch ein wichtiger Beitrag zur Problemlösung ist inzwischen geleistet: Seit Januar 2010 dürfen die Abgase von Schiffen in EU-Häfen bis zum Ablegen nur noch deutlich reduzierte Mengen an Schwefel enthalten; weitere Grenzwert-Senkungen folgen bis 2020. „Landstrom" hingegen, also ein Anschluss an das Stromnetz statt dauerlaufender Schiffsdieselaggregate, ist keine einfach umsetzbare Lösung angesichts des riesigen Energiebedarfs etwa eines Frachters mit Hunderten von Kühlcontainern. Und der Strom würde womöglich aus Kohle produziert – mit problematischen Emissionen. Der Hamburger Senat setzt daher lieber auf die Schwefelreduktion: „Durch die Umstellung auf schwefelarmen Treibstoff während der Liegezeit werden die Belastungen für die Umwelt im Hafen massiv reduziert", so CDU-Wirtschaftssenator Axel Gedaschko. Und während der Fahrt, auf hoher See? Da richten immer mehr Reedereien ihre Überlegungen auf das „slow steaming": Schon eine Verringerung des Fahrtempos um fünf Knoten pro Stunde bedeuten Treibstoff- und Emissionseinsparungen von 30 bis 50 Prozent.

Moderner Umweltschutz, wie er zum Hamburger Hafen kompatibel ist, basiert weniger auf einer zur Schau gestellten „grünen" Gesinnung als auf maritimem Know-how, kreativer Phantasie und Begeisterung für Innovationen. All das ist nicht nur im Hafengebiet mit seinen rund 350 Einzelunternehmen reichlich vorhanden. Hinzu kommen zahlreiche Dienstleister wie Ausrüster, Zertifizierungsbüros, Versicherer, Finanzierer, Forschungsinstitute oder eben Anbieter von Umwelttechnologie, die im weiteren Umfeld der Kais und Kräne ansässig sind und wesentliche Anteile ihres Umsatzes im Hafengeschäft erwirtschaften. Dieser „Cluster" (siehe Seite 210) ist es, auf dem Hamburgs Zukunft als „Green Port" auch basiert.

Ein schönes Beispiel ist das Unternehmen SkySails im Harburger Binnenhafen, jenem alten preußischen Industriestandort, der sich heute zu einem „Hafen des Wissens" entwickelt. SkySails verwandelt konventionelle Frachtschiffe in etwas aufregend Innovatives: den Mehrzweck-Containerfrachter *MS Beluga SkySails* etwa, einen ganz normalen Pott von 6200 Tonnen, wie sie zu Tausenden die Weltmeere durchpflügen. An einem 300 Meter langen, hochreißfesten Kunststoffseil flattert dem Frachter auf offener See ein nachträglich installier-

„Unser Börsengang war wichtig für die Weiterentwicklung der HHLA“

Er ist der erste Vorstandsvorsitzende seit 1928, der wieder mit dem Auf und Ab der Börse lebt. HHLA-Vorstandschef Klaus-Dieter Peters war stets ein Verfechter der Öffnung seines Konzerns für die Kapitalmärkte. Im Interview spricht Peters über die Wurzeln des Traditionsunternehmens, über Zukunftsperspektiven – und über den Platz des Hamburger Hafens in einer Welt, die zusammenwächst.

Herr Peters, im Jahr 1885 wurde die Hamburger Hafen und Logistik AG (HHLA) als Hamburger Freihafen-Lagerhausgesellschaft gegründet, um die heute historische Speicherstadt zu bauen und zu betreiben. In der Gegenwart dominieren der Containerumschlag und der Containertransport ins europäische Hinterland. Hat sich das Unternehmen im Lauf seiner Geschichte grundlegend gewandelt?
Die HHLA hat den modernen Hamburger Hafen des Industriezeitalters von Beginn an entscheidend geprägt und sich gemeinsam mit ihm kontinuierlich weiterentwickelt. Die HHLA von heute hat ihre Wurzeln in zwei Kernbereichen des Hafens: In der Lager- und Kontraktlogistik, wie wir heute das Lagerhausgeschäft nennen würden, und dem Hafenumschlag, der 1935 mit der bereits 1866 gegründeten staatlichen Kaiverwaltung zu uns kam. Eine dritte Kernfunktion, den Transport ins europäische Hinterland, konnten wir als Unternehmen erst nach dem Fall des Eisernen Vorhangs und der Öffnung der Schienentransportmärkte für private Bahnoperateure in Angriff nehmen. Auch hierbei greifen wir auf historische Stärken des Hamburger Hafens zurück, der als „Eisenbahnhafen“ schon immer über eine hervorragende Schienenanbindung ins europäische Hinterland verfügte. So blickt die HHLA auf eine sehr konsequente und langfristig ausgerichtete Entwicklung zurück, die in unserem heute so erfolgreichen ganzheitlichen Geschäftsmodell mündet, das die ganze Transportkette von der Kaimauer bis zum Kunden im europäischen Hinterland im Blick hat.

Sie sind der erste HHLA-Chef, der wieder mit dem Auf und Ab der der Börse lebt, denn von 1928 bis zum Börsengang 2007 war die HHLA ein rein staatliches Unternehmen.
Die HHLA des Jahres 1885 wurde von ihren Gründungsvätern ganz bewusst als Public Private Partnership, wie wir heute sagen würden, mit privaten Aktionären und einer staatlichen Betriebsgarantie gegründet. Effizientes privatwirtschaftliches Handeln und langfristiges Denken im Sinne einer ganzheitlichen Standortstrategie sollten so zusammengebracht werden. Das hat nicht zuletzt auch wirtschaftlich so gut funktioniert, dass die HHLA später die staatliche Kaiverwaltung anvertraut bekam.
Am 2. November 2007 kamen rund 30 Prozent der HHLA-Aktien an die Börse, im März 2008 erfolgte die Aufnahme in dem MDax. Was bedeutete das für die HHLA?
Der erfolgreiche Börsengang hat uns und der Stadt Hamburg nicht nur Geld für weiteres Wachstum verschafft, er ist auch ein wichtiges Instrument für die konsequente Modernisierung und Weiterentwicklung der HHLA. Der 2. November 2007 markiert damit einen wichtigen Meilenstein in der Unternehmensgeschichte. Wir haben das Unternehmen im Vorfeld strategisch und strukturell neu ausgerichtet. Das begann im Jahr 2003 mit der Neustrukturierung des Unternehmens mit einer modernen Managementholding an der Spitze. Anschließend haben wir unser Portfolio verschlankt und uns auf unsere Kernaktivitäten in den vier Geschäftsfeldern Container, Intermodal, Logistik und Immobilien konzentriert. Als integrierter Logistikkonzern mit dem regionalen Fokus auf die logistische Drehscheibe Hamburg und ihr Hinterland sind wir heute in den Kernbereichen der europäischen Logistikbranche zukunftsweisend aufgestellt. Dies zeigt sich in unserer Namensänderung: Im Oktober 2005 wurde aus der „Hamburger Hafen- und Lagerhaus-Aktiengesellschaft“ die „Hamburger Hafen und Logistik Aktiengesellschaft“. Die HHLA konnte in ihrer Geschichte nur deshalb erfolgreich sein, weil sie immer offen für Neuerungen war – und diese Neuerungen häufig selbst angestoßen und initiiert hat.

Klaus-Dieter Peters, Jahrgang 1953, leitet die Hamburger Hafen und Logistik AG seit April 2003. Zuvor war er lange in führender Position beim internationalen Logistiker Schenker tätig.

Der Börsengang diente nicht zuletzt der Kapitalbeschaffung für weiteres Wachstum – wie sieht Ihr Wachstumsprogramm aus?
Bereits im November 2004 hat die HHLA das größte Ausbau- und Modernisierungsprogramm ihrer Unternehmensgeschichte auf den Weg gebracht, das sich am Ende auf über 1,5 Milliarden Euro summieren wird. Der Börsengang hat unsere Eigenkapitalbasis gestärkt und die Stadt Hamburg in die Lage versetzt, ihr Investitionsprogramm für die Hafeninfrastruktur sicher zu finanzieren. Im Mittelpunkt unserer Investitionstätigkeit stehen die Leistungs- und Effizienzsteigerung unserer Containerterminals, der Ausbau unseres Netzwerkes für den Containertransport im europäischen Hinterland sowie der Ausbau unseres Multifunktionsterminals am O'Swaldkai mit seiner Frucht- und Fahrzeuglogistik. Unsere Containerterminals im Hamburger Hafen werden nach Abschluss dieses Programms mehr als zwölf Millionen Standardcontainer umschlagen können – eine Verdopplung der Kapazität gegenüber 2006. Da wir vor allem unsere bereits vorhandenen Anlagen ausbauen, sind wir im Tempo unseres Ausbaus flexibel. Wir können uns in vielen Bereichen an der tatsächlichen Nachfrageentwicklung orientieren.

Trotz Kurzarbeit ist die HHLA bislang recht gut durch die größte Wirtschaftskrise seit Jahrzehnten manövriert. Was sind Ihre Lehren?
Wirtschaftliche Stärke und Stabilität sowie die Fähigkeit zu rascher Reaktion sind wichtige Voraussetzungen, um erfolgreich durch eine Krise dieses Ausmaßes zu steuern. Mit unserer soliden Bilanzstruktur, unserer Ertragsstärke sowie unserem modularen Investitionsprogramm waren diese Voraussetzungen gegeben. Noch sind wir aber nicht über den Berg. Der Einbruch im globalen Warenaustausch ist so groß, dass es auch im günstigen Fall noch Jahre dauern wird, bis wir das Niveau vor der Krise erreicht haben. Wir setzen deshalb unseren Kurs einer aktiven Krisenbewältigung fort. Neben Kostensenkungsmaßnahmen sind das unter anderem die Optimierung unserer Kapazitätsauslastung, die Verschiebung von Investitionen sowie die Kombination von Kurzarbeit mit einer Qualifizierungsoffensive für unsere Mitarbeiter und Mitarbeiterinnen. Gleichzeitig investieren wir weiter in unsere Zukunft: Im ersten Halbjahr 2010 beispielweise nehmen wir an unserem Container Terminal Buchardkai einen neuen Großschiff-Liegeplatz mit modernsten Containerbrücken, einem automatischen Blocklagersystem sowie

„Für umweltschonende Warentransporte ist der Hamburger Hafen ideal geeignet."

Klaus-Dieter Peters

einem neu entwickelten richtungweisenden Terminalsteuerungssystem in Betrieb, der das Leistungsangebot für die wachsende Zahl von Großcontainerschiffen deutlich verbessert.

Auch im Hinterlandverkehr hat die HHLA noch viel vor: Sie wollen in Deutschland und im nahen europäischen Ausland in Hinterland-Containerterminals und in Transportsysteme auf der Schiene investieren. Ist das der Weg vom Hafenumschlagunternehmen zum Transportkonzern?
Die Attraktivität eines Hafens hängt ganz entscheidend von der Qualität seines Hinterlandnetzwerks ab. Nach dem Fall des Eisernen Vorhangs hat die HHLA deshalb zielstrebig den Aufbau von leistungsfähigen Bahnoperateuren für den Containerverkehr mit Mittel- und Osteuropa betrieben. Als besonders erfolgreich hat sich dabei das Konzept unserer Tochter Metrans erwiesen, die mit eigenem Waggonmaterial und eigenen Terminals die Produktionsprozesse im Hinterlandverkehr optimal auf die Bedürfnisse der maritimen Logistik abstimmen kann. Dieses Konzept wollen wir jetzt auch in Polen sowie in Deutschland umsetzen. Durch die enge Verzahnung der Produktionsprozesse von Seehafenterminal, Binnenterminal und den dazugehörigen Containertransporten können enorme Produktivitätsreserven gehoben werden. Wir wandeln uns damit nicht zum Transportkonzern, sondern wir bringen unsere Qualitäten und unser Leistungspotenzial in der maritimen Logistik jetzt auch verstärkt im Hinterland zur Geltung.

Die Logistikbranche steht oft in der Kritik, weil sie als Verursacher von Verkehrs- und Umweltproblemen wahrgenommen wird. Sie kennen das aus der Diskussion um die nächste Elbvertiefung.
Wirtschaftswachstum und Wohlstandsmehrung

hängen vom internationalen Warenaustausch ab – und damit auch vom Transportwachstum. Umso wichtiger ist es, dass diese Transporte in möglichst umweltschonender und nachhaltiger Weise erfolgen. Gerade hierfür ist der Hamburger Hafen ideal geeignet. Tief im Binnenland gelegen, verknüpft er die umweltfreundlichsten Verkehrsträger, das Überseeschiff, das europäische Zubringerschiff und natürlich die Bahn, zu leistungsfähigen Transportketten. So leistet gerade diese Elbvertiefung einen wichtigen Beitrag zum Klimaschutz im europäischen Güterverkehr, indem sie die Bedingungen für umweltverträgliche Transportrouten nachhaltig stärkt.

Wo sehen Sie die wichtigsten zukünftigen Herausforderungen für den Hamburger Hafen und die HHLA?
Herausforderung und zugleich Chance ist der trotz der Wirtschaftskrise ungebrochene Trend zu wachsender internationaler Arbeitsteilung. Volkswirtschaften wie China und Indien, aber auch die mittel- und osteuropäischen Staaten integrieren sich immer stärker in die Weltwirtschaft. Daher steigt das Aufkommen in den globalen Transport- und Logistikketten auf Dauer deutlich stärker als das Sozialprodukt. Dieses Verkehrswachstum wirtschaftlich und ökologisch zu bewältigen ist die große Herausforderung für die gesamte Logistikbranche. Der Standort Hamburg ist dafür dank seiner hervorragenden verkehrsgeographischen Lage in einer guten Ausgangslage. Voraussetzung ist allerdings, dass die Defizite in der Infrastrukturanbindung des Hafens beseitigt werden: von der Elbvertiefung über die Hafenquerspange bis hin zu einem Ausbau der Schieneninfrastruktur Richtung Süden, um nur die drei drängendsten Projekte zu nennen. Kapazitätserweiterung durch Infrastrukturausbau alleine bringt allerdings noch nicht die Lösung. Erforderlich sind weitere Quantensprünge in der Anlagenproduktivität und in der Effizienz der Infrastrukturnutzung. Dafür entwickelt die HHLA ihre Technologien und Produktionsprozesse ständig weiter. So können wir auch in Zukunft einen prägenden Beitrag zur erfolgreichen Entwicklung des Hamburger Hafens leisten.

Umweltfreundlicher Verkehrsträger: Großcontainerschiff auf der Unterelbe

Mehr als zwölf Prozent des deutschen Schienengüterverkehrs beginnen oder enden auf den Gleisen des Hamburger Hafens

tes Himmels-Segel aus 160 Quadratmetern windgeblähtem Nylontuch voraus. Dieser „Zugdrache" schleppt das Frachtschiff über den Ozean, was den Treibstoffverbrauch der Motoren um bis zu 35 Prozent senkt. Nach einem Jahrhundert, das mit Dampf- und Dieselantrieb die Segelschifffahrt scheinbar beendet hatte, spannt die Hamburger Firma die Handelswinde aufs Neue ein. „Unser größter Zugdrache könnte 16 Tonnen in die Luft heben", sagt der erst 37-jährige SkySails-Erfinder und Gründer Stephan Wrage. „Der hat ungefähr so viel Kraft wie das Triebwerk eines Airbus A 380. Da ist viel Bums dahinter." Dieser Bums schafft bei Ölpreisen ab 100 Dollar pro Barrel zunehmend interessante Sparpotenziale für Reeder, weil ein Frachter mit 8750 gefüllten Standardcontainern an Bord 26 250 Liter Schweröl verbraucht – pro hundert Kilometer. Die Zeit für Konzepte wie dieses, so viel scheint klar, wird kommen.

Langfristig krisenresistent

Das geballte maritime Know-how rund um die Kaianlagen des Hamburger Hafens ist ein starkes Indiz dafür, dass dieser wirtschaftsgeographisch in Europa so günstig positionierte Eisenbahn-Hafen trotz aktueller Dämpfer langfristig krisenresistent ist. Im Grundsatz sind sich die Hafenexperten verschiedenster Institute, Banken und Think Tanks einig: Der Hafen muss sich für die absehbare Zukunft auf ein starkes Wachstum beim Güterumschlag vorbereiten. Der Containerumschlag dürfte auf über 20 Millionen TEU steigen, gut doppelt so viel wie 2008. Das wird umfassende Konsequenzen für die weitere Verkehrsentwicklung im Hafen haben, vor allem an den Schnittstellen zu seinen europäischen Hinterland-Netzwerken. Güterzüge werden in dieser Projektion rund 4,5 Millionen TEU jährlich zwischen den Schiffen in Hamburg und Orten tief im Innern des europäischen Kontinents verfrachten – ungefähr eine Verdreifachung der Transporte des Jahres 2008.

Bald 400 Züge pro Tag

Deshalb hat die HPA gemeinsam mit der Deutschen Bahn AG und anderen Institutionen den „Masterplan Hafenbahn 2015" erarbeitet. Denn ohne einen schnellen und maßgeschneiderten Ausbau der Hafenbahn, aber auch der Bahnstrecken ins Umland, wird das Zusatzvolumen kaum bewältigt werden können. Um die vielen Container gut auf den Weg zu bringen, operieren heute schon rund 60 verschiedene Bahngesellschaften im Hafen. Ob Container mit Kaffee oder Früchten, ob Gebrauchsgüter für europäische Ballungsräume, Industriegüter für den Export aus der Produktion süddeutscher Industriezentren oder Erzladungen für Salzgitter und Eisenhüttenstadt: Mehr als zwölf Prozent des deutschen Schienengüterverkehrs beginnen oder enden auf Gleisen des Hamburger Hafens.

Wenn die Wachstumsprognosen auch nur annähernd eintreffen, fahren im Hafengebiet in naher Zukunft täglich etwa 400 Züge, fast doppelt so viel wie heute. Der Masterplan sieht deshalb vor allem die Erweiterung von Bahnstrecken nach Mittel- und Süddeutschland sowie zu den Wachstumsregionen nach Südosteuropa vor. Geplant ist auch der Ausbau des Bahnhofes Waltershof und die Grundinstandsetzung des Bahnhofs Hohe Schaar. Schnellere Transporte in den Ostseeraum und in Richtung Berlin soll eine neue

„Intermodaler Verkehr“: Güter wechseln das Verkehrsmittel, etwa vom Schiff auf den Lkw (Bild oben, Burchardkai) oder auf die Bahn (Bild unten). Ideal dafür geeignet ist aufgrund seiner Einheitsgrößen der Container – er passt immer

Einfache Gleichung: Je leistungsfähiger die Anbindung, desto mehr Verkehr

Weiterverteilung: Stahlboxen werden am Terminal Altenwerder vom Großcontainerschiff auf kleinere „Feeder"-Schiffe umgeladen, die sie etwa zu den Ostseehäfen bringen

Eisenbahnbrücke zwischen dem westlichen und dem östlichen Hafengebiet ermöglichen. Für diese Maßnahmen ebenso wie für Netzerweiterungen im Raum Süderelbe und Harburg wollen die Planer alle Interessengruppen in einen umfassenden Kommunikationsprozess einbinden. Denn ebenso wie bei der Elbvertiefung handelt „der Hafen" nicht in einem Vakuum, sondern mitten in einer europäischen Metropolregion. Dass hier jedes Verkehrswegeprojekt – wie etwa auch die „Hafenquerspange" oder ein möglicher Abriss der Köhlbrandbrücke – von vornherein im Meinungskampf steht, ist nur selbstverständlich.

Je leistungsfähiger die Anbindung, desto mehr Verkehr. Diese einfache Gleichung gilt nicht nur für die Kais und ihre Gleisanschlüsse, mit denen der Hamburger Hafen seit 1866 identifiziert wird, sondern auch für die langen Schienenwege durch Europa. Hier zeigt sich die HHLA als Expertin für effiziente Verkehrsnetze, an denen sie unermüdlich weiter strickt. Dabei geht das Unternehmen Kooperationen mit verschiedenen Partnern in Deutschland und Europa ein, um Terminals neuen Typs zu errichten. Denn häufig sind die bislang bestehenden Hinterlandterminals eher Nadelöhre als echte Vernetzungspunkte des Verkehrs: Sie sind klein, unwirtschaftlich, zu einseitig auf die Bedürfnisse des Lkw-Verkehrs fixiert und eignen sich daher nicht optimal für den intermodalen Containertransport, bei dem die Schiene eine wesentliche Rolle spielt. „Full-Service-Terminals", deren Bau und Betrieb sich die HHLA vorgenommen hat, verfügen hingegen über Abstellgleise, über Flächen für die Containerlagerung, Serviceangebote wie Container-Reparaturbetriebe und

TTNU 196663
22G1
TTNU 249340
22G1
TTNU 196974
22G1
GVC
GVC
NYKU
ZIM
ZIM
Hapag-Lloyd

„Zum Container gibt es keine Alternative"

Die Globalisierung hat ihre Tücken gezeigt. Doch trotz krisenbedingter Rückschläge bescheinigen führende Ökonomen dem Hamburger Hafen ein starkes Wachstumspotenzial. Professor Dr. Burkhard Lemper, Direktor Maritime Wirtschaft und Verkehr am Bremer Institut für Seeverkehrswirtschaft und Logistik (ISL), über die Zukunftsperspektive eines Welthafens

Prof. Dr. Burkhard Lemper befasst sich am ISL schwerpunktmäßig mit Schifffahrts- und Hafenmärkten, Hinterlandverkehren und Verkehrsanalysen

Ist Hamburgs geographische Lage vorteilhaft, um auf lange Sicht ein führender Nordrange-Hafen zu bleiben?
Ja, weil der Standort grundsätzlich von Vorteil ist: die Nähe zu den Märkten Osteuropas und speziell auch zum baltischen Wachstumsraum. Und der Ballungsraum Hamburg hat einen relativ großen lokalen Markt: Die Loco-Quote, also der Anteil der Waren, die für die Metropolregion Hamburg bestimmt sind, dort verarbeitet werden oder von dort stammen, beträgt je nach Definition bis zu 30 Prozent. Hamburg hat auch große Teile der Verkehre Chinas mit Nordeuropa an sich gebunden. Das liegt daran, dass Hamburgs Reeder und Handelshäuser frühzeitig in China präsent waren und durch gute Leistungen für den Standort geworben haben.

Ihr Institut hat, wie andere auch, dem Hamburger Containerumschlag für die kommenden Jahre ein kräftiges Wachstum in Aussicht gestellt. Müssen Sie diese Prognose angesichts der unvorhergesehenen Krise der Weltwirtschaft abschwächen?
Prognostiziert wurde ein Potenzial, das bestimmte wirtschaftliche Entwicklungen unterstellte. Das ist jetzt zeitlich ein Stück zurückgeworfen worden. Zudem können Potenziale nur realisiert werden, wenn es nicht zu Kapazitäts-Engpässen kommt. Die drohten Hamburg aber schon 2008, auch deshalb gab es Probleme beim weiteren Wachstum. Hamburg hat aber durch die Krise Luft bekommen, um seinen Hafen und die Hinterlandverbindungen zu optimieren.

Der Siegeszug des Containers als Transportsystem hat den Hafen Hamburg in den sechziger Jahren völlig überrascht. Ist es mittelfristig denkbar, dass sich ein ganz neues standardisiertes Seetransportverfahren durchsetzt und die gesamte Hafen-Infrastruktur erneut umgekrempelt werden muss?
Das kann ich mir nicht vorstellen. Wenn man große Gütermengen möglichst energieeffizient transportieren will, geht es ohne Containerschifffahrt nicht: Der knappe Schiffsraum wird durch den Container optimal ausgenutzt. Vielleicht wird man den Umschlag weiter optimieren und zum Beispiel anfangen, die Container schneller aus den Häfen weg und in Hinterland-Terminals zu schaffen, um die knappen Hafenflächen besser zu nutzen. Aber zum Container selbst sehe ich auch vor dem Hintergrund der gewaltigen Investitionen in die Containerschifffahrt und -logistik in den kommenden Jahrzehnten keine ernsthafte Alternative.

Der magische Begriff lautet „Industrialisierung der Transportketten“

Hafenkarten von 1950 (oben), 2005: Viele Becken, wie Segelschiff-, India- oder Südwesthafen, wichen der Landgewinnung

Straßenschild im Hamburger Hafen: Die Namen längst zugeschütteter Hafenbecken erinnern an die Wurzeln – und unaufhaltsamen Wandel

Einrichtungen für den passgenauen Weitertransport zum Endkunden.

Mit Hilfe solcher Terminals lassen sich sogenannte Shuttle-Züge, also ein effizienter Pendelverkehr auf Schienen, zwischen Seehafen und Hinterland einsetzen. Auch die Informationstechnologie wird modernen Erfordernissen angepasst: Durchgängige Informationsketten sorgen für eine bessere Abstimmung der Produktionsprozesse in Seehafen und Hinterland. All das soll zur verkehrstechnischen Revolution namens „Green Logistics" beitragen: Weniger Ressourceneinsatz durch weniger Reibungsverluste und mehr Schienenverkehr auf dem weiteren Weg der Waren über den Kontinent. Ein Seehafen, der das bieten kann, ist zukünftig klar im Vorteil gegenüber solchen, deren Hinterlandvernetzung stockt und hakelt.

Impulse von Land und von See

Das Zauberwort lautet „Industrialisierung der Transportketten". Und die HHLA, die auf ihren eigenen Containerterminals im Hamburger Hafen – Beispiel: Altenwerder – schon den höchstmöglichen Industrialisierungsgrad im intermodalen Umschlag erreicht hat, übersetzt diese Kompetenzen nun auch ins Hinterland. Damit wird das Know-how, das im Seehafen Hamburg über viele Jahre gesammelt und optimiert wurde, nun zur Verbesserung der maritimen Logistikketten bis hin zu den Quell- und Zielmärkten eingesetzt. Full-Service-Terminals mit integrierten Depots für die Containerlagerung sind gerade dort geplant, wo ein besonders hohes Transportaufkommen zu erwarten ist: in den großen Produktions- und Verbrauchszentren Deutschlands und Europas. Durch dieses neue Netzwerk verbessern sich auch die Bedingungen dafür, Güterverkehr von der Straße auf die Schiene zu verlagern. Eine solche intermodale Kette, die für den Container auf jedem Streckenabschnitt den jeweils besten Verkehrsträger bereitstellt, bringt nicht nur Effizienzgewinne. Sie hat durch Ressourcen- und Emissionseinsparungen auch erhebliche ökologische Vorteile.

So ändert der Hafen sein Gesicht aufgrund von Kräften, die auf ihn über Land einwirken, ebenso wie durch Impulse aus Übersee. Lange schon wird überlegt, den Mittleren Freihafen zum „Central Terminal Steinwerder" auszubauen, der jährlich zusätzlich bis zu 3,5 Millionen TEU umschlagen könnte. Noch ist es indes nicht entschieden, ob sich hier in Zukunft tatsächlich Container türmen werden – und welches Hafenunternehmen den Umschlag besorgt. Ein „Markterkundungsverfahren" soll auch alternative Nutzungskonzepte abwägen. Konkret hingegen treibt die HPA bereits den Infrastrukturausbau für die Westerweiterung des Eurogate-Terminals im Waltershofer Hafen voran, dessen Kapazität mit einer zusätzlichen, einen Kilometer langen Kaimauer rund sechs Millionen TEU im Jahr erreichen soll.

Raum wird immer kostbarer

Die Erweiterungsfläche von 38 Hektar liegt im ehemaligen Petroleumhafen, der dazu mit Sand verfüllt wird – gewonnenes Land ist im engen Hamburger Hafen in Zeiten der Containerlogistik kostbarer als Wasserflächen. Steht man im Hafenmuseum vor einem großformatigen Hafenplan von 1978, fällt auf: Seit damals

„Es besteht eine gewisse Abhängigkeit von China, aber theoretisch können andere Staaten mit ihrem Wachstum einiges kompensieren.“ Prof. Dr. Burkhard Lemper, ISL

Freundschaftspakt mit Fernost: Frachthafen der südchinesischen Wirtschaftsmetropole Shenzhen

Botschafter des Handelsriesen China: Containerschiffe wie die *Xin Fu Zhou* machen täglich in Hamburg fest

wurde bereits der letzte Rest des Segelschiffhafens zugeschüttet, der Indiahafen neben den Fünfziger-Schuppen und der Südwesthafen sind weitgehend verschwunden, der Kohlenschiffhafen und auch die Wasserflächen des Vulkanhafens, wo sich heute der HHLA Container Terminal Tollerort befindet. Auch der Griesenwerder Hafen westlich des Köhlbrands auf Waltershof, auf der Karte von 1978 noch zu sehen, ist weg: Hier schlägt Eurogate seine Container um.

Mit jeder Verdichtung wächst die Flächenproduktivität, also der Ertrag pro Quadratmeter Hafengebiet. Auch das ist praktizierter Umweltschutz, denn es wird keine zusätzliche Fläche für die Erweiterung verbraucht. Viele alte Namen von Hafenbecken indes existieren in unseren Tagen höchstens noch auf Straßenschildern.

Wie wird der Wind des Wandels den Hafen noch verändern? Jedenfalls wird er ihn nicht menschenleer fegen. Die Dinge liegen ja nicht so einfach, dass ein mehr und mehr automatisierter Umschlag am Kai unter dem Strich nur Arbeitsplätze kostet. Rund 600 Jobs sind auf dem Container Terminal Altenwerder entstanden, obwohl es den höchsten Automatisierungsgrad der Welt hat. Und im Boom seit 1999 ist mit den exponentiell wachsenden Güter- und Containermengen auch die Zahl der hafen-bezogenenen Jobs überproportional stark gestiegen. Das betraf besonders die Hinterland-Logistik, die sich an den eigentlichen Umschlag am Kai anschließt. In diesem Umfeld, besagt eine Faustregel, zieht eine Stelle mit hoher Qualifikation drei Folge-Jobs für einfachere Anforderungen nach sich.

Brückenfahrerin Franziska Müller in ihrer Gondel in 40 Meter Höhe über dem HHLA Container Terminal Burchardkai: Die Arbeit im Hamburger Hafen wird weiblicher

Der rasant modernisierte und erweiterte Burchardkai wiederum führt vor, dass die Hafen-Arbeitswelt der Zukunft weiblicher wird: Nachdem schiere Muskelkraft im Schatten der Schiffe schon vor Jahrzehnten von schwerem Gerät ersetzt wurde, kommt es heute in vielen Stellenprofilen auf schnellen Verstand, präzises Kalkulieren, vernetztes Denken an – und auf sensible Finger, die Joysticks bedienen, mit denen wiederum ein Containerbrücken-Greifer an seinen Ort über einem Containerfrachter gelenkt wird. Kurz: auf sprichwörtlich weibliche Tugenden. Ein Beispiel dafür ist die erst 23-jährige Containerbrückenfahrerin Franziska Müller, der ihr Berufsweg wohl schon an der Wiege gesungen wurde: Sie stammt aus einer „HHLA-Familie". Heute sitzt sie in ihrer Gondel in rund 40 Meter Höhe und blickt auf einige der größten Containerfrachter der Welt hinab, deren Ladung sie von hoch oben löscht. Noch ist Müller als Frau in dieser Position Grund genug, dass Reporter von „Welt" und „Stern" sie an ihrem luftigen Arbeitsplatz besuchen und sie dann mit Sätzen zitieren wie „Ich bin noch immer sehr beeindruckt, wenn da mal eben 40 Tonnen in der Luft hängen." In wenigen Jahren wird sich wohl keine Zeitung mehr für solch einen Routinefall interessieren.

Aufgabe: Zukunftswissen vermitteln

Franziska Müller indes dürfte in Zukunft immer mal wieder ihre Arbeit unterbrechen, um die Schulbank zu drücken – im „ma-co". Verschiedene Hamburger und Bremer Hafen-Ausbildungsinstitute haben sich Anfang 2008 zum „maritimen competenzzentrum", kurz „ma-co", zusammengeschlossen, um angesichts des alternden Arbeitskräftereservoirs und steigender Gütermengen auch zukünftig einem Mangel an geschultem Fachpersonal vorzubeugen. In diesem überregionalen Bildungsinstitut für Logistik, Hafen und Seeschifffahrt ist auch die betriebsinterne Fachschule der HHLA aufgegangen. Im Rahmen einer Qualifizierungsoffensive zielt das „ma-co" unter anderem darauf, Langzeitarbeitslose und Schulabgänger zu Fachkräften im Hafen zu machen. Hauptsächlich jedoch wird hier erfahrenen Hafen-Beschäftigten in Fortbildungsseminaren Zukunftswissen in Bereichen wie Datenverarbeitung, Gefahrgutsicherheit oder Logistik vermittelt.

Abhängig von China?

Zwischen Erfahrung und Zukunft breitet sich auch das Panorama des Hamburger Hafens aus. Wer heute die Elbuferpromenade zwischen Landungsbrücken und Hafen-City entlangwandert, spaziert auf der ganzen Linie zwischen dem Gestern und dem Morgen. Im Rücken den Alten Elbtunnel von 1911, der Ende 2009 aufwendig restauriert wird; vor sich das an gestapelte Container erinnernde Hafen-City-Bürohaus der China Shipping Lines, das der Hamburger Architekt Hadi Teherani 2004 errichtete. Chinas Exportströme sind über die Jahrzehnte der Taktgeber des Hamburger Hafens geworden. Geht es seinem wichtigsten Handelspartner China gut, profitiert auch Hamburg. Doch bedeutet das umgekehrt in Krisenzeiten nicht eine ungesund einseitige Abhängigkeit? Professor Dr. Burkhard Lemper vom Bremer Institut für Seeverkehrswirtschaft und Logistik sieht das eher gelassen: „China hat eine wichtige Rolle im Containerverkehr übernommen. Deshalb hängt für Hamburg einiges davon ab, wie dieses Land sich entwi-

Ein Kussmund für Hamburg: Mit dem Markenzeichen der roten Lippen am Bug läuft das Kreuzfahrtschiff *AIDABella* im Hamburger Hafen ein

Gemeinsam ins Glück: Kleine Geschichte der Hamburger Kreuzfahrt

Lange liefen viele Luxusliner und Traumschiffe an Hamburg vorbei. Erst seit etwa einem Jahrzehnt wird der Markt zielstrebig ausgebaut. Die wachsende Attraktivität Hamburgs als Kreuzfahrt-Hafen stärkt auch ganz andere Wirtschaftszweige der Stadt – und damit den Standort insgesamt.

Triumphale Ankunft: Eskortiert von einem Schwarm von Barkassen, Motoryachten und Ausflugsschiffen läuft eines der größten Passagierschiffe der Welt, die *Queen Mary 2*, am 16. Juli 2005 in den Hamburger Hafen ein

Schon wieder Albert Ballin! Der große Hamburger Reeder war in vielem ein Pionier – und so auch im Schiffs-Tourismus. Zur verbesserten Auslastung der Hapag-Schiffe begann er als Vorstand im Winter 1891, Kreuzfahrten in den Mittelmeerraum anzubieten. Der Reiz von Sonne, Meer und Horizonten kurbelte das Geschäft auch erfolgreich an. Doch ein Jahrhundert kann vieles ändern, und so geriet die Kreuzfahrt als Geschäftsmodell ins Abseits. Noch 1998 ließen die stolzen Passagierdampfer vieler internationaler Reedereien Hamburg überwiegend links liegen: Während allein 175 Luxusliner Kopenhagen anliefen, kamen gerade mal 24 die Elbe hinauf. „Die meisten Schiffe machten nicht an prominenter Stelle fest, sondern wurden an versteckten Kais im Hafen abgefertigt", erinnert sich Joachim Köhn,

Das Hamburg Cruise Center ist die „Drehscheibe der Kreuzfahrer“ in der Hansestadt

Geschäftsführer bei der HHLA-Mehrheitsbeteiligung HCC Hanseatic Cruise Centers. „Niemand hat davon Notiz genommen. Der Stellenwert war gleich null.“ Hafen-Experten, die das ändern wollten, gründeten 1998 einen Verein, der bei Kreuzfahrt-Reedern in aller Welt systematisch mit den Schönheiten und der Gastfreundschaft Hamburgs wirbt. 1998 war auch das Jahr, in dem nach manchen Notlösungen und erfolglosen Provisorien endlich ein aussichtsreicher Standort für einen richtigen Kreuzfahrt-Terminal festgelegt wurde: auf dem Grasbrook, im „Überseequartier“ der zukünftigen Hafen-City. Hier stimmten die entscheidenden Faktoren: die Verkehrsanbindung, die Nähe zur Innenstadt mit ihren Attraktionen, die Möglichkeit, Gepäck zu entladen und Proviant aufzunehmen.

Früher exklusiv, heute Massenvergnügen

Seither purzeln in Hamburg beinahe jährlich die Rekorde, zumal das Image der Kreuzfahrt sich von einem Luxus für betuchte Ältere zu einem Massenvergnügen gewandelt hat: Allein zwischen 2008 und 2010 werden sich – trotz der einschneidenden Finanz- und Wirtschaftskrise – die Passagierzahlen in Hamburg von rund 90 000 auf über 200 000 mehr als verdoppeln. Nachdem AIDA Cruises aus Rostock im Jahr 2007 Hamburg zu ihrem Basishafen für Reisen mit den AIDA-Clubschiffen machte, legen allein diese AIDA-Schiffe im Jahr 2010 etwa 40 Mal in Hamburg an. Insgesamt dürften es erstmals 100 Luxusliner werden, die in der Hansestadt vor Anker gehen. Das operative Geschäft besorgt die 2009 gegründete HCC. Um zwei Schiffe von über 300 Metern Länge zugleich abfertigen zu können, musste sogar ein Cruise Center II geschaffen werden. Dieser Terminal in Altona wird Mitte 2010 vollendet. Auch das provisorische Cruise Center I in der Hafen-City wird voraussichtlich bis 2012 durch einen festen, elegant geschwungenen Terminal plus Hotel ersetzt. Für beide Terminals zusammen hat die Stadt Hamburg viele Millionen Euro investiert. Die damit insgesamt geschaffenen drei Liegeplätze reichen indes schon heute in Spitzenzeiten nicht mehr aus: „Vor einigen Wochen“, so Kreuzfahrt-Geschäftsführer Köhn, „hatten wir an einem Tag vier Kreuzfahrtschiffe hier: die *Europa*, die *Deutschland*, die *AIDA-Cara* und die *Hanseatic*. Mit einem davon mussten wir deshalb zum O'Swaldkai an den Fruchtterminal ausweichen.“

Bei so viel Andrang ist die Kreuzfahrt als Wirtschaftsfaktor für die Hansestadt inzwischen unverzichtbar, wie Köhn erläutert: „Es gibt einerseits einen großen stadtwirtschaftlichen Effekt: Knapp 250 Euro lässt jeder Passagier hier in Hamburg. Und dann gibt es die Strahlkraft von Schiffen wie der *Queen Mary 2*, wegen der die Leute aus dem ganzen deutschsprachigen Raum nach Hamburg kommen. Wir haben immer erwartet, dass dieser Andrang abebbt, aber davon ist auch nach 13 Besuchen nichts zu merken.“

Jobmotor Kreuzfahrtindustrie

Die Stadt beherbergt heute vier bedeutende Kreuzfahrt-Reedereien. Auch benachbarte Industrien haben sich auf den wachsenden Markt eingerichtet – Werften wie Blohm + Voss, die Kreuzfahrtschiffe reparieren, Schiffsausrüster, Floristik-Anbieter und sogar Datenverarbeiter: Fidelio Cruise Software in Hamburg ist der Weltmarktführer für die Onboard-Programme der Kreuzfahrer. SeeLife, das Ausbildungsinstitut für das Showprogramm auf den AIDA-Schiffen in Zusammenarbeit mit Schmidt's Tivoli, schafft allein bis zu 700 Jobs. Alles in allem sind es mindestens 40 bis 50 Unternehmen, die vom Kreuzfahrtgeschäft profitieren – ohne die Hotels mitzuzählen. Albert Ballin, der Kreuzfahrt-Pionier, hätte heute wieder seine helle Freude an den Erben seiner Idee.

Mehr als ein Hauch von großer, weiter Welt: Das spektakuläre Wendemanöver der *Queen Mary 2* auf der Elbe fasziniert bei jedem Besuch Tausende Hamburger am Ufer – und selbst von weither angereiste „Seh-Leute“

Am Elbufer spaziert man zwischen dem Gestern und dem Morgen

Zukunfts-Aussicht: Barkassenfahrt entlang der Hafen-City, die Hamburgs Innenstadt um fast die Hälfte vergrößern wird

Großbaustelle: Am Sandtorpark entstehen Wohn- und Geschäftshäuser, aber auch eine Grundschule mit Hort, auf dem ehemaligen Gelände der Kaffeelagerei

ckelt. Insofern besteht eine gewisse Abhängigkeit, aber theoretisch können die anderen ‚BRIC-Staaten' Brasilien, Russland und Indien da mit ihrem Gütervolumen und Wachstum einiges kompensieren." Die Strategien der global operierenden Reedereien im Hafen würden zudem einer übermäßigen Fokussierung auf einzelne Fahrtgebiete entgegenwirken, so dass etwa in Hamburg zunehmend auch Nordamerika-Verkehre angesiedelt würden, die traditionell seit Kriegsende eher den Bremischen Häfen vorbehalten waren.

Symbolisch: Der Zollzaun fällt

Dem lebhaften Austausch mit China tut das keinen Abbruch. Seit 2007 verbindet den Hamburger Hafen ein offzieller Freundschaftspakt mit dem Hafen der südchinesischen Wirtschaftsmetropole Shenzhen. Schließlich verkehren rund zwei Dutzend Containerlinien im Wochentakt zwischen beiden Städten, etwa 600000 TEU kamen 2007 allein aus Shenzhen nach Hamburg. Eine Hoffnung der Chinesen ist es, in aller Freundschaft vom Hamburger Know-how bei der Hinterland-Anbindung der Containerterminals und beim Umweltschutz zu profitieren.

Dieser und ähnlicher Beratungsbedarf wird Hamburg von vielen aufstrebenden Seehäfen in aller Welt entgegengebracht – und genau das macht das HHLA-Tochterunternehmen Hamburg Port Consulting (HPC) so erfolgreich. Es hat sich in über 30 Jahren einen Namen damit gemacht, das Know-how des Hafens in aller Welt zu verbreiten. So erstellten die Hamburger in jüngster Vergangenheit Entwicklungskonzepte zur Modernisierung und zum Ausbau von Containerterminals in Häfen wie Sankt Petersburg, Singapur oder Sydney. Sie berieten die Regierungen in Costa Rica und Tunesien bei der Hafen-Privatisierung, analysierten Entwicklungspotenziale von Getreide- und Kohleterminals oder leisteten Management-Unterstützung beim Aufbau von Containerterminals in vielen Ländern der Welt.

Weiter geht der Spaziergang am Hafenrand. Gegenüber dem Alten Wandrahm, wo die Hamburg Port Authority im Block P der historischen Speicherstadt residiert, bauen Arbeiter am Zollkanal den hässlichen, drei Meter hohen Metallgitterzaun des alten Freihafens ab. Die ausgediente Zoll-Absperrung weicht nur widerwillig, die Trennscheibe sprüht Funken. Doch nicht nur an dieser Stelle schin die Tage einer geschützten und befestigten Freihafengrenze gezählt. Das Konzept von 1888 hat sich in Zeiten einer fest etablierten, paneuropäischen Freihandelszone namens EU überlebt. Deshalb wird das heute noch fast 17 Quadratkilometer große Freihafengebiet, so hat es der Senat nach jahrelanger Diskussion beschlossen, am 1. Januar 2013 zu einem ganz normalen Handelshafen werden. Der Verkehr im Hafen kann dann besser fließen, da die Warteschlangen beim Zoll entfallen.

Neubau an historischem Ort

Der Weg führt immer weiter entlang der kilometerlangen Speicherstadt-Fassaden. Zwar verdecken ihre Giebel die Sicht auf die Baustelle der neuen Elbphilharmonie im Hintergrund. Doch das neue Wahrzeichen Hamburgs wächst im Hintergrund Meter und Meter, vorangetrieben von Hunderten Bauarbeitern. Es fußt in luftiger Höhe auf einem geschichtsträchtigen Ort: auf

Wie eine riesige Welle kommt die Elbphilharmonie (Computergrafik) über die Hansestadt, wenn sie voraussichtlich im Jahr 2013 eröffnet wird. Sie ruht auf dem entkernten Kaispeicher A, wo die HHLA ab 1966 Kakao, Tabak und Tee lagerte. Doch auch dieser Bau hatte einen Vorgänger: den „Kaiserspeicher“ mit dem Zeitball-Turm, 1875 eröffnet und vom legendären Hafenbaudirektor Johannes Dalmann entworfen

Der Kaispeicher A, als er noch seinem ursprünglichen Zweck diente. Im März 2001 endete dieses Kapitel

dem entkernten Kaispeicher A, seinerseits 1963 zweckmäßiger Ersatzbau für den prächtigen, neugotischen Kaiserspeicher von 1875. Damit wird die Elbphilharmonie zum neuen „Außenposten“ der historischen Speicherstadt, die ihr Gesicht ebenfalls weiter wandelt: Ein Drittel der insgesamt rund 300 000 Quadratmeter Lagerhausfläche in der Speicherstadt, die bis spätestens 2014 in die Liste des UNESCO-Weltkulturerbes eingetragen werden könnte, werden schon nicht mehr für Lagerei benutzt. Obwohl das einmalige Architektur-Ensemble beispielsweise immer noch Deutschlands größtes Teppichlager ist, ziehen auch mehr und mehr Büros, Cafés, Agenturen, Museen und Unterhaltungsbetriebe ein. Weitere 100 000 Quadratmeter will die HHLA als Vermieterin der Speicher noch für Nutzungen wie Hotels, Einzelhandel oder Wohnen zur Verfügung stellen.

Diesmal erhebt sich kein Widerstand mehr dagegen im Quartier wie noch in den achtziger Jahren. Das besondere Flair aus dem Nebeneinander von traditionellem Lagerbetrieb und modernem Kulturleben will niemand mehr missen. Mit der Entstehung der Hafen-City hat die Stadt akzeptiert, dass ihre historischen Speicher das neue Eintrittstor zum alten Hafen geworden sind, offen zum Staunen für alle.

Hier, im Zukunfts-Stadtteil Hafen-City, endet der Spaziergang zwischen gestern und morgen – für heute. „Hamburg ist eine Partnerschaft zwischen einer Stadt und einem Hafen“, hat die „International Herald Tribune“ einmal geschrieben. Dass davon beide Seiten profitieren, daran wird sich auch in hundert Jahren nichts ändern.

1189–2010
Eine Zeitreise zum Ausklappen

Viel Wasser floss die Elbe hinab, während Hamburgs Hafen zu dem Welt-Umschlagsplatz heranwuchs, der er heute ist. Seit Kaiser Barbarossa den Hamburgern 1189 den (nicht völlig verbürgten) „Freibrief" ausstellte und sie so von der Pflicht zur Zahlung von Handelszöllen entband, durchlebte der Hafen mehr als acht stürmische Jahrhunderte. Wer die entscheidenden Wegmarken und Wendepunkte noch einmal im Schnelldurchgang „nachfahren" will, kann dies auf den folgenden acht Seiten tun. Entfalten Sie die ganze Fülle hanseatischer Seehandels-Geschichte!

Die berühmte Elbkarte von Melchior Lorichs aus dem Jahr 1568 ist im Original über zwölf Meter lang. Sie bildet den Bildhintergrund unserer Zeitreise

Anhang

Hafen-Glossar

auflegen (Schiff): Das Außerdienststellen eines unbeschäftigten Frachtschiffs, bis es wieder Ladung erhält.

Bark, die: Segelschiffstyp mit ursprünglich drei, in Weiterentwicklungen auch vier bis fünf Masten, der an den vorderen Masten Rahsegel trägt, am letzten Mast dagegen Gaffelsegel.

Bilgenwasser: Oft mit Öl des Schiffsmotors verunreinigtes Wasser, das sich im Schiffsrumpf sammelt und beim ungefilterten Abpumpen Hafengewässer verunreinigt.

Brigg, die: Zweimastiges Segelschiff mit Rahsegeln an beiden Masten.

Duckdalben, der: Meist mit Tauen zusammengehaltenes Pfahlbündel, das in den Grund des Hafens gerammt wird, um Schiffe daran festzumachen.

Ewer, der: Kleinerer, aus Friesland stammender Segelschiffstyp mit Flachkiel, Seitenschwertern und maximal zwei Masten, besonders in Wattengewässern genutzt.

Fleet, das: Norddeutsche Bezeichnung für Graben oder künstliche Wasserverbindung. Ursprünglich zur Entwässerung angelegt, später zunehmend zum Warenverkehr genutzt.

Freihafen: Teilgebiet eines Hafens, in dem Zölle und Einfuhrumsatzsteuern nicht erhoben werden. Dient der Lagerung, Weiterverarbeitung und Veredelung importierter Waren.

Gang, der (Pl.: Gänge): Gruppe von sechs bis zwölf Hafenarbeitern, die regelmäßig oder bei Bedarf als Team eingesetzt wird, etwa als Schauerleute oder als Schuppenarbeiter.

Hammonia: Sinnbildhafte Frauenfigur des 19. Jahrhunderts, Verkörperung der Stadt Hamburg in ihrer latinisierten Schreibweise.

Hub: Engl.: „Radnabe", ein Knotenpunkt des Verkehrs. Ist ein Hafen ein Hub, wird die Fracht für ganze Weltregionen von dort aus auf kleinere Häfen und ins Hinterland verteilt.

Kaffeeklappe: Kioskartige Ausgabestelle für Getränke und kleine Imbisse mit Sitzgelegenheit. Diente im Hafen zur Versorgung der Hafenarbeiter in den Pausen.

Kombinierter Verkehr: Transportkette, die unterschiedliche Verkehrsträger integriert (i.d.R. Schiff, Eisenbahn und Lkw), wobei Umschlag-Terminals als Schnittstellen dienen.

Konsignation, die: Lieferform von Waren, wobei der Lieferant die Ware beim Käufer lagert. Der Kunde entnimmt die Ware nach Bedarf aus diesem Lager und realisiert damit den Kauf.

leichtern: Ein beladenes Schiff leichter machen, indem man einen Teil der Ladung herausnimmt, um so den Tiefgang des Schiffes vor allem bei Niedrigwasser zu verringern.

Oberländer, der: Vom Rhein stammender Binnenschiffs-Typ, vom Mittelalter bis ins 19. Jahrhundert verbreitet.

Pfeffersack: Ursprünglich Spottname für Händler der Hanse, die ihren Wohlstand Gewürzen aus Übersee verdankten. Allgemein abwertend für reiche, rücksichtslose Menschen.

Portalkran: Kran, der seinen Arbeitsbereich wie ein Portal überspannt und meist auf zwei parallelen Schienen fahrbar ist, auf denen seine Stützen ruhen.

Rah(e), die: Quer zum Mast drehbar befestigte Rundholzstange zur Befestigung eines (Rah-)Segels.

Reepschläger, der: Traditioneller Handwerksberuf in der Seilherstellung, fertigte auf offenen Reeperbahnen bis zu 400 Meter lange Schiffstaue.

Schauerleute: Hafenarbeiter, deren Aufgabe im fachgerechten Be- und Entladen von Frachtschiffen und (Ver-)Stauen der Ware in den Laderäumen bestand.

Schute, die: Kleines, flaches Schiff ohne eigenen Antrieb und Takelage; gedecktes oder ungedecktes Lastfahrzeug für den Transport von Schütt- oder Stückgütern im Hafenbetrieb.

Stake, die: Lange Stange, mit der ein Schutenführer seine Schute im flachen Wasser vorwärtsbewegte.

Stauerei: (Unternehmen zum) Verstauen einzelner Güter im Schiff oder im Container. Bis in die sechziger Jahre besorgten Stauereien das komplette Be- und Entladen von Schiffen.

Tidenhub: Unterschied zwischen dem höchsten Punkt der Flut und dem niedrigsten Punkt der Ebbe, ausgedrückt in Metern.

Tonnage, die: Rauminhalt und damit Ladekapazität eines Frachtschiffs – hingegen nicht das Gewicht. Ausgedrückt als Brutto- oder Nettoraumzahl; früher als Registertonnen.

verlaschen: Festzurren von Gegenständen und Waren an Deck oder im Laderaum eines Schiffes mit Hilfe von Seilen und Gurten.

Vollschiff: Seit dem 15. Jahrhundert eingesetzter Großseglertyp mit mindestens drei vollständig rahgetakelten Masten.

Ausgewählte Literaturtipps

Diercks, Herbert; Hertz-Eichenrode, Katja; Grill, Michael: Der Hamburger Hafen im Nationalsozialismus – Wirtschaft, Zwangsarbeit und Widerstand, Hamburg 2008

Eilers, Reimer: Das neue Tor zur Welt. Vierzig Jahre Container im Hamburger Hafen, Hamburg 2009

Engel, Sandra; Tode, Sven: Hafen Stadt Hamburg – Von der Alster an die Elbe – Hafenentwicklung im Strom der Zeit, Hamburg 2007

Grobecker, Kurt: Die Hamburger Hafenbahn – 125 Jahre Partnerschaft und Tradition, Hamburg 1991

Grobecker, Kurt: Hafen Hamburg – Skizzenblätter der Nachkriegsgeschichte, hrsg. zum 100-jährigen Jubiläum von der Hamburger Hafen- und Lagerhaus-Aktiengesellschaft, Herford 1985

Hapag-Lloyd AG (Hg.): Unser Feld ist die Welt. 150 Jahre Hapag-Lloyd 1847–1997, Hamburg 1997

Hinz, Frank M.: Planung und Finanzierung der Speicherstadt in Hamburg, Veröffentlichung des Hamburger Arbeitskreises für Regionalgeschichte (HAR) Bd. 7, Hamburg 2000

Kähler, Kai Paul: Zwischen Wirtschaftsförderung und Wirtschaftsbetrieb – Ausrichtung, Diskussion und Wandel des öffentlichen Kai- und Hafenbetriebs zwischen 1910 und 1970, Dissertation Bremerhaven 2006

Kludas, Arnold; Maass, Dieter; Sabisch, Sabine: Hafen Hamburg. Die Geschichte des Hamburger Freihafens von den Anfängen bis zur Gegenwart, Hamburg 1988

Maak, Karin: Die Speicherstadt im Hamburger Freihafen, Arbeitshefte zur Denkmalpflege in Hamburg Nr. 7, Hamburg 1985

Maass, Dieter: Der Ausbau des Hamburger Hafens 1840 bis 1910, Hamburg 1990

Meyer-Marwitz, Bernhard: Hamburgs Weg zum Welthafen, Hamburg 1960

Pelc, Ortwin: Hamburg, die Stadt im 20. Jahrhundert, Hamburg 2002

Prange, Carsten: Auf zur Reise durch Hamburgs Geschichte, Hamburg 1990

Ausstellungen und Besichtigungen

Geführte Hafentour
„Auge in Auge mit den Giganten" mit Besuch von Kaianlagen und Containerterminals, Veranstalter Friedr. Jasper Rund- und Gesellschaftsreisen GmbH in Kooperation mit der HHLA AG, Buchung unter Tel.: 040/22 71 06-10, www.jasper.de

Hafenmuseum Hamburg, Kopfbau des Schuppens 50A, Australiastraße, 20457 Hamburg, Tel.: 040/73 09 11 84, www.hafenmuseum-hamburg.de

Hamburgmuseum, Stiftung Historische Museen Hamburg, Holstenwall 24, 20355 Hamburg, Tel.: 040/42 81 32 23 80, www.hamburgmuseum.de

Museum der Arbeit, Wiesendamm 3, 22305 Hamburg, Tel.: 040/42 81 33-0, www.museum-der-arbeit.de

Speicherstadtmuseum, St.-Annen-Ufer 2, 20457 Hamburg, Tel.: 040/32 11 91, www.speicherstadtmuseum.de

Bildnachweis

Alle nicht benannten Motive entstammen
dem Bildarchiv der HHLA

Titelfoto: Hans Madej/Agentur Bilderberg

actionpress: 188 links, 199
Agentur Focus/Heiner Müller Elsner: 146
AKG Images: 14, 22/23
Archiv Egbert Kossak, Hamburg: 44/45, 52/53
Bässler, Michael: 64
Batz, Michael: 184/185
Behn, Dr. Stefan: 130/131
Behörde für Wirtschaft und Arbeit Hamburg: 225
Behörde für Wirtschaft und Verkehr Hamburg: (Karte) 138/139
Bellin, Christoph/fotograf-hamburg.de: 8/9, 31, 247
Bildagentur Hamburg/Matthias Friedel: 210/211
Bildagentur Huber: 192
Bildarchiv Preussischer Kulturbesitz: 15, 26/27, 86
Bundesarchiv: 91, 96
Deutsche Bahn AG/Heiner Müller-Elsner: 220/221, 234/235
Denkmalschutzamt Hamburg: 10/11, 19, 21, 48/49 unten, 56/57, 58, 60, 63, 92, 94/95
Fotoarchiv-Hamburg.de: 54, 55
Getty Images: 4, 102/103
Elbe&Flut; Quelle: Hafencity Hamburg GmbH: 244/245
Hafen Hamburg: 120
Hafen von Hamburg im Bild. Aufnahmen von Prof. Dr. h.c. Schmidt + Otto Kofahl, 1908: 37
Hamburgisches Architekturarchiv, Bestand Erich zu Putlitz, Modell Elbufergestaltung Hamburg 1937/38, Fotograf: W.Schäfer: 87
Hampel, Thomas/Elbe&Flut: 169 unten, 180/181 (4)
HPA – Kartographie, Historische Karten: 36/37 unten, 38, 48/49 oben, 236 (2)
HPA – Archiv: 32/33 (2)
Hapag Lloyd AG, Hamburg: 28 links (2), 29, 61 (3), 72 oben
HillAc: 33
Krauss, Nicolai: 216/217
Kunze, Martin: 117, 156/157
Lauritzen, Ekkehard: 41
Magunia, Roland/ddp: 50, 239
mediaserver.hamburg.de/C. Spahrbier: 223, 238 unten, 240, 241, 242
mediaserver.hamburg.de/Elbe&Flut: 244
Modrow, Jörg/laif: 168/169 (2)
Muhs, Andreas/Caro: 231 unten
Museum der Arbeit, 1997 HH: 46
Museum für Hamburgische Geschichte: 17 rechts
Mueller-Elsner, Heiner: 218/219
Pataki, T./HHLA: 170, 175
picture alliance/dpa: 110 unten, 123, 229, 238 oben, 126, 127, 147, 159, 164/165, 174, 182 unten, 188 rechts, 194, 202, 203 oben, 203 unten rechts, 207 oben, 229, 238, 246/247
picfour: 85, 148/149
Privat: 40, 94, 95

Sammlung Harry Braun+Klaus Rahn: 35(2), 39
Sammlung Helm&Helm. Lindach am Neckar: 6/7
Sammlung Pöhlsen: 40/41
Sammlung Theodor F. Siersdorfer: 13 oben
Schneider, Olaf: 182/183
Schröder, Mike/argus: 151 rechts
Skysails: 224
Speicherstadtmuseum/Bestand Horst Janke: 62, 118 oben
Staatliche Pressestelle FHH: 28 rechts
Staatsarchiv Hamburg: 16/17 Mitte (PL 151-32/186.98), 65 (Pl 252-4), 248
Stanton, Samuel Ward, „American Steam Vessels", 1895: 13 unten
Stempels, Manfred: 208/209 unten, 212/213
Tast/laif: 203 unten links
ThyssenKrupp Marine Systems AG/Blohm+Voss Shipyards GmbH: 84
Turba, K.: 237
Ullstein: 20, 24/25, 42, 47, 53, 70/71, 73, 74, 76 rechts, 78, 87/88, 97, 112, 139(3), 190 links
Werbeck, Gustav/HHLA: 66/67, 72 unten, 75(3), 77 (2), 79, 80, 81, 88, 93, 98/99, 106/107(3), 109 unten, 110/11 oben(3), 112 unten rechts, 114/115(5), 116
Werner, Nicole: 148/149
Zimmer, Emil: 59
Zitte, F.: 89, 146 rechts, 140, 141(2), 145(2), 158
Zoch H./HHLA: 104, 119 links, 121, 128/129, 136
Zoch, H./Museum der Arbeit/Speicherstadtmuseum: 113 links, 118 unten, 119 rechts, 124, 125, 132/133, 134, 135, 136 oben, 152/153
Zukunft Elbe: 222

Klapper, Vorderseite: AKG Images(4), Bildarchiv Preussischer Kulturbesitz, Bundesarchiv, E. Gulli, HHLA, Speicherstadtmuseum(2)/Bestand Janke(1), Ullstein
Hintergrundbild: Elbkarte des Melchior Lorichs von 1567, mit freundlicher Unterstützung des Staatsarchivs Hamburg

Klapper, Rückseite: action press(2), Bilderberg, HHLA, picture alliance/dpa, Pataki, T./HHLA, Ullstein (3); www.mediaserver.hamburg.de/C. Spahrbier
Hintergrundbild: Elbkarte des Melchior Lorichs von 1567 mit freundlicher Unterstützung des Staatsarchivs Hamburg

Trotz größter Sorgfalt konnten die Urheber des Bildmaterials nicht in allen Fällen ermittelt werden. Wir bitten gegebenenfalls um Mitteilung.

1. Auflage 2010

www.hoca.de

Gestaltung und Satz: Teresa Nunes, Arnim Knorst, Susana Oliveira/Redaktion 4
CvD: Simone Wippern
Herstellung: Claude Hellweg (Ltg.), Stefanie Albrecht
Objektleitung: Viviana Plasil
Litho: EINSATZ Creative Production GmbH & Co. KG, Hamburg
Druck und Bindung: Mohn Media GmbH, Gütersloh

Printed in Germany

ISBN 978-3-455-50139-1

HOFFMANN UND CAMPE

Ein Unternehmen der
GANSKE VERLAGSGRUPPE